Gerechte Steuerentlastungen der Verbrauchsteuer

SCHRIFTEN
zum internationalen und zum öffentlichen
RECHT
Herausgegeben von Gilbert Gornig

Band 117

Zu Qualitätssicherung und Peer Review der vorliegenden Publikation

Die Qualität der in dieser Reihe erscheinenden Arbeiten wird vor der Publikation durch den Herausgeber der Reihe geprüft.

Notes on the quality assurance and peer review of this publication

Prior to publication, the quality of the work published in this series is reviewed by the editor of the series.

Wen-Chin Chen

Gerechte Steuerentlastungen der Verbrauchsteuer

Am Beispiel der Energiesteuer und der Stromsteuer

PL ACADEMIC RESEARCH

Bibliografische Information der Deutschen Nationalbibliothek
Die Deutsche Nationalbibliothek verzeichnet diese Publikation in der DeutschenNationalbibliografie; detaillierte bibliografische Daten sind im Internet über http://dnb.d-nb.de abrufbar.

Zugl.: Marburg, Univ., Diss., 2016

D 4
ISSN 0943-173X
ISBN 978-3-631-71784-4 (Print)
E-ISBN 978-3-631-71785-1 (E-PDF)
E-ISBN 978-3-631-71786-8 (EPUB)
E-ISBN 978-3-631-71787-5 (MOBI)
DOI 10.3726/b10929

PL Academic Research ist ein Imprint der Peter Lang GmbH.
Peter Lang – Frankfurt am Main · Bern · Bruxelles · New York · Oxford · Warszawa · Wien

Die Publikation wurde begutachtet.

www.peterlang.com

Vorwort

Die vorliegende Arbeit wurde im Sommersemester 2016 vom Fachbereich Rechtswissenschaften der Philipps-Universität Marburg als Dissertation angenommen. Die mündliche Prüfung fand am 23. Juni 2016 statt. Rechtsprechung und Literatur wurden bis zum Mai 2016 berücksichtigt.

Zum Erfolg dieser Arbeit haben zahlreiche Personen beigetragen, denen ich an dieser Stelle herzlich danken möchte. In erster Linie gilt mein Dank Herrn Professor Dr. Dr. h. c. mult. Gilbert Gornig für die Betreuung und die Förderung der Arbeit. Während der Promotion hat Professor Gornig stets wertvolle fachliche Anregungen gegeben und mich immer wieder ermutigt. Ohne seine Betreuung und Begeisterung wäre diese Arbeit nicht zustande gekommen.

Danken möchte ich auch Herrn Professor Dr. Michael Kling für die zeitnahe Erstellung des Zweitgutachtens und für seine Anregungen.

Ich danke ferner Frau Anne Shaker und Frau Maryna Vasylieva für die sorgsame Durchsicht großer Teile des Manuskripts. Mein Dank gilt auch meinen weiteren Kolleginnen am Lehrstuhl, nämlich Frau Heike Speier, Frau Diana Mai, Frau Dr. Aldona Szczeponek, Frau Dr. Adrianna Agata Michel, Frau Jurgita Bauer sowie Frau Justine Diebel, die alle mit mir befreundet sind und mich stets unterstützten. Für die Betreuung während des Verfahrens und die schnelle Durchführung der Disputation danke ich Frau Susanne Rhiel und Frau Dr. Petra Zrenner.

Mein besonderer Dank gilt meinem Vater, ohne dessen stete liebevolle Unterstützung diese Arbeit nicht zustande gekommen wäre.

Kaohsiung City, im November 2016 Wen-Chin Chen

Abstract

In einem Steuerstaat wird grundsätzlich jeder besteuert, der gemäß den Steuergesetzen die Entstehungstatbestände der Besteuerung erfüllt. Mit dem Steueraufkommen wird der Haushalt eines Staates finanziert und damit der Staat in die Lage versetzt, seine Aufgaben zu erfüllen. Der Finanzierungsbedarf belastet alle Steuerbürger. Wenn der Staat einem Kreis von Steuerbürgern die Steuerbelastung erleichtert oder Steuerbürger ganz entlastet, werden in der Regel andere Steuerbürger mehr belastet. Dieses „Steuergeschenk" des Staates wird Steuervergünstigung genannt. Zweifel bestehen in der Regel hinsichtlich der Gerechtigkeit von Steuervergünstigungen. In dieser Arbeit werden Steuerentlastungen im Rahmen des Energiesteuergesetzes und des Stromsteuergesetzes als eine Form der Steuervergünstigung betrachtet, Fragen der Steuergerechtigkeit diskutiert und Vorschläge für systemgerechte Steuerentlastungen gemacht. Daneben wird auch zur Einführung einer Energiesteuer in Taiwan Stellung genommen und in Taiwan angestellte Überlegungen zur Energiesteuer analysiert und mit den Regelungen in Deutschland verglichen.

Inhaltsverzeichnis

Abkürzungsverzeichnis

A. A.	Andere Ansicht
a. a. O.	am angegebenen Ort
ABl.	Amtsblatt der Europäischen Union
Abs.	Absatz
AEAO	Anwendungserlass zur Abgabenordnung
a. F.	alte Fassung
AO	Abgabenordnung
Art.	Artikel
AsylVfG	Asylverfahrensgesetz
Aufl.	Auflage
AuslG	Ausländergesetz
Bay. Verf.	Verfassung des Freistaates Bayern
BB	Der Betriebs-Berater
BDZ-Magazin	Zeitschrift der Deutschen Zoll- und Finanzgewerkschaft
BFH	Bundesfinanzhof
BGB	Bürgliches Gesetzbuch
BFHE	Sammlung der Entscheidungen des Bundesfinanzhofs
BGBl.	Bundesgesetzblatt
BHO	Bundeshaushaltsordnung
BierStG	Biersteuergesetz
BImSchG	Bundesimmissionsschutzgesetz
BranntwMonG	Branntweinmonopolgesetz
BR-Drucks.	Bundesrat-Drucksache
BStBl.	Bundessteuerblatt
BT-Drucks.	Bundestag-Drucksache
Buchst.	Buchstabe/n
BVerfG	Bundesverfassungsgericht
BVerfGE	Entscheidungen des Bundesverfassungsgerichts
BZBl.	Bundeszollblatt
bzw.	beziehungsweise
CO_2	Kohlendioxid
d. h.	das heißt
DB	Der Betrieb (Zeitschrift)
DDZ F	Der Deutsche Zollbeamte, Fachteil
DIW-Vorschlag	Vorschlag des Deutschen Institut für Wirtschaftsforschung
DM	Deutsche Mark
Drucks.	Drucksache
DStR	Deutsches Steuerrecht (Zeitschrift)

DStJG	Veröffentlichungen der Deutschen Steuerjuristischen Gesellschaft e. V.
ders.	derselbe
DStR	Deutsches Steuerrecht
DStZ	Deutsche Steuerzeitung
DVBl.	Deutsches Verwaltungsblatt
EDV	Elektronische Datenverarbeitung
EEG	Gesetz für den Ausbau erneuerbarer Energien (Erneuerbare-Energien-Gesetz)
EFG	Entscheidungen der Finanzgerichte
EG	Europäische Gemeinschaft
EMCS	Excise Movement and Control System
endg.	endgültig
EnergieStG	Energiesteuergesetz
EnergieSt-RL	Energiesteuer-Richtlinie
EStG	Einkommensteuergesetz
EU	Europäische Union
EuGH	Europäischer Gerichtshof
EVU	Energieversorgungsunternehmen
EWG	Die Europäische Wirtschaftsgemeinschaft
EWGV	Vertrag zur Gründung der Europäischen Wirtschaftsgemeinschaft
EWS	Europäisches Wirtschafts- und Steuerrecht
FG	Finanzgericht
FGO	Finanzgerichtsordnung
FS	Festschrift
Fußn.	Fußnote
GG	Grundgesetz
Hess. Verf.	Verfassung des Landes Hessen
HFR	Höchstrichterliche Finanzrechtsprechung
HGrG	Gesetz über die Grundsätze des Haushaltsrechts des Bundes und der Länder
Hrsg.	Herausgeber
IFSt	Institut „Finanzen und Steuern" e.V.
IStR	Internationales Steuerrecht
IT	Informationstechnik
JA	Juristische Arbeitsblätter
JuS	Juristische Schulung
JZ	Juristenzeitung
Kfz-Steuer	Kraftfahrzeugsteuer
KOM	Dokument der Kommission
KraftStG	Kraftfahrzeugsteuergesetz
kWh	Kilowattstunde

lit.	littera
Mineralöl-StrukturRL	Mineralöl-Strukturrichtlinie
MinöStG	Mineralölsteuergesetz
MinöStÄndG	Drittes Gesetz zur Änderung des Mineralölsteuergesetzes
MW	Megawatte
m.w.N.	mit weiteren Nachweisen
NJW	Neue Juristische Wochenschrift
Nr.	Nummer
NuR	Natur und Recht
NVwZ	Neue Zeitschrift für Verwaltungsrecht
RAO	Reichsabgabenordnung
Rdnr.	Randnummer
Red.	Redakteur
RGBl.	Reichsgesetzblatt
RL	Richtlinie
Rs.	Rechtssache
RZBl.	Reichszollblatt
S.	Seite
SchaumwZwStG	Gesetz zur Besteuerung von Schaumwein und Zwischenerzeugnissen
Slg.	Sammlung (der Entscheidungen des Europäischen Gerichtshofs)
sog.	sogenannte/s
StE	Steuern der Energiewirtschaft
st. Rspr.	ständige Rechtsprechung
StGB	Strafgesetzbuch
StbJb.	Steuerberater Jahrbuch
StromStV	Stromsteuer-Durchführungsverordnung
StuW	Steuer und Wirtschaft
StWG	Gesetz zur Förderung der Stabilität und des Wachstums der Wirtschaft
TabStG	Tabaksteuergesetz
Tz.	Textziffer
UVR	Umsatzsteuer- und Verkehrsteuer-Recht
VerstromungsG	Verstromungsgesetz
vgl.	vergleiche
Vorbem.	Vorbemerkung
VVDStRL	Veröffentlichungen der Vereinigung der Deutschen Staatsrechtslehrer
VwVfG	Verwaltungsverfahrensgesetz
w. N.	weitere Nachweise
WPg	Die Wirtschaftsprüfung
WRV	Weimarer Reichsverfassung
WTO	World Trade Organization

WuW	Wirtschaft und Wettbewerb
z. B.	zum Beispiel
ZfZ	Zeitschrift für Zölle und Verbrauchsteuern
ZHI	Zoll- und Handelsinformation
ZK	Zollkodex

1. Teil: Einführung

1. Kapitel: Untersuchungsgegenstand und –bedarf

Im Jahr 1920 stellte der britische Ökonom *Arthur Cecil Pigou* in seinem Werk „*The Economics of Welfare*"[1] das Konzept auf, dass die einzelwirtschaftlichen Kosten mit den volkswirtschaftlichen Kosten dadurch zur Deckung gebracht werden sollen, dass die Verursacher negativer externer Effekte besteuert werden. Wenn eine private Lösung zur Internalisierung des externen Effekts nicht vorhanden sei, könne der Staat mittels finanzieller Anreize das Verhalten der Marktteilnehmer so verändern, dass die Wohlfahrt maximiert werde. Mit der Pigou-Steuer wird ein Preis für den externen Effekt (z.B. CO_2-Emission) so berechnet, dass er genau dem Schaden des externen Effekts entspricht. Damit ist der externe Effekt im Preis für das Produkt berücksichtigt. Trotz einiger Kritik[2] ist es unleugbar, dass die Idee der Pigou-Steuer die Grundlage bei der Entwicklung der Umweltsteuer bildet und auch in der Ökosteuer-Diskussion Deutschlands als Leitbild dient.

Mit dem Gesetz zum Einstieg in die ökologische Steuerreform vom 24. März 1999[3] wird der Gedanke des Umweltschutzes und der Energiesparung im Steuersystem umgesetzt, wobei Energie- (ex. Mineralölsteuer) und Stromsteuern als Verbrauchsteuern zugleich einem Lenkungszweck dienen. So rechnet man heute die Energie- und Stromsteuer zur Ökosteuer. Seitdem ist die ökologische Besteuerung 15 Jahre lang durchgeführt worden. Laut den Studien verschiedener Forschungsstellen ist die Frage, ob die Ökosteuer erfolgreich ist, aus dem Blickwinkel der Lenkungswirkung und der Steueraufkommen unterschiedlich zu beantworten. Das Forum Ökologisch-Soziale Marktwirtschaft spricht von einem Erfolgsmodell. Die Ökosteuer habe dazu beigetragen, dass der Mineralölverbrauch über Jahre gesunken sei. Anders sieht das der Deutsche Industrie- und Handelskammertag (DIHK), weil die

---

1 *Pigou, Arthur Cecil*, The Economic of Welfare, 1. Aufl. 1920, unveränderter Nachdruck der 4. Aufl. von 1932; vgl. auch *Balmes, Frank Rainer*, Verfassungsmäßigkeit und rechtliche Systematisierung von Umweltsteuern, 1997, S. 9, Fußn. 27.

2 Nach *Dickertmann* wird kritisiert, dass die externen Kosten nicht im Einzelnen bewertet werden können und der einzelne Verursacher nicht bestimmt wird. Denn der Ansatz der Pigou-Steuer legt nur die Höhe der Gesamtsteuerschuld fest, vgl. *Dickertmann, Dietrich*, Erscheinungsformen und Wirkungen von Umweltabgaben aus ökonomischer Sicht, in: Kirchhof, Paul (Hrsg.), Umweltschutz im Abgaben- und Steuerrecht, DStJG 15 (1993), S. 33 (37). Auch *Köck* übernimmt eine ähnliche Auffassung, dass diese sozialen Kosten nach Pigou nur für eine Gruppe von Umweltverschmutzern und nicht für den Einzelnen quantifizierbar sind, kann dieses Modell deshalb die tatsächlichen Kosten der externen Effekte rechnerisch nicht bestimmen. Vgl. *Köck, Wolfgang*, Umweltrechtsentwicklung und ökonomische Analyse, NuR 1992, S. 412 (414).

3 BGBl. 1999 I, S. 378 ff.

Ökosteuer nur fiskalisch ein Erfolg und eine Lenkungswirkung nicht erkennbar ist.[4] Bei Strom zum Beispiel liegt in der EU der Mindeststromsteuersatz bei 0,05 Cent je Kilowattstunde, in Deutschland müssten die Unternehmen aber 1,537 Cent zahlen. Auch das deutsche Institut für Wirtschaftsforschung (DIW Berlin) behauptet, dass die Ökosteuer bisher eher ein Instrument der Steuer- als der Umweltpolitik ist.[5] Der Anreiz dieser Arbeit liegt darin herauszufinden, ob der Lenkungszweck durch das geltende Energiesteuerrecht und das Stromsteuerrecht erfüllt wird oder durch die Entlastungsnormen im Energiesteuergesetz und im Stromsteuergesetz zu sehr beeinträchtigt wird.

Von den reinen Bundessteuern erbrachte die Energiesteuer seit jeher die höchsten Einnahmen. Laut Statistik über das Steueraufkommen im Jahr 2014[6], herausgegeben vom Statistischen Bundesamt, stellen die Energiesteuern mit einer Höhe von 39,8 Milliarden Euro die ertragreichsten Steuern aller Bundessteuern dar. Die Steuereinnahmen von Energie- und Stromsteuern umfassen ca. 46 Prozent der Steuereinnahmen aus Bundessteuern. Dabei sind sie die wichtigsten Verbrauchsteuern. Im Vergleich zu anderen Verbrauchsteuern sind derartige Steuern nicht nur im Hinblick auf deren Einnahmen die wichtigsten Verbrauchsteuern, sondern sie haben auch lenkenden Charakter, der im deutschen Verbrauchsteuersystem bemerkenswert ist. Der Bestand und das Erlöschen der Steuerschuldverhältnisse von Energie- und Stromsteuern führen sowohl zur Einnahme der Staatsfinanzen als auch zum Erfolg des Lenkungszwecks. Unter einer Steuerentlastung versteht man den Erlass, die Erstattung und die Vergütung einer bereits entstandenen Steuer in voller oder auch nur anteiliger Höhe. Diese Steuerentlastungen werden oft aus wirtschaftspolitischen Gründen vorgenommen und verringern die Steuereinnahmen. Aus einem anderen Blickwinkel wird Steuerentlastung als eine (nachträgliche) Steuervergünstigung angesehen, wobei die Frage der Gleichbehandlung der Steuerpflichtigen regelmäßig aufgeworfen wird. Durch umfassende Entlastungsregelungen im Energiesteuer- und dem Stromsteuergesetzen werden viele Steuerpflichtige von Energie- und Stromsteuern entlastet. Dies beeinträchtigt nicht nur die Einnahme des Fiskus, sondern auch die Lenkungszwecke der Energie- und der Stromsteuern und führt zur Frage der steuerlichen Gleichbehandlung. Dies ist auch ein guter Grund, die Anreize, die von der Steuerentlastung mit dem Lenkungszweck ausgehen, in dieser Arbeit zu untersuchen.

Entsprechend den zuvor erwähnten Überlegungen erfolgt im ersten Teil die Einführung in die Arbeit. Das erste Kapitel ist dem Untersuchungsgegenstand und dem Untersuchungsbedarf gewidmet. Im Hinblick auf harmonisierte und nicht

---

4 http://www.wiwo.de/politik/deutschland/oekosteuer-15-jahre-oekosteuer-das-phantom-aus-berlin/9695548.html.

5 https://www.diw.de/documents/publikationen/73/diw_01.c.354611.de/10-13-2.pdf.

6 Vgl. https://www.destatis.de/DE/ZahlenFakten/GesellschaftStaat/Oeffentliche FinanzenSteuern/Steuern/Steuerhaushalt/Tabellen/KassenmaessigeSteuereinnahmen.html.

harmonisierte Verbrauchsteuern ist es erforderlich, den nationalen und unionsrechtlichen Verbrauchsteuerbegriff als Ausgangspunkt zu diskutieren. Anschließend wird im dritten Kapitel definiert, was unter einer „gerechten" Steuer in dieser Arbeit zu verstehen ist.

Die Geschichte der Energie- und der Stromsteuern wird im vierten Kapitel dargestellt. Im Laufe der Entwicklung wurde das Konzept der Energie- und der Stromsteuer modifiziert. Vor dem Zweiten Weltkrieg war die damalige Mineralölsteuer (heute: Energiesteuer) nur eine Ausgleichssteuer. Nach dem Zweiten Weltkrieg bildete sie sich als Verbrauchsteuer heraus. Nur unter Würdigung der geschichtlichen Entwicklung, dass nämlich die Energie- und die Stromsteuern von Ausgleichsteuern zu Verbrauchsteuern umgewandelt wurden, kann das Wesen derartiger Steuern begriffen werden. Die Verbrauchsteuergesetze wurden dann im Rahmen des Europarechts auf nationalrechtlicher Ebene harmonisiert. Eine weitere wichtige Phase für die Energie- und Stromsteuer war die ökologische Steuerreform. Seitdem war diese Steuer nicht mehr nur eine Verbrauchsteuern, sondern auch mit einem Lenkungszweck verbunden. Schließlich wird in diesem Kapitel auch die neuere Entwicklung der Energie- und der Stromsteuer dargestellt.

Da die Energiesteuer und die Stomsteuer einerseits Verbrauchsteuern und andererseits Lenkungssteuern sind, ist der zweite Teil der Arbeit der Verbrauchsteuer mit Fiskalzweck und Lenkunszweck gewidmet.

In erster Linie ist im ersten Kapitel zu untersuchen, was man unter dem Begriff der Verbrauchsteuer (insbesondere mit Fiskalzweck) versteht und welche Kernelemente eine Verbrauchsteuer enthält. Nach der Rechtsprechung des Bundesfinanzhofs und des Bundesverfassungsgerichts sowie den herrschenden Auffassungen in der Literatur wird die Abwälzbarkeit als Wesensmerkmal der Verbrauchsteuer betrachtet. Es ist fraglich, ob die Steuer als Verbrauchsteuer beurteilt wird, falls die Abwälzbarkeit unmöglich ist. Bei der Beantwortung ist die tatsächliche und rechtliche Unmöglichkeit der Abwälzung zu unterscheiden. Der Gesetzgeber hat Verbrauchsteuern so ausgestaltet, dass die Steuerlast den Endverbraucher belastet. Bei der Erhebung einer Nachsteuer der Verbrauchsteuer wird aber bezweifelt, ob die Steuerlast abwälzbar ist. In der Literatur wird die Beantwortung zwischen einer Nachsteuer bei Herstellern oder Händlern und bei dem privaten Endverbraucher unterschiedlich behandelt. Eine weitere Frage betrifft das Rückwirkungsverbot, da steuerpflichtige Waren bereits besteuert wurden und nachträglich wiederum besteuert werden. Als fundamentales Prinzip im Rahmen des Steuerrechts muss Besteuerung dem aus Art. 3 GG abgeleiteten Leistungsfähigkeitsprinzip entsprechen, d.h. bei der Besteuerung von Strom und Energieerzeugnissen muss die persönliche wirtschaftliche Leistungsfähigkeit Berücksichtigung finden. Eine Untersuchung des Begriffs und der verfassungsrechtlichen Wurzel des Leistungsfähigkeitsprinzips ist hier unentbehrlich. Folgt man der oben erwähnten Theorie *Pigous*, dass der Umweltverbrauch entgeltlich ist, muss man weiter fragen, ob und wie der Umweltverbrauch an das Leistungsfähigkeitsprinzip anknüpfen kann. Unvermeidlich ist auch zu untersuchen, wie das Leistungsfähigkeitsprinzip durch ein Verbrauchsverhalten (z.B. Umweltverbrauch) des Verbrauchers geprägt wird. Eine Steuer muss einen

Fiskalzweck verfolgen. Nach herrschender Meinung ist es zulässig, dass der Fiskalzweck nur Nebenzweck ist. Das heißt, eine Steuer darf neben dem Fiskalzweck auch einen Lenkungszweck erfüllen.

Im zweiten Kapitel wird erörtert, was man unter einer Verbrauchsteuer mit Lenkungszweck versteht, insbesondere wann der Begriff der Lenkungssteuer der Steuer im Sinne der Finanzverfassung entspricht. Dabei ist es zunächst erforderlich, die Zwecke und die Wirkungen dieser Steuer zu erfassen. Da diese Steuer verhaltenslenkende Wirkungen hat, bedarf es einer verfassungsrechtlichen Rechtfertigung und Anpassung an das Verbrauchsteuersystem. Um eine richtige Einordnung der Energiesteuer und der Stromsteuer vornehmen und in den folgenden Kapiteln sachgerecht erörtern zu können, ist eine Differenzierung dieser Steuern erforderlich.

Der Gleichheitssatz des Grundgesetzes ist auch im Steuerrecht zu respektieren. Eine steuerliche Ungleichbehandlung wie sie etwa durch eine Steuervergünstigung erfolgen kann, führt zu einer Beeinträchtigung des Schutzbereichs des Gleichheitssatzes des Art. 3 Abs. 1 GG, so dass eine verfassungsrechtliche Rechtfertigung erforderlich ist. Diese nähere Untersuchung erfolgt im dritten Kapitel (Gleichheitsrecht als Maßstab der verhaltenslenkenden Verbrauchsteuer). Dieses Kapitel ist die Grundlage zur Bewertung der Entlastungsnormen im Energiesteuergesetz und im Stromsteuergesetz.

In älteren Verbrauchsteuergesetzen wurden Steuerentlastungen nicht den Steuervergünstigungen zugeordnet. Allerdings werden durch die gesetzliche Bezeichnung in den jüngeren Verbrauchsteuergesetzen Steuerentlastungen von den Steuervergünstigungen umfasst. So wird im vierten Kapitel die Steuervergünstigung als Wurzel der Steuerentlastung im Zusammenhang mit dem Ergebnis im zweiten Kapitel des zweiten Teils untersucht. In erster Linie unternimmt die vorliegende Untersuchung zur Steuerentlastung bei Verbrauchsteuern den Versuch, den Begriff der Steuervergünstigung und deren Kernelemente mittels allgemeinen Sprachgebrauchs und Gesetzesauslegung zu ermitteln. Allerdings ist dieser Befund nicht ausreichend, um den Begriff und die Eigenschaft der Steuervergünstigung zu beschreiben. Es muss vielmehr auch die Steuervergünstigung vom verwandten Begriff der Subvention unterschieden werden, um das Konzept besser zu verstehen. Steuervergünstigungen tangieren immer auch verfassungsrechtliche Fragen, so dass sie einer besonderen verfassungsrechtlichen Rechtfertigung, aber auch einer Grenze bedürfen. Für die Grenze der Steuervergünstigung ist die Gewährung einerseits und der Abbau andererseits zu behandeln. Die Gewährung einer Steuervergünstigung hat für Betroffene, die sich in einer ähnlichen Situation befinden, oftmals eine ungleiche Belastung zur Folge. Hier muss der Gleichheitssatz besondere Berücksichtigung finden. Neben dem Gleichheitssatz könnte der Benachteiligte auch in seinen Freiheitsrechten – insbesondere in der Wirtschaftsfreiheit – verletzt sein, wenn die Begünstigung an einen konkurrierenden Dritten gewährt wird. Im Vergleich zur Gewährung einer Steuervergünstigung handelt es sich beim Abbau einer Steuervergünstigung um einen Fall, der Art. 14 GG und den Vertrauensschutz berühren könnte. Denn der Abbau einer Steuervergünstigung wird regelmäßig auch wieder rückgängig gemacht und dann wirkt er sich auf die laufende oder bereits erledigte Vermögensdisposition von Begünstigen aus.

Das anschließende 5. Kapitel widmet sich dem Schwerpunkt der Arbeit, nämlich der Steuerentlastung im Energiesteuergesetz und im Stromsteuergesetz. Es handelt sich bei der Steuerentlastung um einen Oberbegriff, der die Formen Erlass, Erstattung und Vergütung umfasst. In diesem Kapitel werden zunächst die Normen der Steuerentlastungen im Energiesteuergesetz und im Stromsteuergesetz dargestellt. Danach werden die Probleme des § 60 EnergieStG erörtert. Diese Norm ist sowohl im ganzen nationalen Verbrauchsteuersystem als auch innerhalb des eigenen Verbrauchsteuergesetzes einzigartig. Diese Sonderstellung führte zu heftiger Kritik in der Literatur. Schließlich erfolgt in diesem Kapitel die Bewertung der Steuerentlastungen im Rahmen des Energiesteuergesetzes und des Stromsteuergesetzes, wobei auch eigene Vorschläge zu gerechten Steuerentlastungen vorgetragen werden.

Nach diesen Untersuchungen wird infolge der taiwanesischen Herkunft der Autorin erörtert, ob die Energiesteuer in Taiwan eingeführt werden sollte. Im dritten Teil dieser Arbeit wird deshalb ein Exkurs angefügt, in dem die Möglichkeit zur Einführung der Energiesteuer in Taiwan unter Berücksichtigung des deutschen Energiesteuerrechts erörtert wird. Einerseits sind die CO_2-Emissionen seit Jahrzehnten auf der Insel rasant gestiegen, andererseits ist Taiwan abhängig von dem Import der Energien. Um die Probleme der Umweltverschmutzung zu beseitigen, die CO_2-Emission zu verringern sowie den Energieverbrauch zu mindern, wurden verschiedene Gesetzesentwürfe zur Einführung der Energiesteuern dem Parlament vorgelegt. Dabei wird auch die Beeinflussung der Einführung der Energiesteuer auf die wirtschaftliche Wettbewerbsfähigkeit von Marktteilnehmern in Gesetzgebungsentwürfe berücksichtigt. Unter Bezugnahme auf das deutsche Energiesteuergesetz wird der taiwanesische Entwurf zur Energiesteuer diskutiert.

Im vierten Teil und letzten Teil dieser Arbeit erfolgt das Schlusswort.

2. Kapitel: Verbrauchsteuern im System des Steuerrechts

In Deutschland existiert ein Vielsteuersystem, das nicht systematisch entstanden, sondern historisch gewachsen ist. In der Finanzverfassung des Bonner Grundgesetzes bilden die aufgezählten Steuerarten kein rational aufeinander abgestimmtes Steuersystem. Vielmehr handelt es sich um pragmatische Gesetzgebungs- und Verteilungsregeln zu den dort konkret benannten Steuern.[7] Verbrauchsteuern werden in der Finanzverfassung des Art. 105 Abs. 1 in Verbindung mit Art. 106 Abs. 1 Nr. 2 GG geregelt. Parallele Entwicklungens sind hinsichtlich des Verbrauchsabgabenbegriffs des europäischen Primärrechts zu konstatieren. Zwar mag sich das einfachgesetzliche Verbrauchsteuersystem entwickelt haben und nicht mehr in seiner Gesamtausrichtung dem Gesamtbild des Systems entsprechen, das dem

7 *Seer, Roman*, Die besonderen Verbrauchsteuern und die Umsatzsteuer – ein unabgestimmtes Konglomerat, ZfZ 2013, S. 146.

Verfassungsgesetzgeber im Zeitpunkt der letzten die Verbrauchsteuern betreffenden Verfassungsänderungen vorschwebte. Ein Gesamtbild der heutigen Verbrauchsteuern ist jedoch durch die Begriffsgrenzen auf nationaler, kommunaler sowie europäischer Ebene anzusehen.

A. Nationaler Verbrauchsteuerbegriff

Die bisherige Auseinandersetzung mit dem nationalen Verbrauchsteuerbegriff grenzt nicht immer deutlich zwischen dem Verbrauchsteuerbegriff und dem Gesamtbild der Verbrauchsteuern im einfachen Recht ab.[8] Betrachtet man die Entwicklung der Verbrauchsteuern in Deutschland, folgt, dass es keinen großen Unterschied zwischen dem juristischen Verbrauchsteuerbegriff und dem Verständnis der Verbrauchsteuern in der Finanzwissenschaft gibt. Dennoch kann durch die spezifische Herangehensweise an die Betrachtung des Steuersystems eine Differenzierung beider Bereiche geboten sein. Der Jurist muss sich nur mit der Gesetzeslage auseinandersetzen und wirkt so auf das gesamte System durch seine Gesetzesauslegung im Rahmen der Verfassung ein, während die finanzwissenschaftliche Betrachtung stets entweder *ex post* analysierend oder *ex ante* schätzend ist. Ziel der Arbeit kann nur eine juristische Bewertung der verhaltenslenkenden Verbrauchsteuern sein; finanzwissenschaftliche Überlegungen sind allenfalls unterstützend anzustellen.

Die nationalen Verbrauchsteuern werden innerhalb des Steuersystems in Verbrauch- und Verkehrsteuern (Bundessteuer) und Verbrauch- und Aufwandsteuern (örtliche Verbrauchsteuer) unterteilt. Als allgemeine Verbrauchsteuer steht die Umsatzsteuer im Schnittpunkt zwischen Verbrauch- und Verkehrsteuern. Sie knüpft an Akte des Wirtschaftsverkehrs (Leistungen) an, ist also einerseits der Form nach eine Verkehrsteuer[9], andererseits der Sache nach jedoch eine Verbrauchsteuer[10], da sie auf eine Überwälzung auf den Verbraucher angelegt ist (§§ 10, 29 UStG) und auch durch den Vorsteuerabzug (§ 15 UStG) regelmäßig nur den Endverbraucher belastet. Nach Art. 108 Abs. 2 GG wird sie nicht von Bundes-, sondern Landesfinanzbehörden verwaltet. Die Umsatzsteuer wird ohne Bezug zu den besonderen Verbrauchsteuern erhoben. Da der Betrag der Verbrauchsteuer jedoch unabhängig davon, ob der Steuerschuldner sie bei dem regelmäßigen Absatz der Waren offen oder als verdeckten Preisbestandteil berechnet, zum Leistungsentgelt als umsatzsteuerliche Bemessungsgrundlage gehört, gehört auch die Verbrauchsteuer zur Umsatzsteuer. Es entsteht eine „Steuer auf die Steuer".[11]

---

8 *Eiling, Astrid*, Verfassungs- und europarechtliche Vorgaben an die Einführung neuer Verbrauchsteuern, 2014, S. 10.

9 So BFH, II B 24/72, BStBl. 1973 II, S. 94 (96); V B 48/88, BStBl. 1989 II, S. 580 (582).

10 *Englisch, Joachim*, in: Tipke, Klaus/Lang, Joachim, Steuerrecht, 22. Aufl. 2015, § 17 Rdnr. 10.

11 Dazu *Schachtschneider, Karl Albrecht*, Steuern auf Steuern – Umsatzbesteuerung der Mineralölsteuer, in: Kirchhof, Paul/Nieskens, Hans (Hrsg.), Festschrift für Wolfram

Nach Art. 105 Abs. 2a GG haben die Länder die Gesetzgebungsbefugnis über die örtlichen Verbrauch- sowie Aufwandsteuern, solange und soweit sie nicht bundesgesetzlich geregelten Steuern gleichartig sind.[12] Die infolge zahlreicher landesgesetzlicher Regelungen derartiger Aufwand-, Verbrauch- und Verkehrsteuern notwendige Gleichartigkeitsprüfung des Bundesverfassungsgerichts hat vieles zur Klärung des allgemeinen Wesensgehalts der Verbrauchsteuer beigetragen.[13] Der Begriff der Gleichartigkeit ist nach der ständigen Rechtsprechung[14] aber nur beschränkt zu verstehen, um den Ländern einen substanziellen Kompetenzbereich zu erhalten.[15] Das heißt, dass den Ländern in der Regel die ausschließliche Gesetzgebungskompetenz für örtliche Verbrauch- und Aufwandsteuern zusteht. Der Bund kann aber den Erlass von örtlichen Verbrauchsteuern durch den Erlass bundesweiter Verbrauchsteuern verhindern, da die bundesweiten Verbrauchsteuern eine Sperrwirkung gegenüber einem Tätigwerden der Länder ausüben.[16]

Eine Abgrenzung zwischen örtlichen Verbrauch- und Aufwandsteuern hinsichtlich der gleichen Voraussetzungen und Rechtsfolgen[17] ist in der Literatur und Rechtsprechungen nicht klar und trennscharf.[18] Eine wesentliche Auseinandersetzung mit der Abgrenzung der Steuerarten ist auch in Art. 105 Abs. 2a GG nicht erfolgt. Ein Maßstab – aber nicht völlig trennscharf – wird dennoch in Rechtsprechung und Literatur geboten:[19] Örtliche Verbrauchsteuern sind Warensteuern, durch die der

---

Reiß, 2008, S. 101; Es führe zu belastungspolitischen Ungereimtheiten, vgl. *Bongartz, Matthias/Schröer-Schallenberg, Sabine*, 2. Aufl. 2011, Rdnr. A 1.

12 Bis zum 1.1.1970 lautete Art. 105 Abs. 2 lit. 1 GG: „Der Bund hat die konkurrierende Gesetzgebung über die Verbrauch- und Verkehrssteuern mit örtlich bedingtem Wirkungskreis, insbesondere der Grunderwerbssteuer, der Wertzuwachssteuer und der Feuerschutzsteuer".

13 Vgl. *Bongartz, Matthias/Schröer-Schallenberg, Sabine*, 2. Aufl. 2011, Rdnr. A 2.

14 Statt vieler BVerfGE 40, 56 (63 f.); BVerfGE 65, 325 (350 f.).

15 Vgl. BverfGE 40, 56 (63); BVerfGE 65, 325 (350 f.); *Jachmann, Monika*, in: Mangoldt, Hermann von/Klein, Friedrich/Starck, Christian (Hrsg.), Grundgesetz, 6. Aufl. 2010, Art. 105 Rdnr. 66; *Pieroth, Bodo*, in: Jarass, Hans Dieter/Pieroth, Bodo (Hrsg.), Grundgesetz, 13. Aufl. 2014, Art. 105 Rdnr. 29; zur Gleichartigkeitsklausel vgl. *Selmer, Peter*, Finanzverfassungsrechtliche Streitfragen im Bereich der örtlichen Verbrauch- und Aufwandsteuern, DÖV 1974, S. 374 ff.

16 *Jachmann, Monika*, in: Mangoldt, Hermann von/Klein, Friedrich/Starck, Christian (Hrsg.), Grundgesetz, 6. Aufl. 2010, Art. 105 Rdnr. 54.

17 *Siekmann, Helmut*, in: Sachs, Michael (Hrsg.), Grundgesetz, 6. Aufl. 2011, Art. 105 Rdnr. 36.

18 Zur Einordnung von Vergnügungssteuern: *Kronisch, Joachim*, Der Lenkungszweck der Spielautomatensteuer – Ein Spiel ohne Grenzen?, NVwZ 1990, S. 322 (324).

19 Anders jedoch *Birk*, der Verbrauchsteuern als indirekte, Aufwandsteuern als direkte Steuern ansieht und entsprechend die Abgrenzung vornimmt, vgl. *Birk, Dieter*, Verfassungsrechtliche Grenzen der Konsumbesteuerung, in: Rose, Manfred (Hrsg.), Konsumorientierte Neuordnung des Steuersystems, 1991, S. 351 (354); *Oelschläger*,

Verbrauch vertretbarer Güter belastet wird.[20] Aufwandsteuern belasten hingegen denjenigen, der eine besondere Leistungsfähigkeit zeigt, indem er bestimmte Ge- und Verbrauchsgegenstände hält.[21] Beispielsweise sind Getränke- und Verpackungssteuern Verbrauchsteuern, während Vergnügungssteuern, Hundesteuern, Jagdsteuern und Zweitwohnungssteuern Aufwandsteuern darstellen.[22] Tiefgehende Auseinandersetzungen mit dem örtlichen Verbrauch- und Aufwandsteuerbegriff liegen kaum vor.[23] Zwecks einer sinnvollen Begrenzung dieser Arbeit wird auf eine weitere Diskussion der örtlichen Verbrauchsteuern verzichtet.[24] Eine Differenzierung der Begriffe der örtlichen und der bundesweiten Verbrauchsteuern erscheint möglich, jedoch keineswegs zwingend, da ein weitgehender Gleichlauf der Begriffe vermutet werden kann. Aus diesem Grund werden die bundesweiten Verbrauchsteuern – insbesondere die besonderen Verbrauchsteuern – in dieser Arbeit primär untersucht.

B. Unionsrechtlicher Verbrauchsteuerbegriff

Der europäische Verbrauchsabgabenbegriff wird im Primärrecht – insbesondere in der Harmonisierungsnorm des Art. 113 AEUV – geregelt. Im Vergleich zum Versuch der Herleitung eines nationalen Verbrauchsteuerbegriffs aus der Finanzverfassung ist der europäische Verbrauchsteuerbegriff bei Herleitung aus Art. 113 AEUV noch erheblich schwieriger zu begreifen. Denn u. a. der AEUV[25] und die

---

Timm, Die Zweitwohnungsteuer: Ein Abgesang – Gleichzeitig ein Beitrag zum Begriff der Aufwandsteuer im Sinne des Art. 105 Abs. 2a GG, DStR 2008, S. 590 (593).

20 BVerfGE 98, 106 (123 f.); *Lechelt, Rainer*, Örtliche Verbrauch- und Aufwandsteuern, NWB Fach 12, S. 249 (253).

21 *Küssner, Martin*, Die Abgrenzung der Kompetenz des Bundes und der Länder im Bereich der Steuergesetzgebung sowie der Begriff der Gleichartigkeit von Steuern, 1992, S. 229; *Lechelt, Rainer*, Örtliche Verbrauch- und Aufwandsteuern, NWB Fach 12, S. 249 (254).

22 *Voß, Reimer*, Strukturelemente der Verbrauchsteuern, DStJG Band 11 (1988), S. 261 (263); ausgeführt auch *Daumke, Michael*, Die Kompetenz des Landesgesetzgebers zur Einführung neuer Steuer, insbesondere von Umweltschutzsteuern, DStR 1992, S. 852 (853).

23 Relativ ausführlich, im Hinblick auf die Differenzierung zwischen Verbrauch- und Aufwandsteuern aber teilweise nicht deutlich vgl. *Lechelt, Rainer*, Örtliche Verbrauch- und Aufwandsteuern, NWB Fach 12, S. 249 ff.

24 Da europarechtliche Richtlinien im Rahmen des Verbrauchsteuerrechts aber auch Auswirkungen auf die Verbrauchsteuern haben, die nicht von den jeweiligen Nationalstaaten, sondern von untergeordneten Gliederungseinheiten erhoben werden, wird auf die örtlichen Verbrauchsteuern an späterer Stelle bei der Auseinandersetzung mit den Grenzen des europarechtlichen Verbrauchsteuerbegriff noch einmal in der gebotenen Kürze einzugehen sein. Die bislang gemachten Ausführungen zu den örtlichen Verbrauchsteuern sind aber nur Wesentliches für diese spätere Auseinandersetzung. Vgl. *Eiling, Astrid*, Verfassungs- und europarechtliche Vorgaben an die Einführung neuer Verbrauchsteuern, 2014, S. 15.

25 Der AEUV ist in insgesamt 23 Sprachen formuliert, Art. 358 AEUV i.V.m. 55 EUV.

zahlreichen weiteren Bestimmungen des europäischen Primärrechts[26] haben eine „Multisprache“ angenommen und erschweren somit eine einheitliche Begriffsbestimmung. Die Folge ist, dass der europäische Verbrauchsteuerbegriff durch europarechtliche Vorgaben nicht klar ist und der Unterscheid vom nationalen Verbrauchsteuerbegriff nicht trennscharf zu erkennen ist.

3. Kapitel: Begriff der „gerechten“ Steuer

Adam Smith hat in seinem 1776 erschienenen Werk „Der Wohlstand der Nationen“ vier bis heute noch gültige[27] „allgemeine Grundregeln“ einer gerechten Steuer dargestellt: 1. Die Steuergleichheit, 2. Die Bestimmtheit der Zahlungspflicht, 3. Die Bequemlichkeit der Steuererhebung, 4. Die Effizienz der Steuer.[28]

Die Steuergleichheit im juristischen Sinne bedeutet Gleichheit der Besteuerung. So hat das Grundgesetz die Forderung nach einer gleichmäßigen und gerechten Besteuerung in Art. 3 Abs. 1 GG (ergänzt durch andere Grundrechte, z. B. Art. 6 Abs. 1 GG) aufgenommen,[29] auch wenn eine klare Lastenverteilungsregel nach einigen Bestimmungen der Landesverfassungen[30] fehlt.

Die Bestimmtheit der Steuerlast verlangt, dass eine möglichst von vornherein deutlich bestimmte Steuerlast dem im Grundgesetz verankerten Rechtsstaatsprinzip (Art. 20, 28 Abs. 1 GG) und somit auch der Konkretisierung der Gewährleistung des Vertrauensschutzes entspricht.[31] Das Rechtsstaatsprinzip und die grundrechtlichen Gesetzesvorbehalte des Art. 2 Abs. 1 GG und der anderen Freiheitsrechte fordern weiter nach einer gesetzlichen Grundlage für Freiheitseingriffe, wie sie die Auferlegung einer Zahlungspflicht (z. B. einer Steuer) bedeutet.[32]

Nach dem Gesichtspunkt der Unmerklichkeit der Besteuerung soll der Steuerbürger möglichst weder die Steuerbelastung an sich, noch die Steuererhebung bemerken. Daher sind vor allem die indirekten Steuern ein Beispielsfall für die

---

26 Zu Problemen der Mehrsprachigkeit: *Hilpold, Peter*, Die europäische Steuerpolitik – Babel nach Maß, EuR 2010, S. 695 ff.

27 *Tipke, Klaus*, Besteuerungsmoral und Steuermoral, 2000, S. 9; vgl. auch *Rechtenwald, Horst Claus*, Vorwort zu: Adam Smith, Der Wohlstand der Nationen, 1978, S. LXIX; *Musgrave, Richard A./Musgrave, Peggy B./Kullmer, Lore*, Die öffentlichen Finanzen in Theorie und Praxis, Band II, 1979, S. 89.

28 *Adam Smith*, Der Wohlstand der Nationen, 1776, S. 703 ff.

29 *Rainer, Wernsmann*, Verhaltenslenkung in einem rationalen Steuersystem, 2005, S. 10.

30 Vgl. z. B. Art. 47 Hessische Verfassung, Art. 123 Verfassung des Freistaates Bayern.

31 Es ist aber nicht zu verkennen, dass sich das BVerfG bisher gegenüber dem Steuergesetzgeber sehr großzügig gezeigt hat. Vgl. *Birk, Dieter Desens, Marc/Tappe, Henning*, Steuerrecht, 18. Aufl. 2015, Rdnr. 173 f.

32 Zu den rechtsstaatlichen, grundrechtsschützenden und demokratischen Wurzeln des Gesetzesvorbehalts vgl. BVerfGE 105, 279 (303 f., 305); 108, 282 (311 f.) m.w.N.; *Rainer, Wernsmann*, Verhaltenslenkung in einem rationalen Steuersystem, 2005, S. 10; *Krebs, Walter*, Vorbehalt des Gesetzes und Grundrechte, 1975, S. 16 ff.

„Unmerklichkeit", da diese im Endpreis versteckt ist und damit vom Steuerschuldner auf den Steuerträger abgewälzt wird. Für den belasteten Steuerbürger ist dies auch eine „bequeme" Steuer, da keine Probleme bei der Steuererhebung und Steuerverwaltung bestehen und durch einen qualifizierten Konsumverzicht die Steuer teilweise vermieden werden kann.

Der vierte Besteuerungsgrundsatz von *Adam Smith* enthält die Effizenz der Steuer. Die Steuererhebung dient zuerst der Einnahmeerzielung und sollte daher effektiv und ergiebig sein. Das heißt, dass der Verwaltungsaufwand trotz aller grundsätzlichen Offenheit des Grundgesetzes für Typisierungen und Pauschalierungen in Betracht zu ziehen ist. Der Verwaltungsaufwand darf also nicht zu hoch sein. Aus diesem Grund wurde eine Vielzahl sog. Bagatellsteuern (z. B. Zündwarensteuer, Leuchtmittelsteuer) in Deutschland abgeschafft. Die Wirtschaftlichkeit des Staatshandelns – Effizienz bezüglich des Ziels der Einnahmeerzielung – fordert aus dem Blickwinkel des Staates außerdem dem Art. 114 Abs. 2 GG zu entsprechen.

Verhaltenslenkende Steuern (auch sog. Lenkungssteuern) stehen mit mehreren der oben genannten Grundregeln in Konflikt. Wenn Sonderregeln im Rahmen eines Steuergesetzes zu Lenkungszwecken, wie etwa Steuervergünstigungen oder –sonderbelastungen als Verhaltensanreize getroffen werden, so führen diese zu Ungleichbehandlungen, die mit dem ersten von *Adam Smith* aufgestellten Grundsatz nicht konform sind und die vor dem allgemeinen Gleichheitssatz (Art. 3 Abs. 1 GG) einer Rechtfertigung bedürfen.[33] Auch steuerliche Privilegierungen eines bestimmten vom Gesetzgeber gewünschten Verhaltens führen dazu, dass die Steuerlast bei vergleichbarer wirtschaftlicher Leistungsfähigkeit nicht mehr „unausweichlich" ist, sondern „gestaltbar"[34] wird. Wenn die steuerliche Belastung nicht mehr unausweichlich ist, ist die steuerliche Lastengleichheit gefährdet.[35] Dies ist ein ernst zu nehmendes und wesentliches Risiko – trotz des Konflikts mit den weiteren Grundlagen von *Adam Smith* – der verhaltenslenkenden Steuern. Juristische Möglichkeiten und Grenzen sind daher im Folgenden sorgfältig zu ermitteln.

4. Kapitel: Entwicklung der Energiesteuer und der Stromsteuer als verhaltenslenkende Verbrauchsteuer in Deutschland

Wer das heutige Energiesteuergesetz kennenlernen möchte, muss auf das alte Energiesteuergesetz – damals Mineralölsteuergesetz genannt – zurückgreifen. Im Vergleich zu anderen Steuern ist die Stromsteuer relativ jung, da sie erst im Jahr 1999 eingeführt wurde. Die Entwicklung ist also noch nicht abgeschlossen. Im Folgenden

---

33 *Rainer, Wernsmann*, Verhaltenslenkung in einem rationalen Steuersystem, 2005, S. 16.

34 *Kirchhof, Paul*, Die Steuerrechtsordnung als Wertordnung, StuW 1996, S. 3 (10); *Vogel, Klaus*, Perfektionismus im Steuerrecht, StuW 1980, S. 206 (208).

35 BVerfGE 101, 297 (309).

wird in erster Linie die geschichtliche Entwicklung der Energiesteuer in Deutschland dargestellt.[36]

A. Als Ausgleichsteuer bis zum Ende des Zweiten Weltkriegs (1930–1945)

Vor dem Zweiten Weltkrieg wurde die Mineralölsteuer als Ausgleichssteuer[37] angesehen. Mit dem Gesetz über Zolländerungen vom 15. April 1930[38] waren nur die importierten Mineralöle – Erdöl, Schieferöl, Braunkohlenteeröl sowie leichte Steinkohlenteeröle – mit diesem erhöhten Zoll belastet, um der angespannten Finanzlage des Deutschen Reiches[39] entgegenzuwirken. Dies führte zu einem Wettbewerbsvorteil der heimisch erzeugten Mineralöle gegenüber den importierten. Um diesen Wettbewerbsvorteil auszugleichen, wurden die heimisch erzeugten Mineralöle den Tarifnummern einer Ausgleichssteuer zugeordnet.[40] In den folgenden Jahren wurde das Mineralölsteuergesetz durch die Verordnung über Zolländerungen und über Mineralölsteuer vom 24. November 1936[41] und das Gesetz zur Änderung des Mineralölsteuergesetzes vom 10. August 1937[42] novelliert. Die Neufassung des Mineralölsteuergesetzes trat am 22. März 1939[43] in Kraft und galt dann bis nach dem Kriege fort.

B. Als Verbrauchsteuer nach dem Zweiten Weltkrieg (1945–1992)

Nach dem Zweiten Weltkrieg hat sich die Mineralölsteuer allmählich von der Ausgleichssteuer zur Verbrauchsteuer entwickelt. Da die Finanzlage nach dem Zweiten Weltkrieg angespannt war, musste die Regierung dringend neue Einnahmequellen

---

36 Einen Überblick gibt auch *Teichner, Kurt*, in: Teichner, Kurt/Alexander, Stephan/Reiche, Klaus, Mineralölsteuer – Mineralölzoll, Kommentar, 16. Lieferung, 5. Aufl., 2004, Vorbem. Rdnr. 19 bis 49. Die Besteuerung von Kohle geht bereits auf das Jahr 1917 zurück (Kohlensteuergesetz vom 8.4.1917, RGBl. 1917 I, S. 340).

37 Unter Ausgleichssteuer versteht man die Steuer, die in einigen Ländern zusätzlich zur Ausgangssteuer zu buchen ist. Die Ausgleichssteuer wird vom Lieferanten berechnet und den Kunden über den Kaufpreis in Rechnung gestellt, die von der Umsatzsteuer befreit sind. Die Ausgleichssteuer ist vom Lieferanten an das Finanzamt abzuführen. Vgl. http://www.enzyklo.de/Begriff/Ausgleichssteuer.

38 RGBl. 1930 I, S. 131; RZBl. 1930, S. 217.

39 Vgl. Begründung zum Entwurf eines Gesetzes über Zolländerungen vom 15.3.1930, Reichstag IV 1928, Drucks. Nr. 1755.

40 Vgl. *Ebel, Ernst*, Mineralölsteuergesetz nebst Durchführungsbestimmungen, mit Erläuterungen und einer Einführung – Verordnung über den Bezug von Spiritus zu Treibstoffzwecken, mit Erläuterungen und einer Einführung, 1930, S. 10 f.

41 RZBl. 1936, S. 413.

42 RGBl. 1937 I, S. 886; RZBl. 1937, S. 493.

43 RGBl. 1939 I, S. 566.

finden, um den damaligen Finanzbedarf zu kompensieren. Durch das Gesetz zur Änderung des Mineralölsteuergesetzes vom 19. Januar 1951[44] wurde die Mineralölsteuer erhöht und auch auf importierte Mineralöle erweitert; auch wurde der Kreis der Steuergegenstände umfassend erweitert.[45] Das Ziel war, die finanzielle Belastung auf „breitere Schultern" zu verteilen.[46] Torf-, Schiefer- und Steinkohlenteere sowie Verarbeitungsrückstände wie Bitumen, Vaseline, Paraffine und Petrolkoks waren steuerpflichtig. Rohes Erdöl war aber steuerfrei und auf den Verkehr beschränkt.[47] Hinzu kam die Möglichkeit, unversteuertes Mineralöl in Betrieben (Steuerlagern) zu lagern.[48] In dieser Phase behielt die Mineralölsteuer noch den Charakter einer Ausgleichssteuer, da die importierten Mineralöle mit geringeren Steuersätzen als die inländisch erzeugten besteuert wurden.

Zwei Jahre später verlor die Mineralölsteuer ihren Charakter als Ausgleichssteuer völlig,[49] da die importierten Mineralöle durch das Gesetz zur Neuregelung der Abgaben auf Mineralöl vom 23. April 1953[50] mit denselben Steuersätzen wie die im Inland hergestellten belastet wurden. In dieser Novelle wurden die Torfteere[51] und die schweren Steinkohlenteeröle[52] aus dem Kreis der Steuergegenstände herausgenommen. Darüber hinaus war die Verwendung von Heizöl zum unmittelbaren Verheizen nunmehr steuerfrei. Die Neufassung des Mineralölsteuergesetzes wurde am 21. Mai 1953 bekannt gegeben.[53]

---

44 BGBl. 1951 I, S. 73; BZBl. 1951, S. 29.

45 Vgl. *Ebel, Ernst*, Überblick über die Neuregelung der Mineralölsteuer, DDZ 1951, S. 102; *Kappe, R.*, Die Mineralölsteuer – Gesetz zur Änderung des Mineralölsteuergesetzes vom 19.1.1951, ZfZ 1951, S. 55.

46 Vgl. Begründung zum Entwurf des Gesetzes zur Änderung des Mineralölsteuergesetzes, BR-Drucks. 1/1680, S. 5; auch *Ebel, Ernst*, Überblick über die Neuregelung der Mineralölsteuer, DDZ 1951, S. 102 und *Kappes, R.*, Die Mineralölsteuer – Gesetz zur Änderung des Mineralölsteuergesetzes vom 19.1.1951, ZfZ 1951, S. 55.

47 Vgl. *Ebel, Ernst*, Überblick über die Neuregelung der Mineralölsteuer, DDZ 1951, S. 102 (103) und *Kappes, R.*, Die Mineralölsteuer – Gesetz zur Änderung des Mineralölsteuergesetzes vom 19.1.1951, ZfZ 1951, S. 55.

48 Vgl. *Ebel, Ernst*, Überblick über die Neuregelung der Mineralölsteuer, DDZ 1951, S. 123; *Kappes, R.*, Die Mineralölsteuer – Gesetz zur Änderung des Mineralölsteuergesetzes vom 19.1.1951, ZfZ 1951, S. 53 (56).

49 Vgl. ohne Verfassungsangabe, Der Entwurf zum „Gesetz zur Neuregelung der Abgaben auf Mineralöl", in: Erdöl und Kohle, 1952, S. 748; auch *Ebel, Ernst*, Neuregelung der Mineralölabgaben, DDZ 1953, S. 243 (244).

50 BGBl. 1953 I, S. 149; BZBl., S. 230.

51 Vgl. BT-Drucks. 1/3803, Anlage 2, S. 19; ohne Verfasserangabe, Der Entwurf zum „Gesetz zur Neuregelung der Abgaben auf Mineralöl", in: Erdöl und Kohle, 1952, S. 748; *Ebel, Ernst*, Neuregelung der Mineralölabgaben, DDZ 1953, S. 243 (245).

52 Vgl. BR-Drucks. 1/3803, S. 14 f.; ohne Verfasserangabe, Entwurf, 1952, S. 748; *Ebel, Ernst*, Neuregelung der Mineralölabgaben, DDZ 1953, S. 243 (245).

53 BGBl. 1953 I, S. 234.

Anschließend wurde der Kreis der Steuergegenstände verkleinert. Durch das Gesetz zur Änderung von Vorschriften auf dem Gebiet der Abgaben auf Mineralöl vom 31. Oktober 1955[54] wurden die Steinkohlen- und Schieferteere sowie Petrolkoks und Bitumen von der Steuer befreit.[55] Die Gründe hierfür liegen darin, dass zum einen das Steueraufkommen aus diesen Waren im Vergleich zum Verwaltungsaufwand sehr gering war, zum anderen die öffentlichen Haushalte immer der endgültige Steuerträger waren.[56] Es folgten Änderungen durch das Dritte Zollrechtsänderungsgesetz vom 9. August 1956[57] einschließlich des Verbrauchsteueränderungsgesetzes vom 10. Oktober 1957.[58] Im selben Jahr am 5. Dezember 1957 wurde das Mineralölsteuergesetz erneut bekannt gegeben.[59]

Mit dem Straßenbaufinanzierungsgesetz vom 28. März 1960[60] gab es einige weitere wichtige Änderungen. Die Besteuerung von Mineralöl orientierte sich nunmehr auch an der Verwendung als Treib- oder Schmierstoff. Produkte mit Vaseline und Paraffin sind in der Regel nicht als Treib- oder Schmierstoff verwendbar und brachten dem Fiskus nur einen geringen Beitrag. Aus diesen Gründen wurden solche Produkte von der Besteuerung ausgenommen.[61] Darüber hinaus erhielt das Straßenbaufinanzierungsgesetz eine weitere Änderung, sodass die Einnahmen aus der Mineralölsteuer der Verkehrsinfrastruktur zugute kamen.

Bereits kurze Zeit später wurden Heizöle, die seit Inkrafttreten des Neuregelungsgesetzes 1953 steuerfrei waren, durch das Gesetz zur Änderung des Mineralölsteuergesetzes vom 26. April 1960[62] zeitlich befristet besteuert.[63] Diese Frist wurde durch das Gesetz zur Änderung des Mineralölsteuergesetzes vom 11. April 1963[64] verlängert.

Durch das Gesetz über die Umstellung der Abgaben auf Mineralöl vom 20. Dezember 1963[65] wurden die Kataloge der mineralölhaltigen[66] Ersatzkraftstoffe als Steuergegenstände ausgeweitet. Gleichzeitig wurden die Steuersätze erhöht. Die

54 BGBl. 1955 I, S. 699.
55 *Soyk, Stefan,* Energie- und Stromsteuerrecht, 3. Aufl. 2013, S. 11 Rdnr. 5.
56 Vgl. BT-Drucks. 2/1669, S. 2; ohne Verfasserangabe, Gesetz zur Änderung des Mineralölabgaben-Neuregelungsgesetzes beschlossen, in: Erdöl und Kohle, 1955, S. 746.
57 BGBl. 1956 I, S. 735.
58 BGBl. 1957 I, S. 1704.
59 BGBl. 1957 I, S. 1833.
60 BGBl. 1960 I, S. 201; BZBl. 1960, S. 244.
61 Vgl. Bericht des Finanzausschusses, BT-Drucks. 3/1616, S. 8; auch *Burger, Josef,* Ein Streifzug durch die Mineralölsteuergesetzgebung seit dem Inkrafttreten des Verkehrsfinanzgesetzes vom 6.4.1955, ZfZ 1960, S. 331 (334).
62 BGBl. 1960 I, S. 241.
63 Die Befristung wurde in der Folgezeit immer wieder verlängert und schließlich ganz aufgehoben.
64 BGBl. 1963 I, S. 193.
65 BGBl. 1963 I, S. 995.
66 Nach der heutigen Fassung: kohlenwasserstoffhaltige.

genannten Änderungen brachten die Neufassung des Mineralölsteuergesetzes vom 20. Dezember 1963 mit sich.[67]

Die Regelung des sog. „Herstellerprivilegs“[68] auf Mineralöle wurde im Jahr 1965 gelockert. Die Mineralöle wurden vor der Änderung nur dann steuerfrei, wenn sie in einen Herstellungsbetrieb gebracht und dort bearbeitet wurden. Durch Art. 8 des Steueränderungsgesetzes 1965 vom 14. Mai 1965[69] wurde die Verwendung der Mineralöle, die nicht im eigenen Betrieb hergestellt wurde, zur Aufrechterhaltung des Betriebs steuerfrei. Obwohl das Herstellerprivileg bereits durch den Vorschlag im Steueränderungsgesetz 1967 vom 29. März 1967[70] gestrichen werden sollte, wurde aber diese noch kurz zuvor geplante Aufhebung des Herstellerprivilegs mit dem Zweiten Steueränderungsgesetz 1967 vom 21. Dezember 1967[71] wieder zurückgenommen.[72]

Die Befristung der Heizölbesteuerung wurde mit dem Gesetz zur Änderung des Mineralölsteuergesetzes 1964 vom 24. April 1967[73] und dem anschließend weiteren Änderungsgesetz[74] weiter verlängert. Bei der Heizölbesteuerung war es problematisch, dass Vaseline, Paraffin, Bitumen und Petrolkoks als Ersatz für die zu versteuernden Heizöle verwendet wurden und dadurch Steuerausfälle in Millionenhöhe[75] die Folge waren. Diese Probleme wurden dann durch das Gesetz zur Änderung des Mineralölsteuergesetzes 1964 vom 20. Dezember 1968[76] gelöst, in dem solche Ersatzheizstoffe den nunmehr steuerpflichtigen Mineralölen neu zugeordnet wurden.[77] Das Gesetz zur Änderung des Mineralölsteuergesetzes 1964 wurde 1970 zweimal novelliert, um eine flankierende Maßnahme der Heizölbesteuerung zu ergreifen[78] und Petrolkoks steuerfrei bei der Verkokung von Steinkohle einzusetzen.[79]

67 BGBl. 1963 I, S. 1003.
68 Heute § 26 EnergieStG.
69 BGBl. 1965 I, S. 377.
70 BGBl. 1967 I, S. 385.
71 BGBl. 1967 I, S. 1254.
72 *Soyk, Stefan*, Energie- und Stromsteuerrecht, 3. Aufl. 2013, S. 13 Rdnr. 11.
73 BGBl. 1967 I, S. 497.
74 Gesetz zur Änderung des Mineralölsteuergesetzes 1964 und zur Änderung des Gesetzes zur Änderung des Mineralölsteuergesetzes 1964 vom 24.4.1967 vom 28.4.1971, BGBl. 1971 I, S. 355; vgl. hierzu *Prugger, Karl*, Die Heizölsteuer ist verlängert – Das Gesetz zur Änderung des Mineralölsteuergesetzes vom 28. April 1971, BB 1971, S. 625.
75 Für 1966 geschätzt: 50 bis 60 Millionen DM; vgl. BT-Drucks. 5/2781, S. 3.
76 BGBl. 1968 I, S. 1391.
77 Vgl. Begründung zum Entwurf des Gesetzes, BT-Drucks. 5/2781, S. 3, sowie den Bericht des Finanzausschusses, BT-Drucks. 5/3346; auch *Tamchina, Erhard*, Gesetz zur Änderung des Mineralölsteuergesetzes 1964, BB 1969, S. 91.
78 Gesetz zur Änderung des Mineralölsteuergesetzes 1974 vom 27.6.1970, BGBl. I, S. 909.
79 Gesetz zur Änderung des Mineralölsteuergesetzes 1964 vom 21.12.1970, BGBl. I, S. 1769.

Leichte Heizöle wurden meistens als Dieselkraftstoff verwendet und dies verursachte Steuerausfälle in riesiger Millionenhöhe.[80] Um diese Steuerausfälle zu beseitigen, wurde das Gesetz zur Änderung des Mineralölsteuergesetzes 1964 (Heizölkennzeichnung) vom 19. März 1975[81] novelliert. Die leichten Heizöle wurden erstmals in die Kennzeichnung des versteuerten Heizöls eingeordnet. Gleichzeitig gab es auch neue Regelungen für die Sicherheitsleistung der Steuerlager.

Durch das Neunte Gesetz zur Änderung des Mineralölsteuergesetzes 1964 vom 25. Juli 1978[82] wurden Schweröle und Flüssiggase nur dann ermäßigt besteuert, wenn sie nur zur Erzeugung von Strom oder Wärme in ortsfesten Anlagen verwendet wurden. Gleichzeitig wurde die Heizölbesteuerung wieder verlängert.

Das Steueraufkommen auf Mineralöle wurde durch das Erste Gesetz zur Änderung des Mineralölsteuergesetzes vom 4. August 1980[83] gesichert.[84] Denn die Herstellung von Mineralölen wurde unter einen Erlaubnisvorbehalt gestellt.[85] Ohne Herstellungserlaubnis wurde die Mineralölproduktion der Besteuerung unterworfen. Außerdem wurde die Anforderung von Sicherheiten durch die Finanzverwaltung gelockert.[86]

Der Regelsteuersatz wurde durch das Mineralöl- und Branntweinsteuer-Änderungsgesetz 1981 vom 20. März 1981[87] erhöht. Im Vergleich zum erhöhten Regelsteuersatz blieb der alte Steuersatz für Flüssiggase gleich, soweit diese als Kraftstoff ohne Vermischung mit anderen Mineralölen verwendet wurden.

Das Zweite Gesetz zur Änderung des Mineralölsteuergesetzes vom 22. Dezember 1981[88] schaffte die Befristung der Heizölbesteuerung endgültig ab.

Mit dem Verbrauchsteueränderungsgesetz 1982 vom 22. Dezember 1982[89] hob der Gesetzgeber ausschließlich die Steuerbefreiung für Mineralöl auf, wenn es bei Probeläufen in für den Export bestimmten Motoren verwendet wurde.

Aus umweltpolitischen Gründen wurden die Steuersätze für unverbleiten und verbleiten Vergaserkraftstoff durch das Dritte Gesetz zur Änderung des Mineralölsteuergesetzes vom 26. März 1985[90] unterschiedlich geregelt.[91] Die ungleichen

---

80 Vgl. *Soyk, Stefan*, Energie- und Stromsteuerrecht, 3. Aufl. 2013, S. 14 Rdnr. 17.
81 BGBl. 1975 I, S. 721.
82 BGBl. 1978 I, S. 1105.
83 BGBl. 1980 I, S. 1157.
84 Vgl. BT-Drucks. 8/3920, S. 5.
85 *Soyk, Stefan*, Energie- und Stromsteuerrecht, 3. Aufl. 2013, S. 15 Rdnr. 22.
86 Vgl. hierzu *Gotterbarm, Franz*, Rechtsentwicklung auf dem Gebiet der Mineralölsteuer, insbesondere zur Aufkommenssicherung, DDZ 1981, S. F 38 ff.; auch *Hahn, Dierk*, Rechtsänderungen zur Sicherung des Mineralölsteueraufkommens, ZfZ 1980, S. 130 ff.
87 BGBl. 1981 I, S. 301.
88 BGBl. 1981 I, S. 1561.
89 BGBl. 1982 I, S. 1562.
90 BGBl. 1985 I, S. 578.
91 Vgl. BT-Drucks. 10/339, S. 5.

Steuersätze für unverbleiten und verbleiten Vergaserkraftstoff wurden durch das Vierte Gesetz zur Änderung des Mineralölsteuergesetzes vom 6. Dezember 1985[92] zeitlich abgestuft.

Mit Art. 24 des Steuerreformgesetzes 1990 vom 25. Juli 1988[93] beschloss der Gesetzgeber, dass die Luftfahrtbetriebsstoffe, die in der privaten oder gewerblichen Luftfahrt eingesetzt wurden, zum 1. Januar 1990 steuerfrei gestellt werden. Diese Begünstigung der privaten Luftfahrt wurde allerdings in der Literatur sehr stark kritisiert.[94] Als Reaktion auf die Kritik wurde das Verbrauchsteueränderungsgesetz 1988 vom 20. Dezember 1988[95] auf Vorschlag des Bundesrates[96] erneut novelliert, wonach in der Regel nur Luftfahrtbetriebsstoffe zur Verwendung in der gewerblichen Luftfahrt steuerfrei waren. Darüber hinaus bestanden noch weitere bedeutende Änderungen: einerseits wurde die Verwendung des schweren Heizöls zur Verstromung und zum Verheizen mit unterschiedlichen Steuersätzen behandelt;[97] andererseits wurde Erdgas dem Begriff des steuerpflichtigen Mineralöls zugeordnet.[98] Nach diesen umfassenden Änderungen wurde die Neufassung des Mineralölsteuergesetzes ebenfalls am 20. Dezember 1988 bekannt gemacht.[99]

Das Solidaritätsgesetz vom 24. Juni 1991[100] brachte eine heute noch bestehende Neuerung: die Erstattung oder die Vergütung der Mineralölsteuer bei Zahlungsunfähigkeit des Warenempfängers. Die Berücksichtigung lag hier darin, dass die Verbrauchsteuer eine indirekte Steuer war.[101] Der Verordnungsgeber war ermächtigt zur Bestimmung, dass die Mineralölsteuer dem Verkäufer erstattet oder vergütet würde, wenn der Warenempfänger beim Mineralölhandel zahlungsunfähig war. Von dieser Ermächtigung wurde zum 1. Juli 1991 Gebrauch gemacht.[102]

Die Steuervergünstigungen wurden später durch Art. 32 des Steuerrechtsänderungsgesetzes 1991 vom 25. Februar 1992[103] geändert.

---

92 BGBl. 1985 I, S. 2142.

93 BGBl. 1988 I, S. 1093.

94 Vgl. z.B. *Tipke, Klaus*, Über „richtiges Steuerrecht“, StuW 1988, S. 262 (276 f.); auch *Schrömbges, Ulrich*, Das Verbrauchsteueränderungsgesetz 1988, ZfZ 1989, S. 2 (10).

95 BGBl. 1988 I, S. 2246.

96 Vgl. BT-Drucks. 11/2970, S. 16.

97 Vgl. hierzu *Schrömbges, Ulrich*, Das Verbrauchsteueränderungsgesetz 1988, ZfZ 1989, S. 2 (5 f.).

98 Vgl. hierzu *Teichner, Kurt*, Entwurf des Verbrauchsteueränderungsgesetzes 1988 – Besteuerung von Erdgas für Heizzwecke, ZfZ 1988, S. 236 f.; *Schrömbges, Ulrich*, Das Verbrauchsteueränderungsgesetz 1988, ZfZ 1989, S. 2 (2–5).

99 BGBl. 1988 I, S. 2277.

100 BGBl. 1991 I, S. 1318.

101 Vgl. BT-Drucks. 12/561, S. 16.

102 Verordnung zur Änderung der Verordnung zur Durchführung des Mineralölsteuergesetzes vom 28.6.1991, BGBl. 1991 I, S. 400; heute: § 60 EnergieStG.

103 BGBl. 1991 I, S. 297.

C. Als harmonisierte Verbrauchsteuer in der EG (1992–1999)

Seit Jahrzehnten versuchte die EG-Kommission die Harmonisierung der Steuern, insbesondere im Hinblick auf Steuergegenstände und Steuersatzhöhen vorzugeben. Anfang 1972 wurde erstmals ein Paket mit mehreren Richtlinienvorschlägen für die Verbrauchsteuerharmonisierung von der EG-Kommission vorgebracht, wonach die Steuern auf Mineralöl, Tabak, Alkohol, Bier und Wein harmonisiert sowie die Steuergrenzen der nationalen Verbrauchsteuern zu anderen Mitgliedstaaten beseitigt werden sollten. Obwohl die erste Harmonisierung gelungen war, blieb danach eine Ergänzung des Richtlinienvorschlags über die Harmonisierung der Mineralölsteuer[104] aus.

Die europaweiten Harmonisierungsbemühungen liefen aber weiter. Im Juli 1985 wurde ein „Weißbuch für die Vollendung des Binnenmarktes“ als neue politische Anregung von der EG-Kommission vorgelegt. Dabei handelt es sich hauptsächlich um die Beseitigung der materiellen, technischen und steuerlichen Schranken innerhalb des Binnenmarktes.[105] Denn die bisher bestehenden zahlreichen Schranken zwischen den Mitgliedstaaten zueinander verhinderten die Schaffung eines Binnenmarktes. Zur Schaffung des echten Binnenmarktes bis zum Jahre 1993 wurde der EG-Vertrag reformiert.[106] Außerdem wurde im Weißbuch empfohlen, dass die Grenzkontrollen abgeschafft und die Umsatzsteuer[107] sowie die besonderen nationalen Verbrauchsteuern nach einem genauen Zeitplan zum Großteil angenähert werden sollten. Nur die Steuern auf Mineralöl[108], Alkohol[109], Bier, Wein und Tabak[110] sollten auf weiteres bleiben, alle übrig gebliebenen Steuern sollten abgeschafft werden.[111]

---

104 ABl. EG 1973 Nr. C 92, S. 36, BT-Drucks. 7/1042.

105 KOM (85) 310 endg., BR-Drucks. 289/85.

106 Z. B. Art. 8a EWGV, durch die Einheitliche Europäische Akte vom 28.2.1986 (BGBl. 1986 II, S. 1104), am 1.7.1987 in Kraft getreten (BGBl. 1987 II, S. 451). Vgl. dazu auch *Meier, Gert*, Einheitliche Europäische Akte und freier EG-Warenverkehr, NJW 1987, S. 537.

107 Vgl. dazu *Rau, Günter*, Gedanken zur Umsatzsteuer-Harmonisierung- Eine kritische Betrachtung zum Weißbuch der EG-Kommission, UR 1986, S. 78.

108 Vorschlag für eine Richtlinie des Rates zur Annäherung der Verbrauchsteuern auf Mineralöle vom 7.8.1987, KOM (87) 327 endg., ABl. EG 1987 Nr. C 262, S. 8, BR-Drucks. 363/87.

109 Vorschlag für eine Richtlinie des Rates zur Annäherung der Verbrauchsteuersätze auf alkoholische Getränke und in anderen Erzeugnissen enthaltenen Alkohol vom 7.8.1987, KOM (87) 328 endg., ABl. EG 1987 Nr. C 250, S. 4, BR-Drucks. 356/87.

110 Vorschlag für eine Richtlinie des Rates zur Annäherung der Verbrauchsteuern auf Zigaretten vom 7.8.1987, KOM (87) 325 endg., ABl. EG 1987 Nr. C 251, S. 3, BR-Drucks. 355/87; Vorschlag für eine Richtlinie des Rates zur Annäherung der Verbrauchsteuern auf andere Tabakwaren als Zigaretten vom 7.8.1987, KOM (87) 326 endg., ABl. EG 1987 Nr. C 251, S. 4, BR-Drucks. 357/87.

111 Vorschlag für eine Richtlinie des Rates zur Einführung eines Annäherungsprozesses der Mehrwertsteuer- und Verbrauchsteuersätze vom 7.8.1987, KOM (87) 324 endg., ABl. EG 1987 Nr. C 250, S. 3, BR-Drucks. 354/87.

Allerdings scheiterte dieses Vorschlagspaket aus verschiedenen Gründen. Einerseits verfügten die EWG-Mitgliedstaaten über eine eigene Kultur, Wirtschaft und Gesellschaft und hatten damit eigene, voneinander erheblich unterschiedliche Verbrauchsteuersysteme ausgebildet.[112] Andererseits war bei der Verfolgung des ehrgeizigen Ziels der an das Einstimmigkeitsprinzip gekoppelte Art. 99 EWGV (jetzt Art. 113 AEUV) ein Hindernis. Im Hinblick auf das Scheitern versuchte man nun, durch eine größere Flexibilität die erforderliche Einstimmigkeit zu erzielen.[113]

Anfangs der 90er Jahre ging ein neuer politischer Impuls von der Kommission aus: die Schaffung einer allgemeinen Systemrichtlinie. Die Kommission schlug vor, Regelungen über die Lagerung und innergemeinschaftliche Beförderung verbrauchsteuerpflichtiger Waren (Steuerlagerverbundsystem) zu formulieren sowie die Steuerbefreiungen für alle verbrauchsteuerpflichtigen Waren anzuwenden. Darüber hinaus blieben die nicht zu harmonisierenden Verbrauchsteuern weiterhin in der Kompetenz der einzelnen Länder. Die punktgenaue Angleichung der Steuersätze wurde auch nicht mehr verfolgt.[114] Mit solchen flexiblen Maßnahmen wurde die Richtlinie 92/12/EWG des Rates vom 25. Februar 1992[115] (sog. Systemrichtlinie) beschlossen.

Im selben Jahr wurden die für die Mineralölsteuern bedeutsamen Richtlinien 92/81/EWG vom 19. Oktober 1992[116] und 92/82/EWG vom 19. Oktober 1992[117] kodifiziert und in einem einzigen Text zusammengefasst. Darin wurden alle dem allgemeinen Verbrauchsteuerüberwachungssystem unterliegenden Mineralölerzeugnisse im Rahmen der EG definiert. Die Mitgliedstaaten waren im Übrigen verpflichtet, die

112 Vgl. *Schrömbges, Ulrich,* Auf dem Weg zur Beseitigung der Steuerschranken in der EG? – Eine Untersuchung zum „Binnenmarkt,92", Teil 2, ZfZ 1990, S. 130 (134).

113 Vgl. *Weiser, Christoph,* Stichwort „Flexibilität" – Die grundlegenden Probleme bei der Harmonisierung der Verbrauchsteuersätze in der Europäischen Gemeinschaft, ZfZ 1989, S. 219; *Schrömbges, Ulrich,* Auf dem Weg zur Beseitigung der Steuerschranken in der EG? – Eine Untersuchung zum „Binnenmarkt,92", Teil 2, ZfZ 1990, S. 130 (134).

114 Vorschlag für eine Richtlinie des Rates über das allgemeine Verbrauchsteuersystem sowie über den Besitz und die Beförderung verbrauchsteuerpflichtiger Waren, KOM (90) 431 endg., ABl. EG 1990 Nr. C 322, S. 1, BT-Drucks. 12/346; Vorschlag für eine Richtlinie des Rates zur Harmonisierung der Struktur der Verbrauchsteuern auf Mineralöle, KOM (90) 434 endg., ABl. EG 1990 Nr. C 322, S. 4, BT-Drucks. 12/362; geänderter Vorschlag für eine Richtlinie des Rates zur Annäherung der Verbrauchsteuersätze auf Mineralöle, KOM (89) 526 endg., ABl. EG 1990 Nr. C 16, S. 10, BT-Drucks. 12/327; Vorschlag für eine Richtlinie des Rates zur Festsetzung bestimmter Sätze bzw. Zielsätze der Verbrauchsteuern auf Mineralöle, KOM (91) 43 endg., ABl. EG 1991 Nr. C 66, S. 14, BT-Drucks. 12/359.

115 Die Richtlinie zur Harmonisierung der Struktur der Verbrauchsteuern auf Mineralöle (sog. Mineralölsteuer-Struktur-Richtlinie), ABl. EG 2009 Nr. 19, S. 12.

116 Die Richtlinie zur Annäherung der Verbrauchsteuersätze für Mineralöle, ABl. EG 1992 Nr. 1 316, S. 12.

117 ABl. EG 1992 Nr. L 316, S. 19.

Steuerbefreiungen auf Gemeinschaftsebene festzulegen. Im Vergleich dazu hatten sie in ihrem Hoheitsgebiet die Möglichkeit, Steuerbefreiungen oder -ermäßigungen durchzuführen, soweit diese richtlinienkonform waren und keine Wettbewerbsverzerrungen herbeiführten.[118]

Um die oben genannten Richtlinien in nationales Recht umzusetzen, wurde das Mineralölsteuergesetz durch Art. 5 des Verbrauchsteuer-Binnenmarktgesetzes vom 21. Dezember 1992[119] komplett novelliert.

Die Harmonisierungsbemühungen wurden von der Kommission auf Dauer fortgeführt. Schon 1992 schlug die Kommission eine Richtlinie über den Verbrauchsteuersatz auf Kraftstoffe aus landwirtschaftlichen Rohstoffen[120] und auch eine Richtlinie zur Einführung einer Steuer auf Kohlendioxidemissionen und Energie[121] vor. Die Harmonisierung war nicht nur auf die bereits bestehenden typischen Steuergegenstände begrenzt, sondern wurde auch in die Liste der in Industrienationen neuartigen Steuergegenstände aufgenommen.

Die Richtlinie des Rates 94/74/EG[122] vom 22. Dezember 1994 änderte die Richtlinie 92/81/EWG und die Richtlinie 92/82/EWG, die bei der Besteuerung auf Mineralöle eine große Rolle spielten. Entgegen einem Vorschlag für eine Änderungsrichtlinie[123] blieb der Umfang der Mineralöle unverändert erhalten. Der Anwendungsbereich der Systemrichtlinie war allerdings nunmehr auf bestimmte Mineralöle begrenzt. Nur auf diese Mineralöle waren die besonderen Kontroll- und Beförderungsverfahren anwendbar. In der Folgezeit wurde diese Richtlinie durch das Gesetz zur Änderung von Verbrauchsteuergesetzen und des EG-Amtshilfe-Gesetzes vom 12. Juli 1996[124] umgesetzt. Damit wurden zum ersten Mal Mineralöle und alle anderen Steuergegenstände voneinander unterschieden. Zudem gab es viele Änderungen zum Steueraussetzungsverfahren.

Das Jahressteuergesetz 1996 vom 11. Oktober 1995[125] sah eine Steuervergünstigung für Erdgas und andere gasförmige Kohlenwasserstoffe vor, sofern diese als Kraftstoffe verwendet wurden. Daneben wurde die bisher gültige Steuerermäßigung für Flüssiggase noch weiter ausgedehnt (§ 3 Abs. 1 MinöStG).

Anschließend erfolgten keine wichtigen Gesetzesänderungen mehr. Etwas wichtiger war nur, dass die sog. „Einfüllverkehre“ vom Anwendungsbereich des

---

118 Rl 92/81/EWG, Handbuch des Europäischen Rechts.

119 BGBl. 1992 I, S. 2150.

120 KOM (92) 36 endg., ABl. EG 1992 Nr. C 73, S. 6.

121 KOM (92) 226, ABl. EG 1992 Nr. C 196, S. 1. Vgl. auch *Jatzke, Harald*, Aktueller Stand und Perspektiven der Verbrauchsteuerharmonisierung, ZfZ 1995, S. 278 (282); *Arndt, Hans-Wolfgang*, Rechtsfragen einer deutschen CO_2-/Energiesteuer entwickelt am Beispiel des DIW-Vorschlages, 1995, S. 120.

122 ABl. EG 1994 Nr. 1365, S. 46.

123 BR-Drucks. 829/94.

124 BGBl. 1997 I, S. 962.

125 BGBl. 1995 I, S. 1250.

§ 14 MinöStG durch das Jahressteuergesetz 1997 vom 20. Dezember 1996[126] gestrichen wurden.[127]

D. Als Ökosteuer seit der ökologischen Steuerreform (1999–2003)

Nach dem Regierungswechsel im Herbst 1998 erfolgten die Änderungen im Rahmen der ökologischen Steuerreform. Dem Gesetzgeber lag die Annahme zugrunde, dass sich die Energiepreise mit der Besteuerung von Strom und der erhöhten Besteuerung von Mineralölen verteuern würden.[128] Das Ziel war, die Sozialversicherungsbeiträge und damit auch die Lohnnebenkosten, insbesondere Rentenversicherungsbeiträge, zu senken.[129] Hinzu kamen noch die Anreize, vorhandene Energien einzusparen, erneuerbare Energien auszubauen sowie energiesparende und ressourcenschonende Produkte und Produktionsverfahren zu entwickeln – sog. doppelte Dividende.[130]

Das Gesetz zum Einstieg in die ökologische Steuerreform vom 24. März 1999 trat am 1. April 1999 in Kraft.[131] Mit Art. 1 Besteuerung des elektrischen Stroms und Art. 2 Erhöhung der Mineralölsteuer begann die ökologische Steuerreform. Kurze Zeit später wurden durch das Gesetz zur Fortführung der ökologischen Steuerreform vom 16. Dezember 1999, in Kraft getreten am 1. Januar 2000,[132] die Strom- und Mineralölsteuer weiter angehoben.[133] Als letzte Stufe brachte das Gesetz zur Fortentwicklung der ökologischen Steuerreform vom 23. Dezember 2002, in Kraft getreten am 1. Januar 2003, umfangreiche Änderungen.[134] Damit kam das Gesetzgebungsprojekt „Ökologische Steuerreform“ zum Abschluss.

---

126 BGBl. 1996 I, S. 2049, 2074.

127 Vgl. *Bongartz, Matthias*, Überführung von verbrauchsteuerpflichtigen Waren in ein Zollverfahren, ZfZ 1998, S. 182 (186 f.).

128 BT-Drucks. 14/40, S. 1.

129 BT-Drucks. 14/40, S. 1.

130 BT-Drucks. 14/40, S. 1; dazu kritisch: *Lang, Joachim*, in: *Tipke, Klaus/Lang, Joachim*, Steuerrecht, 20. Aufl. 2010, § 8 Rdnr. 122.

131 BGBl. 1999 I, S. 378; vgl. hierzu beispielsweise *Bastein, Dörte/Soyk, Stefan*, Das Gesetz zum Einstieg in die ökologische Steuerreform, ZfZ 1999, S. 218 ff.; *Bongartz, Matthias*, Die Änderungen des Mineralölsteuerrechts durch die ökologische Steuerreform, ZfZ 1999, S. 182 ff.

132 BGBl. 1999 I, S. 2432; vgl. hierzu *Bastein, Dörte/Soyk, Stefan*, Fortführung der ökologischen Steuerreform, ZfZ 2000, S. 78 ff.; *Friedrich, Klaus*, Die Fortführung der „Ökologischen Steuerreform“, DB 2000, S. 110 ff.; *Hey, Johanna*, Fortführung der ökologischen Steuerreform – Übergang zur Routine?, NJW 2000, S. 640 ff.

133 Die Mineralölsteuer auf Kraftstoffe wird um 6 Pfennige/Liter und die Stromsteuer wird um 0,5 Pfennige/kWh erhöht.

134 BGBl. 2002 I, S. 4602. Vgl. hierzu *Böhm, Robert/Gelse, Boris*, Änderungen des Mineralöl- und des Stromsteuerrechts zum l. Januar 2003, ZfZ 2003, S. 74 ff. Kritisch zum Ablauf des Gesetzgebungsverfahrens: *Meißner, Cornelius*, Die Änderungen des „Gesetzes zur Fortentwicklung der ökologischen Steuerreform“ aus Sicht der

Im weiteren Verlauf des Jahres 2003 wurden nur einige Änderungen hauptsächlich in Bezug auf den Abbau von Subventionen beschlossen. Daneben wurde die Energiesteuerrichtlinie des Rates auch vom deutschen Gesetzgeber berücksichtigt und somit die Neufassung der Besteuerung von Energieerzeugnissen und Strom statt Mineralölen gestaltet.

Bereits 1996 hatte die Kommission der Europäischen Union das ehrgeizige Ziel dargelegt, den Marktanteil erneuerbarer Energien bis zum Jahr 2010 auf 12 % zu erhöhen.[135] Der Rat hatte auch ein Mehrjahresprogramm zur Förderung der erneuerbaren Energieträger in der Gemeinschaft beschlossen.[136] Diese Richtlinienvorschläge waren aber nicht einheitlich. Stattdessen legte die Kommission einen Richtlinienvorschlag des Rates zur Restrukturierung der gemeinschaftlichen Rahmenvorschriften zur Besteuerung von Energieerzeugnissen[137] vor, wonach alle Energieerzeugnisse[138] besteuert werden sollten. Nach einigen Änderungen trat die Richtlinie des Rates zur Restrukturierung der gemeinschaftlichen Rahmenvorschriften zur Besteuerung von Energieerzeugnissen und elektrischem Strom (sog. EnergieSt-RL 2003/96) am 31. Oktober 2003 in Kraft.[139] Durch Art. 30 RL 2003/96 wurden die beiden Richtlinien RL 92/81 (sog. Mineralöl-StrukturRL) und RL 92/82 (sog. Mineralöl-SteuersatzRL) aufgehoben. Die Folge war, dass die längst unterschiedliche Steuerbehandlung von Strom, Mineralölen sowie nachwachsenden Rohstoffen nunmehr gemeinsam in der EnergieSt-Richtlinie zu bestimmen war.[140]

Versorgungsunternehmen, StE 2002, S. 145 ff.; *ders.*, Die Änderungen des „Gesetzes zur Fortentwicklung der ökologischen Steuerreform" – Auswirkungen für Versorger und Verbraucher, BB 2003, S. 549 ff.

135 Mitteilung der Europäischen Kommission „Energie für die Zukunft: Erneuerbare Energiequellen – Grün-/Weißbuch für eine Gemeinschaftsstrategie", KOM (96) 576, S. 11. Vgl. dazu auch die Stellungnahme des Ausschusses der Regionen vom 11.6.1997, ABl. EG 1997 Nr. C 244, S. 1 und die Entschließung des Rates über erneuerbare Energieträger vom 8.7.1998, ABl. EG 1998 Nr. C 198, S. 1.

136 ABl. EG 1998 Nr. 1 159, S. 53.

137 KOM (97) 30 endg., ABl. EG 1997 Nr. C 139, S. 14, BR-Drucks. 255/97.

138 Dazu zählen neben Mineralöl auch Brennholz, Holzkohle, Biokraftstoffe sowie elektrischer Strom.

139 Eine detaillierte Darstellung über das Zustandekommen der EnergieSt-RL gibt *Jatzke, Harald*, in: *Bongartz, Matthias/Jatzke, Harald/Schröer-Schallenberg, Sabine* (Hrsg.), Energiesteuer, Stromsteuer, Zolltarif, Kommentar, Teil III, 11. Ergänzungslieferung, 2015, Energiesteuer-Richtlinien Rdnr. 5 f.

140 Im Vergleich zu den klassischen verbrauchsteuerpflichtigen Waren war der nationale Entscheidungsprozess sehr schwierig, da die Zuständigkeiten in vielen Mitgliedstaaten unterschiedlich waren, vgl. *Jatzke, Harald*, Umweltbezogene Abgaben in der Europäischen Union und die Kommissionsvorschläge zur Besteuerung von Energieerzeugnissen, IStR 1999, S. 137.

E. Änderungen nach der ökologischen Steuerreform (2003–2012)

Nach dem Abschluss der ökologischen Steuerreform wurden die Gesetzesänderungen im Zusammenhang mit der Besteuerung von Energieerzeugnissen fortgesetzt. Das Steueränderungsgesetz 2003 vom 15. Dezember 2003[141] sortierte Fettsäuremethylester in den Kreis der Steuergegenstände ein. Außerdem wurden Biokraft- und Bioheizstoffe, die vollständig aus Biomasse bestanden, in vollem Umfang steuerbefreit. Die Steuerbegünstigung erfolgte in Form eines Erlasses oder einer Erstattung bei dem Steuerschuldner.[142]

Das Richtlinien-Umsetzungsgesetz vom 9. Dezember 2004[143] verlängerte die Vergütung der Mineralölsteuer für Heizstoffe, die von Unternehmen der Land- und Forstwirtschaft zum Beheizen von Gewächshäusern verwendet wurden. Diese steuerliche Förderung wurde aber durch die Entscheidung der Kommission vom 11. März 2008[144] als unvereinbar mit dem Gemeinschaftsrecht beurteilt.[145]

Zur Umsetzung der Energiesteuerrichtlinie[146] wurde das Gesetz zur Neuregelung der Besteuerung von Energieerzeugnissen und zur Änderung des Stromsteuergesetzes vom 15. Juni 2006[147] bekannt gegeben. Damit wurde das bisher geltende Mineralölsteuergesetz durch das Energiesteuergesetz abgelöst und das Stromsteuergesetz geändert.[148] Die Regelsteuersätze der Mineralölsteuer wurden von der Neuregelung unverändert übernommen. Das erzielte Steueraufkommen im Rahmen der ökologischen Steuerreform finanzierte nunmehr einerseits alterssicherungspolitische Mehrleistungen, insbesondere zur Beitragssatzentlastung in der Rentenversicherung, und diente andererseits als Beitrag zu stabilen Energiepreisen.

Der Gedanke des Umweltschutzes wurde in das Biokraftstoffquotengesetz vom 18. Dezember 2006[149], am 1. Januar 2007 in Kraft getreten, eingeführt, wonach neben

---

141 BGBl. 2003 I, S. 2645.

142 Vgl. BT-Drucks. 15/1945, S. 19 f.

143 BGBl. 2004 I, S. 3310.

144 ABl. EU Nr. L 238 vom 5.9.2008, S. 10.

145 Vgl. hierzu auch BFH, Beschluss vom 30.1.2009 – VII B 180/08. § 58 EnergieStG ist demgemäß heute obsolet, vgl. *Möhlenkamp, Karen/Milewski, Knut*, Energiesteuergesetz, Stromsteueresetz, Kommentar, 2012, § 58 EnergieStG Rdnr. 1.

146 Vgl. hierzu beispielsweise *Larsen, Hans*, The Energy Taxation Directive, in: Henke, Reginhard (Hrsg.), EU-Erweiterung in der Praxis, 2004, S. 99 ff.; *Bille, Peter*, EnergiesteuernimBinnenmarkt,in:Henke,Reginhard(Hrsg.),10JahreBinnenmarkt – EU-Erweiterung – eCustoms, 2003, S. 73 ff.; *Jatzke, Harald*, Neue gemeinschaftsrechtliche Rahmenbedingungen für die Energiebesteuerung, BB 2004, S. 21 ff.

147 BGBl. 2006 I, S. 1534.

148 Vgl. *Hölscher, Christoph*, Das neue Energiesteuergesetz, DStZ 2006, S. 441 ff.; *Meißner, Cornelius*, Umsetzung der Energiesteuer-Richtlinie – Eenergiesteuergesetz zur Ablösung des Mineralölsteuergesetzes und Änderungen des Stromsteuergesetzes, StE 2005, S. 133 ff.

149 BGBl. 2006 I, S. 3180.

der Energiebesteuerung auch die neue Verpflichtung zur Beimischung von Biokraftstoffen zu fossilen Kraftstoffen geregelt war.[150]

Zur Umsetzung der neuen Systemrichtlinie[151] wurde das Vierte Gesetz zur Änderung von Verbrauchsteuergesetzen vom 15. Juli 2009[152] geschaffen. Daneben wurde auch ein neues Überwachungssystem von *Excise Movement and Control System (EMCS)*[153] im Bereich des Steueraussetzungsverfahrens eingeführt.

Die steuerlichen Entlastungsvorschriften wurden im weiteren Verlauf durch das Gesetz zur Änderung der Förderung von Biokraftstoffen vom 15. Juli 2009[154], das Gesetz zur Änderung des Energiesteuergesetzes vom 17. Juli 2009[155], das Wachstumsbeschleunigungsgesetz vom 22. Dezember 2009[156] sowie das Haushaltsbegleitgesetz 2011 vom 9. Dezember 2010[157] neu geregelt.[158]

Das Gesetz zur Änderung des Energie- und des Stromsteuergesetzes vom 1. März 2011[159] brachte schließlich das EnergieStG in die heutige Fassung,[160] in dem mehr

---

150 Vgl. hierzu *Friedrich, Klaus*, Das Biokraftstoffquotengesetz, DB 2007, S. 133 ff.; *Hölscher, Christoph*, Das neue Biokraftstoffquotengesetz, DStZ 2007, S. 75 ff.; *Soyk, Stefan*, Die Biokraftstoffquote – Eine neue Abgabe und eine neue Aufgabe für die Zollverwaltung, BDZ-Magazin 2007, S. F 67 ff.; *Stein, Roland M.*, Die Biokraftstoffquote, ZfZ 2008, S. 260 ff.

151 Vgl. hierzu insbesondere *Jatzke, Harald*, Neuer Richtlinienvorschlag zur Änderung der Verbrauchsteuer-Systemrichtlinie, in: Gellert, Lothar (Hrsg.), 40 Jahre Zollunion in Europa, 2008, S. 105 ff.; *Pauling, Reinhard*, Neue Systemrichtlinie führt IT-Verfahren EMCS für Besteuerung, Lagerung und Transport verbrauchsteuerpflichtiger Waren ein, EWS 2009, S. 171 ff.; sowie *Jatzke, Harald*, Die neue Verbrauchsteuer-Systemrichtlinie – wesentliche Änderungen des Gemeinschaftsrechts und dadurch entstandener Umsetzungsbedarf, ZfZ 2009, S. 116 ff.

152 BGBl. 2009 I, S. 1870.

153 Das EMCS ist ein EDV-gestütztes Beförderungs- und Kontrollsystem für verbrauchsteuerpflichtige Waren.

154 BGBl. 2009 I, S. 1804.

155 BGBl. 2009 I, S. 979.

156 BGBl. 2009 I, S. 3950.

157 BGBl. 2010 I, S. 1885.

158 Vgl. hierzu *Friedrich, Klaus*, Gesetzesänderungen bei Energie- und Stromsteuer; neue indirekte Steuern (Luftverkehr, Kernbrennstoff), DStR 2010, S. 2601 (2602 f.); *Schmidtke, Ilja/Jansen, Dirk*, Änderungen im Energie- und Stromsteuerrecht zum Jahr 2011 – Überblick über die im parlamentarischen Verfahren befindlichen Gesetzentwürfe, ZfZ 2010, S. 286 (290 f.); *Stein, Roland M./Thoms, Anahita*, Energie- und Stromsteuerrecht: Gesetzliche Entwicklungen 2010, BB 2011, S. 471 bis 477.

159 BGBl. 2011 I, S. 282.

160 Vgl. hierzu *Friedrich, Klaus*, Gesetzesänderungen bei Energie- und Stromsteuer; neue indirekte Steuern (Luftverkehr, Kernbrennstoff), DStR 2010, S. 2601 f.; *Schmidtke, Ilja/Jansen, Dirk*, Änderungen im Energie- und Stromsteuerrecht zum Jahr 2011 – Überblick über die im parlamentarischen Verfahren befindlichen Gesetzentwürfe, ZfZ 2010, S. 286 bis 290; *Stein, Roland M./Thoms, Anahita*, Energie- und Stromsteuerrecht: Gesetzliche Entwicklungen 2010, BB 2011, S. 471 (475).

technische Überarbeitungen enthalten waren und bei dem fiskalische Überlegungen nicht im Vordergrund standen.[161] Für die Praxis war die Änderung wichtig, dass die Herstellung von Graphit und anderen Kohlenstoffen begünstigt war.[162] Im Übrigen wurde das Erwärmen als einer der privilegierten Herstellungsvorgänge hinzugefügt. Diese Änderungen wurden in der Literatur[163] überwiegend positiv aufgenommen.

Die Steuerbegünstigungen im Energiesteuer- und im Stromsteuergesetz für Unternehmen des Produzierenden Gewerbes in Sonderfällen (sog. Spitzenausgleich) wurden von der Europäischen Kommission beihilferechtlich bis zum 31. Dezember 2012 genehmigt. Sie wurden im Rahmen der ökologischen Steuerreform zum Erhalt der internationalen Wettbewerbsfähigkeit energieintensiv produzierender Unternehmen eingeführt. Ohne eine Nachfolgeregelung würden diese Steuerbegünstigungen ersatzlos wegfallen.[164] Aus diesem Grund wurde das Zweite Gesetz zur Änderung des Energiesteuer- und des Stromsteuergesetzes vom 5. Dezember 2012[165] erlassen, das am 1. Januar 2013 in Kraft trat. Für den bisher geltenden Spitzenausgleich für Unternehmen des Produzierenden Gewerbes wurde im Energiesteuer- und im Stromsteuergesetz seit dem 1. Januar 2013 für die nächsten zehn Jahre (2013 bis 2022) eine Nachfolgeregelung eingeführt, nach der eine Erhöhung der Energieeffizienz notwendig ist. Diese Erhöhung wurde vorher durch die Vereinbarung zwischen der Regierung der Bundesrepublik Deutschland und der deutschen Wirtschaft zur Steigerung der Energieeffizienz am 1. August 2012 gemeinsam vereinbart.[166]

F. In jüngster Zeit (2013–2015)

Die EU-Kommission beschloss am 9. April 2014 die neuen Umwelt- und Energiebeihilfeleitlinien[167], die bereits am 1. Juli 2014 in Kraft traten. Leitlinien bestimmten die zukünftigen Rahmenbedingungen der Förderung von erneuerbaren Energien, von Umweltsteuern sowie von Energieeffizienzmaßnahmen, Maßnahmen der Ressourceneffizienz und des Abfallmanagements sowie von CO_2-Einsparungen und Energieinfrastruktur. Bemerkenswert ist, dass sich die Begünstigung nur auf die

---

161 *Friedrich, Klaus,* Gesetzesänderungen bei Energie- und Stromsteuer; neue indirekte Steuern (Luftverkehr, Kernbrennstoff), DStR 2010, S. 2601.

162 Hintergrund war, dass die EU-Kommission in der Mitteilung N 820/2006 (Deutschland) die von Deutschland angenommene Erwartung klargestellt hatte, alle bekannt werdenden mineralogischen Verfahren im Sinne des Art. 2 Abs. 4 Buchst. b EnergieStRL von der Energiesteuer freizustellen. Vgl. auch *Friedrich, Klaus,* Gesetzesänderungen bei Energie- und Stromsteuer; neue indirekte Steuern (Luftverkehr, Kernbrennstoff), DStR 2010, S. 2601 (2606, Fußn. 6).

163 *Friedrich, Klaus,* Gesetzesänderungen bei Energie- und Stromsteuer; neue indirekte Steuern (Luftverkehr, Kernbrennstoff), DStR 2010, S. 2601 (2602).

164 BT-Drucks. 17/10744, S. 1.

165 BGBl. 2012 I, S. 2436.

166 BT-Drucks. 17/10744, S. 1, sowie *Friedrich, Klaus/Köthe, Grit,* Änderungen des Energie- und Stromsteuerrechts, DStR 2013, S. 65 (68).

167 ABl. EU Nr. L 191 vom 28.6.2014, S. 1.

Unternehmen beschränken sollte, die angesichts der hieraus entstehenden Kosten und der Stromintensität sowie ihrer internationalen Handelsintensität mit dem Risiko belastet waren, ihre Wettbewerbsposition zu gefährden.[168] Im Hinblick auf die Höhe der Entlastung beurteilte die Kommission diese als angemessen, wenn die Begünstigten weiterhin mindestens 15 % der vollen – in Deutschland – EEG-Umlage[169] tragen. Dabei konnten Mitgliedsstaaten diese Grenze auf einen Anteil von 4 % an der Bruttowertschöpfung begrenzen, um die Leistungsfähigkeit der Unternehmen zu bewahren.[170] Schließlich wurde auch eine Übergangsregelung in den Leitlinien vorgesehen, wonach die Mitgliedsstaaten die bereits vor Inkrafttreten der Leitlinien gewährten Vergünstigungen an Unternehmen weiterhin gewähren.

Als Reaktion auf die neuen Leitlinien der EU-Kommission legte das Bundesfinanzministerium Teile des Gesetzes zur Änderung des Energiesteuer- und des Stromsteuergesetzes vom 1. März 2011[171] mit Bekanntmachung vom 28. April 2014[172] vor. In dem Gesetz war eine beihilferechtliche Genehmigung zu Art. 1 Nr. 17 Buchst. a des Energiesteuer- und des Stromsteuergesetzes vom 1. März 2011 nicht notwendig; damit war diese Vorschrift, die die Steuerentlastung für die Stromerzeugung in Anlagen mit einer elektrischen Nennleistung von mehr als 2 MW betrifft (§ 53 Abs. 1 EnergieStG), mit Wirkung vom 1. April 2011 in Kraft getreten. Da die Branche in großen Teilen einen Vorschlag wie den Inhalt der Bekanntmachung vorgelegt hatte, war diese Bekanntmachung der Bundesregierung nicht überraschend.

Seit Einführung des § 12b Abs. 4 Stromsteuer-Durchführungsverordnung (StromStV) ist die Frage umstritten, ob insbesondere für Strom, der nach dem Erneuerbare-Energien-Gesetz (EEG) begünstigt wird, parallel eine Stromsteuerbefreiung nach § 9 Abs. 1 Nr. 3 Buchst. b StromStG geltend gemacht werden kann. Mit dem Erlass vom 23. März 2015[173] stellte das Bundesfinanzministerium klar, dass aus Sicht der Finanzverwaltung eine Kombination von EEG-Einspeisevergütung und Stromsteuerfreiheit nach § 9 Abs. 1 Nr. 3 Buchst. b nicht mehr möglich ist. Ein Nebeneinander der Begünstigungen nach der derzeit geltenden Rechtslage in vielen Konstellationen ist nicht mehr möglich.

---

168 ABl. EU Nr. L 191 vom 28.6.2014, S. 185.

169 Mit der EEG-Umlage wird der Ausbau der Erneuerbaren Energien finanziert. Gemäß § 60 EEG haben die Elektrizitätsversorgungsunternehmen für jede an Letztverbraucher gelieferte Kilowattstunde Strom eine EEG-Umlage an die Übertragungsnetzbetreiber zu entrichten. Außerdem besteht gemäß § 61 EEG eine Umlagepflicht für Eigenversorger. Mit diesen Zahlungen wird die Differenz aus den Einnahmen und den Ausgaben der Übertragungsnetzbetreiber bei der EEG-Umsetzung gedeckt werden.

170 ABl. EU Nr. L 191 vom 28.6.2014, S. 189.

171 BGBl. 2011 I, S. 282, 1726.

172 BGBl. 2014 I, S. 453.

173 BMF-Schreiben vom 23. März 2015, Az.: III B 6 – V 4250/05/10003.

Der Entwurf[174] eines Gesetzes zur Teilumsetzung der Energieeffizienzrichtlinie und zur Verschiebung des Außerkrafttretens des § 47g Absatz 2 des Gesetzes gegen Wettbewerbsbeschränkungen wurde von dem Ausschuss für Wirtschaft und Energie des Bundestages am 4. Februar 2015 vorgelegt. Zur Umsetzung europarechtlicher Vorgaben zur Energieeffizienz sowie zur Durchführung eines Energieaudits wurde ein Energiemanagementsystem im Energiesteuergesetz und im Stromsteuergesetz geregelt, wonach eine Nachweisführung notwendig war.[175] Insoweit war die Änderung nur eine rein technische Überarbeitung.

Insgesamt lässt sich feststellen, dass in den jüngeren Jahren keine umstrukturierte gesetzliche Änderung zu Energie- und der Stromsteuern existiert. Vielmehr sind die europarechtlichen Vorgaben umzusetzen.

G. Zwischenergebnis

Im Vergleich zu anderen Steuern ist die Stromsteuer relativ neu. Die Energiesteuer, die vor 2006 mit der Bezeichnung der Mineralölsteuer versehen war, trat vor dem Zweiten Weltkrieg in Form einer Ausgleichsteuer auf, um einen Wettbewerbsvorteil der inländischen Mineralöle auszugleichen. Nach dem Zweiten Weltkrieg behielt die Mineralölsteuer noch den Charakter einer Ausgleichssteuer, da damals die importierten Mineralöle mit geringeren Steuersätzen als die inländisch erzeugten besteuert wurden. In der Folgezeit nach dem Zweiten Weltkrieg wurde die Mineralölsteuer durch Gesetzesänderungen allmählich zur Verbrauchsteuer. Angesichts der Mitgliedschaft Deutschlands in der Europäischen Gemeinschaft wurden nationale Verbrauchsteuergesetze den EG-Richtlinien in Bezug auf Verbrauchsteuern angepasst. Seit 1999 wurde der ökologische Gedanke mit der ökologischen Steuerreform in das Steuersystem eingeführt. Danach stellen die Energiesteuer und die Stromsteuer sowohl eine Verbrauchsteuer als auch Ökosteuer dar. Nach dem Abschluss der Ökosteuerreform wurden Steuervergünstigungen oftmals geändert. Zurzeit erfolgen keine nennenswerten Änderungen des Energiesteuergesetzes und des Stromsteuergesetzes, sondern es ist nur die Umsetzung der europarechtlichen Vorgaben relevant.

---

174 BT-Drucks. 18/3934, S. 1 ff.; BT-Drucks. 18/3373; BT-Drucks. 18/3788.

175 BT-Drucks. 18/3934, S. 3.

2. Teil: Verbrauchsteuer mit Fiskalzweck und Lenkungszweck

1. Kapitel: Verbrauchsteuer mit Fiskalzweck

A. Vorbemerkung

Da die Verbrauchsteuern der Einnahmeerzielung dienen, steht der Fiskalzweck im Vordergrund. Im Schrifttum wird darauf hingewiesen, dass die Auswahl der Verbrauchsteuern unsystematisch erfolgt ist und nur aus historischer Sicht verstanden werden kann.[176] Steuerrechtler kritisieren, dass die Verbrauchsteuern im an der Einkommensverwendung orientieren deutschen Steuerrecht nicht nur ungeeignet sind,[177] sondern auch unter Rechtfertigungsdefiziten und fiskalischer Beliebigkeit leideten.[178] Die Kritik am Selektionssystem ist zutreffend, da der Gesetzgeber zur Erhebung einer Verbrauchsteuer überwiegend nach finanzpolitischen Erwägungen entscheidet. Bei Schaumweinsteuer und Kaffeesteuer ist das der Fall.[179]

Die Verbrauchsbesteuerung dient mehr der fiskalischen Zweckdienlichkeit als der Erzielung von gesundheits- oder wirtschaftspolitischen Lenkungseffekten.[180]

---

176 *Kirchhof, Paul*, in: Isensee, Josef/Kirchhof, Paul (Hrsg.), Handbuch des Staatsrechts der Bundesrepublik Deutschland, Band IV, 2. Aufl. 1999, § 88 Rdnr. 166, in der 3. Aufl. 2007 ist dieser Satz aber gestrichen; *Förster, Jutta*, Die Verbrauchsteuern – Geschichte, Systematik, finanzverfassungsrechtliche Vorgaben, 1989, S. 60; *Peters, Martin*, Das Verbrauchsteuerrecht – Eine umfassende Darstellung, 1989, Rdnr. 50; *Tipke, Klaus*, Die Steuerrechtsordnung, S. 960; *Scheffler, Wolfram*, Verkehr- und Verbrauchsteuern im Überblick (II), Steuer und Studium 1992, S. 323.

177 *Kirchhof, Ferdinand*, Grundriß des Steuer- und Abgabenrechts, 2. Aufl. 2001, Rdnr. 28.

178 *Lang, Joachim*, Verwirklichung von Umweltschutzzwecken im Steuerrecht, DStJG 15 (1993), S. 115 (129, 140).

179 Die EG-rechtliche Zielsetzungen, nach denen die Mitgliedstaaten mit einigen Ausnahmen zur Erhebung einer Verbrauchsteuer auf Tabakwaren, Alkohol und alkoholische Getränke und Mineralöle verpflichtet sind. Die Schaumweinsteuer behielt die höhe Steuerbelastung bei, die Kaffeesteuer ist zwar nicht harmonisiert und wird aber fortgesetzt.

180 Nach *F. Kirchhof* haben bei der Tabaksteuer stets fiskalische Zwecke den Ausschlag gegeben, vgl. *Kirchhof, Ferdinand*, Die steuerliche Doppelbelastung der Zigaretten – Ein Beitrag zur Kumulation und Kaskadenwirkung der Umsatz- und der Verbrauchsteuer, 1990, S. 27. Nach *Zimmermann* erhält die Tabaksteuer ihre fiskalische Berechtigung mehr aus der steuerpolitischen Praxis, durch die Beschaffung von Einnahmen und den damit verbundenen hohen Beitrag für den Bundeshaushalt, als aus der reinen steuersystematischen Theorie, vgl. *Zimmermann, Wilhelm*, Die Tabaksteuer – Instrument der fiskalischen Einnahmeerzielung und der gesellschaftlichen Verbrauchslenkung, 1987, S. 51.

Sie gehören zu den sogenannten Fiskalzwecksteuern, die wegen der einfachen Erhebung bei allen Mitgliedstaaten einen unverzichtbaren Bestandteil ihrer nationalen Steuersysteme bilden.[181] Dies galt auch in der Europäischen Gemeinschaft. Die Ergiebigkeit der jeweiligen Verbrauchsteuer war für die Auswahl der in der Europäischen Gemeinschaft zu harmonisierenden Verbrauchsteuern entscheidend; dabei spielten gesundheits- oder weitere politische Erwägungen nur eine unbedeutende Rolle.[182] Nach Ansicht der Kommission ist es Hauptzweck jeder Sonderverbrauchsteuer, Einnahmen zu beschaffen. Dies hindere jedoch nicht, sie auch zur Einschränkung des Verbrauchs gesundheitsschädlicher Waren einzusetzen.[183]

Die Ansicht der Kommission motivierte den deutschen Gesetzgeber, die Verbrauchsteuern zuerst als Fiskalzwecksteuern zu erfassen, die einen hauptsächlichen Haushaltsbeitrag bringen. Die Verfassungs- und Finanzrechtsprechung bestärkt diese Auffassung.[184] In der Rechtsprechung des Bundesverfassungsgerichts ist deutlich dargelegt, dass der Gesetzgeber im Rahmen seiner weitgehenden Gestaltungsfreiheit die finanzpolitischen, volkswirtschaftlichen, sozialpolitischen und steuertechnischen Erwägungen im Bereich des Steuerrechts einsetzen kann; seine Gestaltungsfreiheit geht erst dort zu Ende, wo ein sachlicher Grund nicht mehr vorliegt und sich die Belastungsentscheidung als willkürlich darstellt.[185] Nach der Rechtsprechung des Bundesverfassungsgerichts liegt eine ausreichende Begründung vor, wenn einer der genannten Gründe die Besteuerung rechtfertigt. Danach können finanzpolitische Erwägungen allein das Herausgreifen eines bestimmten Produkts und dessen steuerliche Erfassung legitimieren.[186] Diese Auffassung nahm der BFH[187] auf, so dass die Erhebung einer Branntwein-, Schaumwein- und Biersteuer im Einklang mit Art. 3 GG steht, während Wein nicht besteuert wird. Denn der Gleichheitssatz verbietet dem Gesetzgeber nicht, nur mit dem Ziel, den Finanzbedarf des Staates zu decken, eine bestimmte Verbrauchsteuer zu erheben.[188] Allerdings ist die Rechtfertigung einer besonderen Verbrauchsteuer einzig und allein mit ihrer finanziellen Ergiebigkeit unter verfassungsrechtlichen Gesichtspunkten zweifelhaft.

---

181 Vgl. *Caesar, Rolf/Goetzke, Hans Jürgen/Mackscheidt, Klaus*, Finanzwissenschaftliche Analyse der Tabaksteuerharmonisierung in der Europäischen Gemeinschaft – Finanzwissenschaftliche Forschungsarbeiten, Neue Folge Band 53, 1983, S. 12 ff. und 210 ff.

182 Dies kommt in der Begründung des Kommissions zum 1972 vorgelegten Richtlinienpaket deutlich zum Ausdruck.

183 Bulletin der Europäischen Gemeinschaften, Beilage 3/72, S. 7.

184 BFHE 141, 369 (381).

185 BVerGE 3, 4 (11); 13, 181 (202); 50, 386 (392); 74, 182 (200); 85, 238 (244).

186 BVerfGE 3, 4 (11).

187 BFHE 105, 554; 135, 102.

188 BFHE 141, 369 (381).

Die meisten Stimmen im Schrifttum fordern eine zusätzliche Rechtfertigung für die Erhebung einer Verbrauchsteuer neben der allgemeinen Umsatzsteuer.[189]

B. Begriffsbestimmung

In den Verbrauchsteuergesetzen besteht keine Umschreibung des Begriffs Verbrauchsteuern. Auch die Abgabenordnung definiert den Begriff Verbrauchsteuern nicht. Allerdings kann man die einzelnen Begriffsbestandteile der Verbrauchsteuern von der in § 3 Abs. 1 AO enthaltenen Legaldefinition einer Steuer herleiten. Der Hinweis in den nationalen Verbrauchsteuergesetzen auf die Abgabenordnung verdeutlicht, dass die Abgabenordnung, soweit sie die Verbrauchsteuern einbezieht, jedenfalls anwendbar ist. Insoweit ist der Begriff der Steuer bei der Verbrauchsteuern mit dem allgemeinen Steuerbegriff im Rahmen des § 3 Abs. 1 AO identisch.

I. Begriff der Steuer

Trotz der Verwendung des Begriffs „Steuer" in der Finanzverfassung definiert das Grundgesetz selbst die Steuer nicht. In § 3 Abs. 1 AO erfolgt eine Legaldefinition der Steuer. Danach sind Steuern „Geldleistungen, die nicht eine Gegenleistung für eine besondere Leistung darstellen und von einem öffentlich-rechtlichen Gemeinwesen zur Erzielung von Einnahmen allen auferlegt werden, bei denen der Tatbestand zutrifft, an den das Gesetz die Leistungspflicht knüpft". Der Steuerbegriff hat in der Steuerpraxis keine nennenswerte Bedeutung, sondern wird hauptsächlich für die Abgrenzung der in den Art. 105 bis 108 GG geregelten Steuerhoheiten benötigt.[190]

Das Bundesverfassungsgericht vertritt in ständiger Rechtsprechung[191] die Auffassung, dass der Verfassungsgeber den einfachgesetzlichen Steuerbegriff in § 1 RAO von 1919 übernommen hat. Der Steuerbegriff der RAO[192] brachte allerdings nicht hinreichend zum Ausdruck, dass Steuern auch wirtschaftslenkenden Charakter haben können. Der historische Steuerbegriff bedurfte insofern der Ergänzung. Für den verfassungsrechtlichen Steuerbegriff muss berücksichtigt werden, „dass die Steuer in der modernen Industriegesellschaft zwangsläufig auch zu einem zentralen Lenkungsinstrument aktiver staatlicher Wirtschafts- und Gesellschaftspolitik geworden ist"[193]. Vor diesem Hintergrund hat der Gesetzgeber der AO 1977 den

---

189 *Kirchhof, Paul*, Staatliche Einnahmen, in: Isensee, Josef/Kirchhof, Paul (Hrsg.), Handbuch des Staatsrechts der Bundesrepublik Deutschland, Band IV, 2. Aufl. 1999, § 88 Rdnr. 166; *Tipke, Klaus*, Die Steuerrechtsordnung, S. 997.

190 *Seer, Roman*, in: Tipke, Klaus/Lang, Joachim (Hrsg.), Steuerrecht, 22. Aufl. 2015, § 2 Rdnr. 9.

191 Vgl. BVerfGE 3, 407 (435); BVerfGE 65, 325 (344); BVerfGE 67, 256 (282).

192 *Kruse, Heinrich Wilhelm*, Lehrbuch des Steuerrechts, Band I, 1991, S. 29 f.

193 BVerfGE 84, 239 (274); 93, 121 (147); 117, 1 (30): „Der Gesetzgeber darf seine Steuergesetzgebungskompetenz grundsätzlich auch ausüben, um Lenkungswirkungen zu erzielen".

Lenkungscharakter der Steuer in § 3 Abs. 1 Halbsatz 2 AO angefügt. § 3 Abs. 1 Halbsatz 2 AO bestimmt, dass der fiskalische Hauptzweck „Erzielung von Einnahmen" gegenüber dem von der Steuer in erster Linie verfolgten Sozialzweck zu einem Nebenzweck werden kann. Auf den Fiskalzweck „Erzielung von Einnahmen" darf aber nicht verzichtet werden.

Das klassische Beispiel für eine Sozialzwecksteuer mit lenkendem Hauptzweck und fiskalischem Nebenzweck (Lenkungssteuer) ist der Zoll[194]. Keine echten Sozialzwecksteuern sind die Tabak- und Alkoholsteuern als Verbrauch- und Aufwandsteuern. Sie werden aus rechtspolitischen Gründen zwar als Mittel zum Schutze der Volksgesundheit verwendet, dienen aber primär der Einnahmeerzielung. Auch die Besteuerung von Energieerzeugnissen (Energiesteuer) und Strom (Stromsteuer) als spezielle Verbrauchsteuern hat in der Steuerpraxis eine zunehmende Bedeutung; diese Steuern werden als Steuern zum Schutze der Umwelt ausgewiesen, dienen aber gleichfalls dem Fiskalzweck. Diese Steuern mit Sozialzwecken müssen sich am Leistungsfähigkeitsprinzip orientieren.

II. Begriff des Verbrauchs

Die Definition der Steuer ist auch für Verbrauchsteuern gültig, insbesondere wenn es in der Regel keine Definition der Verbrauchsteuern in Verbrauchsteuergesetzen gibt. Verbrauchsteuern kann man also im Wesentlichen als die Besteuerung des Verbrauchs bestimmter Waren verstehen. Der Begriff des Verbrauchs wird aber weder in den Verbrauchsteuergesetzen noch in den Durchführungsverordnungen geklärt,[195] so dass er zu analysieren ist.

Im allgemeinen Sprachverbrauch bedeutet Verbrauch einen Verzehr von Gütern und Dienstleistungen zur unmittelbaren oder mittelbaren Befriedigung menschlicher Bedürfnisse. Diese Bedürfnisse können privater (privater Kosum) oder öffentlicher (Staatsverbrauch) Natur sein.[196]

Eine finanzwissenschaftliche Definition erklärt Verbrauch als Einsatz von Gütern und Diensten sowie die Nutzung von Gebrauchsgütern in sowohl privaten als auch öffentlichen Haushalten und Unternehmungen.[197]

Eine Legaldefinition des Verbrauchs sieht man nur in wenigen Gesetzen. Ältere Gesetze, wie etwas das Tabaksteuergesetz vom 10. August 1925[198], unterwarfen in ihrer „Programmnorm" diejenigen Waren einer Steuer, die „zum Verbrauch im

---

194 Heutzutage dient der Zoll aber nicht mehr der Warenstromerdrosselung, sondern der Warenregulierung.

195 *Bongartz, Matthias,* in: Bongartz, Matthias/Schröer-Schallenberg, Sabine, Verbrauchsteuerrecht, 2. Aufl. 2011, S. 23 Rdnr. C3.

196 Gabler Wirtschaftslexikon: http://wirtschaftslexikon.gabler.de/Definition/verbrauch.html.

197 Gabler Wirtschaftslexikon: http://wirtschaftslexikon.gabler.de/Definition/verbrauch.html.

198 RGBl. 1925 I, S. 244.

Erhebungsgebiet bestimmt“ waren.[199] In jüngeren Gesetzen, z. B. § 14 Abs. 1, Abs. 2 Nr. 1 Biersteuergesetz, entsteht die Steuer nach den sog. klassischen Entstehungstatbeständen durch Verbrauch im Steuerlager[200]. Die Definitionen sind aber nicht hilfreich, den Begriff des Verbrauchs zu erfassen. Hier ist vielmehr eine nähere Umschreibung erforderlich.

In der steuerrechtlichen Literatur wird Verbrauch grundsätzlich als derjenige Verkehr mit Steuergegenständen beschrieben, der deren Eigenschaft als Steuergegenstände aufhebt.[201] Dies kann in drei Fällen geschehen.[202] Zunächst gibt es den substanziellen Verbrauch, wonach die stoffliche Substanz des Steuergegenstandes verändert oder beseitigt wird, so dass der Steuergegenstand nicht mehr vorliegt, also Bier wird getrunken oder Tabak geraucht. Ferner kann der Verbrauchsakt mit Vermischen oder Hinzufügen fremder Stoffe verbunden sein. Das heißt, dass die stoffliche Substanz zwar erhalten bleibt, aber durch Vermischung oder sonstige Verbindung eine völlig neue Ware entsteht, die kein Steuergegenstand mehr ist. Zum Beispiel werden Kakaobohnen im Steuerlager zur Herstellung von kakaohaltigen Waren verwendet. Schließlich bleibt das Erzeugnis, das Steuergegenstand ist, zwar stofflich und individuell erhalten, verliert aber seine Eigenschaft im Rechtssinne. Das ist der Fall, wenn mit Diesel oder Mineralöl Feuerzeugampullen gefüllt werden.

In Einzelfällen ist ein steuerlichtlicher Verbrauch allerdings schwierig zu bestimmen. [203] So ist beispielsweise fraglich, ob und wann eine Ware ihre rechtliche Eigenständigkeit verliert und damit nicht mehr Steuergegenstand ist, wenn sie mit anderen Stoffen gemischt oder verbunden wird. Diese Schwierigkeit kann zwar durch Anwendung des § 92 BGB zivilrechtlich beseitigt werden, aber nicht steuerrechtlich. Dies besagt aber nicht zwingend, dass in diesen Fällen ein Verbrauch steuerrechtlich nicht vorliegt. Ein Verbrauch im steuerrechtlichen Sinne ist nur vorhanden, soweit der Gegenstand bei dem erwähnten Vorgang in einer sinnvollen Güterverwertung genutzt wird, womit dem Belastungsziel der Verbrauchsteuergesetz Rechnung getragen wird.[204] Dabei ist maßgebend, dass der immanente Nutzwert des

199 *Bongartz, Matthias,* in: Bongartz, Matthias/Schröer-Schallenberg, Sabine, Verbrauchsteuerrecht, 2. Aufl. 2011, S. 23 Rdnr. C3.

200 § 4 S. 1 BierStG definiert, dass Steuerlager Orte sind, an oder von denen Bier unter Steueraussetzung im Brauverfahren oder auf andere Weise hergestellt, bearbeitet oder verarbeitet, gelagert, empfangen oder versandt werden darf.

201 *Bongartz, Matthias,* in: Bongartz, Matthias/Schröer-Schallenberg, Sabine, Verbrauchsteuerrecht, 2. Aufl. 2011, S. 23 Rdnr. C3.

202 Vgl. *Teichner, Kurt,* in: Teichner, Kurt/Alexander, Stephan/Reiche, Klaus (Hrsg.), Mineralölsteuer, Mineralölzoll, Loseblatt-Kommentar, 16. Aufl. 2004, Stand: Mai 2004, § 9 Rdnr. 25 ff.; FG Hamburg vom 3.9.1982, ZfZ 1983, S. 246.

203 Die Veräußerung einer Sache stellt zivilrechtlich einen Verbrauch dar (§ 92 BGB), aber nicht steuerrechtlich. Vgl. *Bongartz, Matthias/Schröer-Schallenberg, Sabine,* Verbrauchsteuerrecht, 2. Aufl. 2011, S. 24 Rdnr. C4.

204 *Bongartz, Matthias/Schröer-Schallenberg, Sabine,* Verbrauchsteuerrecht, 2. Aufl. 2011, Rdnr. C4.

Steuergegenstandes durch den Gebrauch ausgeschöpft wird.[205] Deshalb führt der Gebrauch von Steuergegenständen im Steuerlager zur Besteuerung, auch wenn der Gebrauch in Verbrauchsteuergesetzen nicht deutlich zum Ausdruck kommt. Nur im Energiesteuerrecht wird der Gebrauch in § 8 Abs. 1 S. 1 EnergieStG ausnahmsweise als Entnahme in den freien Verkehr definiert und damit dem Verbrauch gleichgstellt.

III. Verwendungsorientiertheit

Verbrauchsteuern entstehen nur dann, wenn ein bestimmter Ver- und Gebrauch des Steuergegenstandes ankommt. So handelt es sich bei den Verbrauchsteuern um verwendungsorientierte Steuern. Angesichts der Abgabenform einerseits und individueller Steuerschuld andererseits werden Verbrauchsteuern fundamental davon bestimmt, zu welchem konkreten Ge- und Verbrauch die Steuergegenstände eingesetzt werden. Eigenschaft und Existenz der Verbrauchsteuerschuld werden durch den zuerst intendierten und späteren tatsächlichen Verkehr mit Waren geprägt. Sie sind also keine Objektsteuern, sondern Verwendungssteuern. Das wird zunächst dort deutlich, wo der Verwendungszweck als Definitionskriterium bei der Bestimmung der Steuergegenstände maßgebend ist.[206] Ein Beispiel ist § 1 Abs. 3 S. 1 Nr. 1 und Nr. 2 EnergieStG, wonach Steuergegenstände die Ersatzstoffe für Kraft- oder Heizstoff sind. Die Eigenschaft der Verwendungsorientiertheit zeigt sich durch die umfassenden Steuervergünstigungen besonders deutlich. Dies heißt aber nicht, dass nur der private Konsum und nicht auch der gewerbliche Einsatz besteuert werden darf.[207] Das Bundesverfassungsgericht vertritt die Auffassung, dass es keinen Rechtssatz gibt, der das Anknüpfen einer Verbrauchsteuer an ein Produktionsmittel verbietet.[208] Dennoch stellt das Bundesverfassungsgericht zugleich fest, dass zuerst der konsumtive Verbrauch besteuert werden soll. Diese Auffassung des Bundesverfassungsgerichts steht im Zusammenhang mit der finanziellen Leistungsfähigkeit, die durch Konsum der bestimmten Waren abgeschöpft wird.[209] Allerdings ist eine generelle Abgrenzung zwischen dem konsumtiven und dem gewerblichen Verbrauch kaum möglich.[210] Dennoch ist zumindest ausnahmsweise der Verbrauch zu

---

205 *Bongartz, Matthias/Schröer-Schallenberg, Sabine*, Verbrauchsteuerrecht, 2. Aufl. 2011, Rdnr. C5.

206 *Bongartz, Matthias/Schröer-Schallenberg, Sabine*, Verbrauchsteuerrecht, 2. Aufl. 2011, Rdnr. C6.

207 *Schrömbges, Ulrich*, Steuerfolgen bei „Unterbrechung der Steueraufsicht“? – Ein Beitrag zur bedingten Steuer und zur besonderen Steueraufsicht, ZfZ 1986, S. 322 (332); BFHE 141, 361.

208 BVerfG vom 20.4.2004, DVBl. 2004, S. 705 (708).

209 Vgl. *Birk, Dieter/Förster, Jutta*, Kompetenzrechtliche Grenzen des Gesetzgebers bei der Regelung der Verbrauchsteuer, DB 1985, Beilage Nr. 17, S. 4; *Tipke, Klaus*, Die Steuerrechtsordnung, Band II, 1993, S. 959 f.

210 Vgl. *Beermann, Albert*, Verbrauchsteuern, in: Klein, Franz (Hrsg.), Lexikon des Rechts, Steuer- und Finanzrechts, 1986, S. 473.

Produktionszwecken hinzunehmen, was auch mit dem Fiskalzweck der Verbrauchsteuern zu rechtfertigen ist.

C. Steuercharakter

I. Vorbemerkung

Wie andere Vermögensgegenstände auch werden verbrauchsteuerpflichtige Gegenstände nach der Herstellung aus Rohstoffen über viele Handelsstufen an den Endverbraucher gebracht. Die Verbrauchsteuern müssen aber nicht direkt beim Verbraucher erhoben werden. Aus verwaltungsökonomischen Gründen wird die Verbrauchsteuer insbesondere beim Hersteller und Einführer, also beim Eingang in den Wirtschaftskreislauf, erhoben. Der Schuldner wälzt anschließend die Belastung durch den Preis des Steuergegenständes oder der damit hergestellten Ware auf den Letztverbraucher ab. Dies führt dazu, dass echter Steuerträger und gesetzlicher Steuerschuldner nicht identisch sind. Die wirtschaftlichen Auswirkungen kennzeichnen die Verbrauchsteuer damit als indirekte Steuer. Übereinstimmend wird, wie gezeigt wird, im Steuerrechtsschriftum die Abwälzung nicht als ein Wesensmerkmal, sondern als notwendige Folge der besonderen Erhebungstechnik betrachtet.[211] Eine derartige Erhebungsform ist nicht system- oder verfassungswidrig.[212] Der Gesetzgeber kann den Entstehungstatbestand in der Gesamtverkehrsstufe unter Berücksichtigung von Verwaltungsökonomie und Gefährdungsgesichtspunkten besteuerungstechnisch entscheiden. Das dargestellte Wesen der Verbrauchsteuer, vor allem die Tatsache, dass der grundsätzliche Schuldner vom tatsächlichen Belastungsträger abweicht, wirft eine Reihe von Konsequenzen und Problemen auf.

Der Steuerschuldner, wie etwa der Hersteller oder Händler der steuerpflichtigen Ware, versucht normalerweise, die gesetzliche Steuerbelastung nicht zu übernehmen, sondern rechnet diese Belastung auf den Verkaufspreis auf und wälzt sie damit auf seine Abnehmer ab. Ob die jeweilige Weitergabe der Belastung gelingt, hängt allerdings von den Marktakteuren ab.[213] Der Gesetzgeber ist nicht verpflichtet, eine erfolgreiche Abwälzung zu garantieren. Vielmehr muss er nur vermeiden, die

---

211 Vgl. *Lang, Joachim*, Verwirklichung von Umweltschutzzwecken im Steuerrecht, in: Kirchhof, Paul (Hrsg.), Umweltschutz im Abgaben- und Steuerrecht, DStJG 15 (1993), S. 115 (135); *Jarsombeck, Jörn Arne*, Die neuesten Änderungen des Branntweinmonopolgesetzes, DDZ 1981, S. F 79 (80); vgl. auch *Beermann, Albert*, Zur Charakterisierung der Verbrauchsteuern und zur bedingten Steuerschuld, in: Kruse, Heinrich Wilhelm (Hrsg.), Zölle, Verbrauchsteuern, europäisches Marktordnungsrecht, DStJG 11 (1988), S. 283.

212 Vgl. z.B. BFH vom 26.6.1984, BFHE 141, 369, ZfZ 1984, S. 336, Branntweinwirtschaft 1984, 356; BVerfG vom 17.9.1985, DStZ 1985, S. 334; vom 2.5.1985, ZfZ 1985, S. 364.

213 Vgl. *Schmölders, Günter/Hansmeyer, Karl-Heinrich*, Allgemeine Steuerlehre, 5. Aufl. 1980, S. 222.

Abwälzung durch die Besteuerungskonzeption unmöglich zu machen.[214] Es ist ausreichend, wenn die Steuer auf eine Abwälzung der Steuerlast vom Steuerschuldner auf den Steuerträger angelegt ist, auch wenn die Abwälzung nicht in jedem Einzelfall gelingt.[215]

II. Abwälzbarkeit als Wesensmerkmal

1. Rechtsprechung des Bundesfinanzhofs und des Bundesverfassungsgerichts

Hinsichtlich der Frage, ob die Abwälzbarkeit[216] ein Wesensmerkmal der Verbrauchsteuer darstellt, haben der Bundesfinanzhof und das Bundesverfassungsgericht in mehreren Entscheidungen die Tendenz gezeigt, die Abwälzbarkeit als Wesensmerkmal der Verbrauchsteuer zu akzeptieren.

In erster Linie wird dieser Schluss aus historischen Gegebenheiten abgeleitet. Art. III des Biersteueränderungsgesetzes vom 21. Dezember 1938[217] verpflichtete den Abnehmer und damit die Vertragspartei eines Bierlieferungsvertrages zur Zahlung der durch die Steuererhöhung verursachten Mehrbelastung der Brauerei. Dies zeigt, dass der Gesetzgeber die Abwälzung einer Steuererhöhung auf den Endabnehmer dem Charakter der Biersteuer als Verbrauchsteuer zuschreibt.[218] Zwar befindet sich keine dem Art. III des Biersteueränderungsgesetzes von 1938 vergleichbare Regelung in den nach dem Zweiten Weltkrieg neu gefassten Verbrauchsteuergesetzen, jedoch

214 Vgl. BVerfGE 27, 375 (384); BFHE 141, 369 m.w.N.

215 Vgl. BVerfG vom 20.4.2004, DVBl. 2004, S. 705 (708).

216 Zur Differenzierung der Begriffe Überwälzbarkeit, Abwälzbarkeit sowie Weiterwälzbarkeit: Die Überwälzbarkeit bildet den Oberbegriff für Ab- und Weiterwälzbarkeit. Unter Abwälzung versteht man die Weitergabe der Belastung an den eigentlich geplanten Steuerträger als Verbraucher des besteuerten Gutes. Die Weiterwälzung hingegen sei die Weitergabe der tatsächlichen Steuerbelastung über weitere Handelsstufen nach der produktumwandelnden Verarbeitung des eigentlichen Steuergutes in einem Produktionsprozess. Die Abwälzung auf den privaten Endverbraucher ist entsprechend nur bei der Besteuerung von Gütern des Privatkonsums berücksichtigt. Die Besteuerung von Produktionsgütern bringt nur eine Weitergabe an den Produzenten des entstehenden Konsumgutes als Folge, der die Belastung sodann weiterwälzen könne. So vertritt *Hartmann* die Behauptung, dass bei Verbrauchsteuern nur die Abwälzung gewährleistet sein muss, nicht hingegen die Weiterwälzung. Vgl. *Hartmann, Rainer*, Ein neuer Blick auf die Steuergesetzgebungskompetenzen des Grundgesetzes – am Beispiel der aktuell diskutierten Kernbrennstoffsteuer, DStZ 2012, S. 205 (207 f.), sowie *Eiling, Astrid*, Verfassungs- und europarechtliche Vorgaben an die Einführung neuer Verbrauchsteuern, 2014, S. 80 f.

217 Gesetz zur Änderung des Biersteuergesetzes, RGBl. 1938 I, S. 1897.

218 *Koppe, Fritz/Lubcke, Hans*, Biersteuergesetz und Nebengesetze, Kommentar zum Biersteuergesetz, 5. Aufl. 1940, S. 260.

entnehmen der Bundesfinanzhof[219] und das Bundesverfassungsgericht[220] daraus den Grundsatz, dass die Abwälzbarkeit das Wesensmerkmal der Verbrauchsteuern ist.

Später bei der Überprüfung der Nachsteuerregelungen für Schaum- und Branntwein im Haushaltssicherungsgesetz vom 20. Dezember 1965[221] formulierte das Bundesverfassungsgericht seine Entscheidung vom 28. Januar 1970[222], die heute in diesem Zusammenhang regelmäßig zitiert wird: „Die Abwälzbarkeit auf den Verbraucher gehört grundsätzlich zum Wesen der Verbrauchsteuer. Sie hat nicht zum Inhalt, dass dem Steuerschuldner die rechtliche Gewähr geboten wird, dass er den von ihm als Steuerschuldner entrichteten Betrag immer von der Person ersetzt erhält, die nach der Konzeption des Gesetzgebers letztlich die Steuer tragen soll. Mehr als die Möglichkeit einer Überwälzung verlangt das Wesen einer Verbrauchsteuer nicht."

Auch in Entscheidungen des Bundesfinanzhofs wurde die Auffassung vertreten, dass die typischen Verbrauchsteuern sämtlich auf eine Überwälzung der Steuern angelegt seien. [223] Die Vorverlegung des Steuerentstehungstatbestandes in den Bereich des Herstellers mache deshalb eine Überwälzung der Steuer vom Hersteller auf den Endabnehmer unentbehrlich.[224]

Die Abwälzbarkeit als Wesesmerkmal der Verbrauchsteuern ist also vom Bundesfinanzhof und vom Bundesverfassungsgericht anerkannt.

2. *Stimmen in der Literatur*

Im Gegensatz zur Auffassung in den Entscheidungen des Bundesfinanzhofs und des Bundesverfassungsgerichts hat sich in der finanzwissenschaftlichen Literatur eine andere Auffassung durchgesetzt.

Unter Würdigung einer Entscheidung des Bundesfinanzhofs hegt *Berrmann*[225] Zweifel, ob die Abwälzbarkeit als Wesensmerkmal der Verbrauchsteuern angesehen werden kann. Sie sei vielmehr nur eine Folge der üblichen Gestaltung der Verbrauchsteuerhebung. Denn der Bundesfinanzhof hat in der Entscheidung[226] anerkannt, dass nur Praktikabilitätsgründe dafür maßgebend seien, dass die Verbrauchsteuern nicht beim Endverbraucher erhoben würden. Dies zeigte ausdrücklich, dass die Abwälzbarkeit nicht als Wesensmerkmal der Verbrauchsteuern angesehen werden könne.

---

219 BFHE 122, 20 (23); 115, 2 (4); 93, 114.

220 BVerfGE 31, 8 (20); 27, 375 (384); 14, 76 (96); 6, 247 (256).

221 Gesetz zur Sicherung des Haushaltsausgleichs, BGBl. 1965 I, S. 2065.

222 BVerfGE 27, 375 (394); zustimmend: *Birk, Dieter/Förster, Jutta*, Kompetenzrechtliche Grenzen des Gesetzgebers bei der Regelung der Verbrauchsteuer, DB 1985, Beilage Nr. 17, S. 1 (7). Dazu kritisch: *Müller, Dirk*, Struktur, Entwicklung und Begriff der Verbrauchsteuern, 1997, S. 124.

223 BFHE 110, 213 (217).

224 BFHE 115, 1 (4).

225 *Beermann, Albert*, Zur Charakterisierung der Verbrauchsteuern und zur bedingten Steuerschuld, DStJG 11 (1988), S. 283 f.

226 BFHE 141, 369.

Zu diesem Zweifel vertritt *Lang*[227] die Meinung, dass die Abwälzbarkeit der Verbrauchsteuern kein notwendiger Bestandteil der Verbrauchsteuern ist, sondern nur ein Ergebnis der Erhebungstechnik. Der gleichen Meinung ist auch *Jasombeck*[228]. Er behauptet, dass die praktizierte Besteuerung auf der Hersteller- oder Händlerebene eine Frage der Erhebungstechnik ist, die sich offensichtlich nicht auf den Charakter der Steuer bezieht. Unter einer anderen Betrachtung der Abwälzung der Steuern haben *Kruse*[229] und *Müller*[230] die gleiche Behauptung aufgestellt, dass die Abwälzung keine Eigenschaft einer Verbrauchsteuer ist. Denn es gebe nur Steuern, die entweder schwerer oder leichter abgewälzt werden können. Dementsprechend habe das Merkmal der Überwälzung unter Berücksichtigung der wirtschaftlichen Wirkung einer Steuer nur geringe rechtliche Bedeutung.[231] Aus der nach dem traditionellen deutschen Steuerrecht zulässigen Besteuerung von verbrauchsteuerpflichtigen Gütern, die bei der Produktion verwendet werden,[232] entnimmt *Dänzer-Vanotti*[233] seinen Befund, dass das Merkmal der direkten Belastung des Konsumenten nicht ein notwendiger Bestandteil einer Verbrauchsteuer sei und damit auch der entsprechende Überwälzungseffekt nicht als ein Wesensmerkmal der Verbrauchsteuer angesehen werden könne.

Das von *Dänzer-Vanotti* zitierte Argument ist zwar gerechtfertigt, hat jedoch nach der Reform des deutschen Verbrauchsteuerrechts im Laufe der Verbrauchsteuerharmonisierung in der EU seine Berechtigung weitgehend verloren.[234]

3. *Stellungnahme*

Bei der Reform der Finanzverfassung im Jahre 1955 hat der verfassungsändernde Gesetzgeber zum Begriff der Verbrauchsteuern Folgendes klargestellt: „Verbrauchsteuern sind ... Steuern, die den Verbrauch vertretbarer, regelmäßig zum baldigen Verzehr oder kurzfristigen Verbrauch bestimmter Güter des ständigen Bedarfs belasten und die aufgrund eines äußerlich erkennbaren Vorgangs (z. B. Übergang in den Wirtschaftsverkehr) von demjenigen als Steuerschuldner erhoben werden, in dessen Sphäre sich der Vorgang verwirklicht; die Steuer wird wirtschaftlich regelmäßig nicht vom Steuerschuldner, sondern im Wege der Überwälzung vom

---

227 *Lang, Joachim*, Verwirklichung von Umweltschutzzwecken im Steuerrecht, DStJG 15 (1993), S. 115 (135).

228 *Jarsombeck, Jörn Arne*, Die neuesten Änderungen des Branntweinmonopolgesetzes, DDZ 1981, S. F 79 (80).

229 *Kruse, Heinrich Wilhelm*, Lehrbuch des Steuerrechts, Band I, 1991, S. 75 f.

230 *Müller, Dirk*, Struktur, Entwicklung und Begriff der Verbrauchsteuern, 1997, S. 125.

231 *Müller, Dirk*, Struktur, Entwicklung und Begriff der Verbrauchsteuern, 1997, S. 125 Fußn. 150 m.w.N.

232 Z. B. die Besteuerung von Benzin, die im produktiven Bereich eingesetzt wird.

233 *Dänzer-Vanotti, Wolfgang*, Tabaksteuererhöhung verfassungswidrig?, BB 1989, S. 754 f.

234 Siehe auch *Jatzke, Harald*, Das System des deutschen Verbrauchsteuerrechts, 1997, S. 71.

Endverbraucher getragen."[235] So zieht *Englisch*[236] aus dieser gesetzgeberischen Erklärung den Schluss, dass die Überwälzbarkeit der Verbrauchsteuer als typusbildend für den Begriff der (speziellen) Verbrauchsteuern anzusehen sei.[237]

Ein weiteres Beispiel ist der erst 1991 in das damalige Mineralölsteuerrecht eingeführte Entlastungsanspruch bei Zahlungsunfähigkeit des Abnehmers von versteuertem Mineralöl. Die dem Steuerschuldner in diesem Fall eingeräumte rechtliche Gewähr einer Verbrauchsteuerentlastung im Falle der Zahlungsfähigkeit seines Abnehmers trägt dem Charakter der Abwälzbarkeit als Bestandteil der Verbrauchsteuer in besonderem Maße Rechnung.[238]

Die Abwälzbarkeit ist mehr als nur die Folge aus einem steuertechnischen Prinzip. Denn nicht der Unternehmer, sondern der Verbraucher soll endgültig mit der Verbrauchsteuer belastet werden. Bei der besonderen Form der Erhebungstechnik und der durch sie ermöglichten Weitergabe der steuerlichen Belastung an den Verbraucher handelt es sich um die beiden Seiten ein und derselben Medaille. Aus diesem Grund ist *Jatzke*[239] zuzustimmen, dass die prinzipielle Abwälzbarkeit der Verbrauchsteuern auf den Verbraucher eine unabdingbare Voraussetzung für die Verwirklichung des steuertechnischen Prinzips sei. Ihre zentrale Funktion rechtfertige eine Einstufung der vom Gesetzgeber grundsätzlich zu gewährleistenden Abwälzbarkeit als Wesensmerkmal der Verbrauchsteuern.

Die Abwälzbarkeit ist darüber hinaus nicht nur ein formales Kriterium, sondern hat auch materielle Bedeutung.[240] Dieses Kriterium und die Zuordnung der Verbrauchsteuern zu den Steuern auf die Einkommensverwendung stehen in einem unmittelbaren Zusammenhang. Um den Charakter der Verbrauchsteuer als Einkommensverwendungssteuer nicht zu verlieren, darf der Gesetzgeber die Verbrauchsteuer nicht direkt beim Verbraucher erheben.[241] Nur das Merkmal der Abwälzung ermöglicht es, den Verbraucher im Zeitpunkt der Einkommensverwendung, dem

---

235 BT-Drucks. 2/480, S. 107.

236 *Englisch, Joachim,* Verbrauch- und Aufwandsteuern, in: Kube, Hanno/Mellinghoff, Rudolf/Morgenthaler, Gerd/Palm, Ulrich/Puhl, Thomas/Seiler, Christian (Hrsg.), leitgedanken des Rechts, Band II, § 190 Rdnr. 7.

237 So auch *Kirchhof, Paul,* Die Steuern, in: Isensee, Josef/Kirchhof, Paul (Hrsg.), Handbuch des Staatsrechts der Bundesrepublik Deutschland, Band V, 3. Aufl. 2007, § 118 Rdnr. 247.

238 Die Entlastungsmöglichkeit kommt nur Mineralölhändlern zugute und Hersteller und Händler werden durch die Verbrauchsteuern nicht belastet. Diese einseitige Begünstigung des Mineralölhandels ist unter Gleichbehandlungsgrundsätzen zu beanstanden. Siehe unten 2. Teil 2. Kapitel.

239 *Jatzke, Harald,* Das System des deutschen Verbrauchsteuerrechts, 1997, S. 72.

240 *Birk, Dieter/Förster, Jutta,* Kompetenzrechtliche Grenzen des Gesetzgebers bei der Regelung der Verbrauchsteuer, DB 1985, Beilage Nr. 17, S. 1 (7).

241 *Birk, Dieter/Förster, Jutta,* Kompetenzrechtliche Grenzen des Gesetzgebers bei der Regelung der Verbrauchsteuer, DB 1985, Beilage Nr. 17, S. 1 (7). A. A.: *Müller, Dirk,* Struktur, Entwicklung und Begriff der Verbrauchsteuern, 1997, S. 124.

Konsumentenverhalten, zu belasten. Die Abwälzbarkeit der Verbrauchsteuerschuld gibt dem Verbraucher die Sicherheit, dass sich die Verbrauchsbesteuerung im Zeitpunkt der Einkommensverwendung erschöpft hat.[242]

III. Unmöglichkeit der Steuerabwälzung

1. Tatsächliche Unmöglichkeit der Abwälzung

Folgt man der oben erwähnten Auffassung, dass die Abwälzbarkeit das Wesensmerkmal der Verbrauchsteuern ist, stellt sich die Frage, ob die Abwälzbarkeit konkret oder abstrakt ist. Nach vorherrschender Meinung in Literatur und höchstrichterlicher Rechtsprechung versteht man unter Steuerabwälzung zumindest die abstrakte Abwälzbarkeit.[243] Dabei ist nicht entscheidend, ob die wirtschaftliche Abwälzbarkeit der Verbrauchsteuerlast für den gewerblichen Verbraucher tatsächlich vollständig realisierbar ist.[244] In der Regel gibt der Unternehmer die Steuer über den Preis der Ware an den Verbraucher weiter. Die Weitergabe der steuerlichen Belastung ist allerdings abhängig von den jeweils bestehenden wirtschaftlichen Rahmenbedingungen, vor allem von der Nachfrage und der Marktakzeptanz des Produkts, von der Wettbewerbslage, von der Geldmarkt- und Lohnentwicklung, von der konjunkturellen Lage und von der konkreten Geschäftslage.[245] Greift der Gesetzgeber den Umstand hingegen nicht auf, zeigt er, dass es ihm gar nicht darum geht, wer die Steuerlast letztlich tragen muss.[246]

Zum verfassungsrechtlich geschützten Kernbereich gehört, dass der Gesetzgeber die Verbrauchsteuergesetze nach seinem Willen ausgestalten kann.[247] Ist aufgrund der Ausgestaltung es dem Steuerschuldner mindestens möglich, die Steuer auf den Verbraucher abzuwälzen, reicht die abstrakte Abwälzbarkeit aus. Sie muss nicht konkret erfolgen und nicht für jede Handelsstufe oder jedes Mal gewährleistet sein.[248]

---

242 *Förster, Jutta*, Zur Qualifizierung einer Endverbraucher-Nachsteuer und zur Frage der Rückwirkung, DB 1985, S. 1569 (1571).

243 *Jatzke, Harald*, Das System des deutschen Verbrauchsteuerrechts, 1997, S. 72.

244 Vgl. *Burghart, Axel*, in: Leibholz, Gerhard/Rinck, Hans-Justus (Hrsg.), Grundgesetz, Loseblatt-Kommentar, Band III, 69. Ergänzungslieferung, Stand: Oktober 2015, Art. 105 Rdnr. 127; BVerfGE 27, 375 (384).

245 Vgl. *Schmölders, Günter*, Zur Begriffsbestimmung der Verbrauchsteuern, 1955, S. 87.

246 Finanzgericht Freiburg, Urteil vom 29.10.1968 – II 7148/66 Z, EFG 1969, S. 144 f.

247 *Jatzke, Harald*, Das System des deutschen Verbrauchsteuerrechts, 1997, S. 73.

248 *Teichner, Kurt*, in: Teichner, Kurt/Alexander, Stephan/Reiche, Klaus (Hrsg.), Mineralölsteuer, Mineralölzoll, Loseblatt-Kommentar, 16 Aufl. 2004, Stand: Mai 2004, Vorbem. Rdnr. 7.

2. *Rechtliche Unmöglichkeit der Abwälzung*

Jatzke[249] hat die Unmöglichkeit der Steuerabwälzung in eine tatsächliche und eine rechtliche eingeteilt. Wie oben dargestellt, bleibt der Charakter der Verbrauchsteuer bei der tatsächlichen Unmöglichkeit der Abwälzung unberührt. Geht man jedoch davon aus, dass die Abwälzbarkeit ein wesentliches Merkmal einer Verbrauchsteuer darstellt, stellt sich weiter die Frage, welche rechtlichen Folgen sich ergeben, wenn eine Steuer dieses Wesensmerkmal nicht erfüllt.

Eine Steuer, die dieses Wesensmerkmal nicht erfüllt, ist keine Verbrauchsteuer im Sinne von Art. 106 Abs. 1 Nr. 2 GG und damit steht dem Bund aufgrund der insoweit eindeutigen Regelung in Art. 105 GG keine ausschließliche Gesetzgebungskompetenz zu.

a) Stimmen in der Literatur

Hinsichtlich der Frage, welche Rechtsfolge sich ergebe, wenn eine Verbrauchsteuer nicht abgewälzt werden kann, werden in der Literatur verschiedene Auffassungen vertreten. *Schmölders*[250] ist der Ansicht, dass sich die Steuer durch eine auf Dauer angelegte Unmöglichkeit der Überwälzung in eine spezielle Betriebs- oder Gewerbebelastung verwandeln würde, für die im modernen Steuersystem neben den allgemeinen Ertrags- und Gewerbesteuern kein Raum sei.

Hinsichtlich der Biersteuer vertritt *Huckemann*[251] die Meinung, dass sich diese zu einer Produktionssteuer wandle, wenn die Steuerlast auf den Brauereien liegen bleibe. Auch *Tipke*[252] stuft Verbrauchsteuern, die den betrieblichen Verbrauch belasten, als besondere Unternehmenssteuern ein. Der gleichen Meinung ist *Ossenbühl*[253], wonach eine Steuer, bei der sich eine Überwälzung aus rechtlichen oder tatsächlichen Gründen nicht realisieren lässt, als neuartige Produktionssteuer zu qualifizieren ist. Eine solche Steuer finde aber in Art. 106 GG keine Erwähnung.

Nach *Gotterbarm*[254] wandelt sich die Steuer zur Ertrags- oder Vermögenssteuer. Auch *Borggräfe*[255] stuft die nicht abwälzbare Verbraucher-Nachsteuer unter

---

249 *Jatzke, Harald*, Das System des deutschen Verbrauchsteuerrechts, 1997, S. 72 ff.

250 *Schmölders, Günter*, Zur Begriffsbestimmung der Verbrauchsteuern, 1955, S. 92.

251 *Huckemann, Stefan*, Auswirkungen der Biersteuerharmonisierung auf die Ertragsfähigkeit der Biersteuer im Europäischen Binnenmarkt, 1991, S. 23.

252 *Tipke, Klaus*, Die Steuerrechtsordnung, Band II, 1993, S. 971.

253 *Ossenbühl, Fritz/Di Fabio, Udo*, Verfassungsrechtliche Grenzen einer Erhöhung der Tabaksteuer, StuW 1988, S. 349 (354).

254 *Teichner, Kurt*, in: Teichner, Kurt/Alexander, Stephan/Reiche, Klaus (Hrsg.), Mineralölsteuer, Mineralölzoll, Loseblatt-Kommentar, 16. Aufl. 2004, Stand: Mai 2004, Vorbem. Rdnr. 7.

255 Nach *Borggräfe* belastet die Verbraucher-Nachsteuer den jeweiligen Warenvorrat als einen Teil des Vermögens des steuerpflichtigen Verbrauchers, da die Steuerbelastung den die Ware besitzenden Verbraucher selbst treffe und nicht auf Dritte abwälzbar sei. Vgl. *Borggräfe, Joachim*, Die Verbraucher-Nachsteuer bei Mineralöl und Branntwein, DB 1981, S. 1060 (1062).

finanzverfassungsrechtlichen Gesichtspunkten materiell als Vermögenssteuer ein. Er behauptet, dass die Nachsteuer, die an den Besitz von Waren anknüpfe, eine Vermögenssteuer sei und dass dem Bund demzufolge nicht die alleinige Gesetzgebungskompetenz zum Erlass einer Nachsteuerregelung zustehe.[256]

Voß[257] tritt dieser Qualifizierung mit dem Argument entgegen, dass das Besteuerungsobjekt der Vermögenssteuer die wirtschaftliche Leistungsfähigkeit sei, die durch das Vermögen repräsentiert werde. Auck *Birk*[258] verneint den Charakter einer nicht abwälzbaren Verbrauchsteuer als Vermögenssteuer, da die Vermögenssteuer als Personalsteuer an das Vermögen als Ganzes und nicht an einzelne Vermögensgegenstände anknüpfe. Ohne eine nähere Qualifizierung vorzunehmen ist *Birk* der Ansicht, dass sowohl reine Produktionssteuern, die ausschließlich den Hersteller belasten als auch Nachsteuern, die an den Besitz der verbrauchsteuerpflichtigen Waren beim Endverbraucher anknüpfen, nicht unter den Begriff der Verbrauchsteuer i.S.d. Art. 106 Abs. 1 Nr. 2 GG fallen, so dass dem Bund für derartige Steuern keine Gesetzgebungskompetenz zustehen würde.

Insgesamt wird nach der überwiegenden Meinung in der Literatur festgehalten, dass eine vom Gesetzgeber als Verbrauchsteuer ausgestaltete Verbrauchsabgabe ihren Charakter als Verbrauchsteuer verliert, wenn eine Überwälzung der Steuer auf den Verbraucher rechtlich unmöglich ist.[259]

b) Stellungnahme

Die dargestellten Untersuchungen in der Literatur belegen, dass es keine Einigkeit über die Rechtsnatur der Verbrauchsteuer gebe, wenn die Abwälzung rechtlich unmöglich ist. Dennoch ist den Untersuchungen gemein, dass Verbrauchsteuer in diesem Fall „Nicht-Verbrauchsteuer“ ist. Dieser Argumentation wird in dieser Arbeit

---

256 *Borggräfe, Joachim*, Die Verbraucher-Nachsteuer bei Mineralöl und Branntwein, DB 1981, S. 1060 (1062).

257 *Voß, Reimer*, Strukturelemente der Verbrauchsteuern, in: Kruse, Heinrich Wilhelm (Hrsg.), Zölle, Verbrauchsteuern, europäisches Marktordnungsrecht, DStJG 11 (1988), S. 261 (269).

258 Nach *Birk, Dieter/Förster, Jutta* (Kompetenrechtliche Grenzen des Gesetzgebers bei der Regelung der Verbrauchsteuer, DB 1985, Beilage Nr. 17, S. 12) lässt sich die Endverbraucher-Nachsteuer nicht in den Katalog des Art. 106 GG einordnen.

259 *Birk, Dieter/Förster, Jutta*, Kompetenzrechtliche Grenzen des Gesetzgebers bei der Regelung der Verbrauchsteuer, DB 1985, Beilage Nr. 17, S. 10; *Borggräfe, Joachim*, Die Verbraucher-Nachsteuer bei Mineralöl und Branntwein, DB 1981, S. 1060; *Popitz, Johannes*, Allgemeine Verbrauchsteuer, in: Gerloff, Wilhelm/Meisel, Fritz (Hrsg.), Handbuch der Finanzwissenschaft, Band II, 1. Aufl. 1927, S. 180 (185); *Ossenbühl, Fritz/Di Fabio, Udo*, Verfassungsrechtliche Grenzen einer Erhöhung der Tabaksteuer, StuW 1988, S. 349 (353); *Förster, Jutta*, Zur Qualifizierung einer Endverbraucher-Nachsteuer und zur Frage der Rückwirkung – Anmerkung zum Beschluss des BVerfG vom 2.5.1985, DB 1985, S. 1569 (1571).

gefolgt. Die grundsätzliche Abwälzbarkeit der Verbrauchsteuern ist nicht nur ein erhebungstechnisches Prinzip, sondern ein Wesensmerkmal der Verbrauchsteuern, die als Steuern auf die Einkommensverwendung, auf die Ausschöpfung der finanziellen Leistungsfähigkeit des Konsumenten und nicht auf die endgültige steuerliche Belastung des Produzenten oder Händlers angelegt sind. Falls der Gesetzgeber durch eine entsprechende Ausgestaltung des Steuergesetzes von vornherein die verfassungsrechtlich geforderte Möglichkeit der Weitergabe der steuerlichen Belastung an den Verbraucher vereitelt, entfernt er sich von dem historisch vorgegebenen Modell einer Verbrauchsteuer nach Art. 106 Abs. 1 Nr. 2 GG und schafft eine neuartige Produktions- oder Unternehmensteuer.[260] Für die neue Steuer steht dem Gesetzgeber eine ausschließliche Gesetzgebungskompetenz nur dann zu, wenn die Steuer sich einer der in Art. 106 Abs. 1 GG genannten anderen Steuerarten zuordnen lässt.[261] Dieses Ergebnis deckt sich auch mit der Rechtsprechung des Bundesverfassungsgerichts, nach der zur Qualifizierung einer Steuer als Verbrauchsteuer zumindest die rechtliche Möglichkeit einer Abwälzung der Steuerlast auf den Verbraucher gegeben sein muss.

3. Sonderproblem der Nachsteuer

Bei der Nachsteuer handelt es sich im Steuerrecht um eine Nachforderung der zu Unrecht nicht erhobenen Steuer einschließlich Verzugszinsen.[262] Eine Nachsteuer kann immer dann erhoben werden, wenn die Steuerverwaltung erst verspätet Kenntnis über steuerbare Einkünfte und Vermögen erhält. Aber wenn die Steuererklärung hingegen korrekt ausgefüllt wird und die Steuerverwaltung bestimmte Einkünfte oder Vermögen übersieht, darf keine Nachsteuer erhoben werden.

Auch bei Verbrauchsteuern[263] tritt eine Nachsteuer ein, die im Grunde nicht auf Produkte des freien Verkehrs, sondern bei dem Endverbraucher erhoben wird.[264] In diesem Regelfall ist eine Abwälzbarkeit rechtlich nicht mehr möglich und somit ergibt sich die Frage, ob eine solche Abgabe eine Vermögenssteuer ist.

---

260 *Müller-Franken, Sebastian*, Verfassungs- und europarechtliche Fragen der Einführung nationaler Öko-Steuern, JuS 1997, S 872 (875); *Bach, Stefan*, Wirtschaftliche Auswirkungen und rechtlich-institutionelle Aspekte einer ökologischen Steuerreform, StuW 1995, S. 264 (267); *Herdegen, Matthias/Schön, Wolfgang*, Ökologische Steuerreform, Verfassungsrecht und Verkehrsgewerbe, 2000, S. 29.

261 *Jatzke, Harald*, Diskussionsbericht vom 7. Deutschen Zollrechtstag, ZfZ 1995, S. 288 (290).

262 Dazu kommt auch ein empfindliches Bußgeld oder sogar ein Strafverfahren in Betracht.

263 Z. B. §§ 20, 21 EnergieStG.

264 *Bongartz, Matthias/Schröer-Schallenberg, Sabine*, Verbrauchsteuerrecht, 2. Aufl. 2011, S. 27 Rdnr. C 13.

a) Rechtsprechung des Bundesverfassungsgerichts und des Bundesfinanzhofs

Nach der Rechtsprechung kann die Erhebung der Nachsteuer sowohl bei Händlern und Herstellern als auch bei privaten Endverbrauchern erfolgen.

Bei der Händler-Nachsteuer hat das Bundesverfassungsgericht die Zulässigkeit der Nachsteuerregelung im Haushaltssicherungsgesetz von 20. Dezember 1965[265] mit dem Hinweis auf die Einmaligkeit des nach Dauer und Intensität begrenzten Eingriffes und auf die gewährten Zahlungsfristen zugestimmt. Denn bei den festgelegten Zahlungsterminen sei es möglich gewesen, die mit der Nachsteuer belasteten Erzeugnisse bei allgemeinem Geschäftsverkehr abzusetzen und die abgewälzte Steuer zu vereinnahmen. So habe die Nachsteuerregelung die Abwälzung sowohl rechtlich als auch tatsächlich noch möglich gemacht.[266]

Die Nachsteuererhebung bei einem Hersteller hat der BFH mit dem Argument bejaht, dass das Kriterium der Belastung des Verbrauchers voll durchgesetzt sei, wenn der Konsument selbst ausnahmsweise Steuerschuldner sei; es wäre sinnwidrig dann noch die Abwälzbarkeit zu fordern. Die Anknüpfung der Besteuerung unmittelbar an den Verbrauch oder den Gebrauch einer bestimmten Ware entspreche in der Regel dem wesentlichen Ziel einer Verbrauchsteuer, den Konsumenten zu belasten.[267]

Unter dem von der Rechtsprechung abgeleiteten Gesichtspunkten ist die Erhebung von Nachsteuern in der Phase von Herstellung und Handel nicht zu beanstanden. Die bisherigen Nachsteuerregelungen ließen eine Einbeziehung der erhöhten Steuerbelastung in die allgemeine Preiskalkulation zu und ermöglichten damit eine steuerliche Weiterwälzung. Insofern haben sich die als Verbrauchsteuern ausgestalteten Nachsteuern weder zu Produktion- oder Unternehmensteuern noch zu Vermögenssteuern gewandelt.[268]

Hinsichtlich der beim privaten Endverbraucher erhobenen Nachsteuer hat das Bundesverfassungsgericht in einem Beschluss vom 2. Mai 1985[269] das Erfordernis der Abwälzbarkeit als Wesensmerkmal einer Verbrauchsteuer mit der heute häufig zitierten Begründung aufgegeben, die Nachsteuer teile den Charakter der Steuer, deren Vermeidung sie verhindern solle. Die Möglichkeit sei aber rechtlich nicht ausgeschlossen, eine Verbrauchsteuer auch beim Endverbraucher zu erheben. Diese direkte steuerliche Behandlung beim Endverbraucher erscheint dem Ziel der Verbrauchsbesteuerung, den Ver- und Gebrauch von speziellen Gütern zu besteuern, in besonderem Maße zu entsprechen.

---

265 BGBl. 1965 I, S. 2065.

266 BVerfGE 27, 375 (384 f.).

267 BFHE 141, 369 (376).

268 So auch *Jatzke, Harald*, Das System des deutschen Verbrauchsteuerrechts, 1997, S. 76, und *Jarsombeck, Jörn Arne*, Die neuesten Änderungen des Branntweinmonopolgesetzes, DDZ 1981, S. F 79 (80).

269 Vgl. BVerfG Beschluss vom 2.5.1985 – 2 BvR 285/85, HFR 1987, S. 93.

b) Stimmen in der Literatur

Im Vergleich zu den Gesichtspunkten des BFH und des Bundesverfassungsgerichts, dass die Nachsteuer sowohl bei Händlern und Herstellern als auch bei privaten Endverbrauchern zulässig ist, sind sich die Meinungen in Literatur, insbesonders über die Zulässigkeit von Nachsteuern bei privaten Endverbrauchern, uneinig.

Peters[270] vertritt die Auffassung, dass bei einer direkt beim Verbraucher erhobenen Nachsteuer sich das Problem der Abwälzbarkeit nicht stelle, da diese „Urform" der Verbrauchsbesteuerung das gesetzliche Belastungsziel unmittelbar verwirkliche. Diese Behauptung vernachlässigt aber, dass der Verbraucher die in seinem Besitz befindliche Ware vorher schon versteuert erworben hat und mit der im Kaufpreis einbezogenen Verbrauchsteuer belastet worden ist. Mit dem Erwerb der auf der Vorstufe des Wirtschaftsverkehrs besteuerten Ware ist das Steuerobjekt verbraucht. Die Verbrauchsteuer ist dem Wesen nach eine Steuer auf die Einkommensverwendung; eine Nachsteuer wird beim privaten Endverbrauch jedenfalls durch die Bundesgesetzgebungskompetenz für Verbrauchsteuern nicht mehr gedeckt. Denn die wirtschaftliche Leistungsfähigkeit des privaten Endverbrauchers ist bereits durch den Erwerb der besteuerten Ware ausgeschöpft.[271] Die Nachsteuer ist nach *Voß* daher bei dem Endverbraucher verfassungsrechtlich eine unzulässige, echte rückwirkende Steuererhebung.[272]

Beim Rückwirkungsverbot unterscheidet das Bundesverfassungsgericht[273] zwischen der Rückwirkung von Rechtsfolgen und der tatbestandlichen Rückanknüpfung. Im Unterschied zur tatbestandlichen Rückanknüpfung, die lediglich den sachlichen Anwendungsbereich einer Norm betreffe, entfalte eine Rechtsnorm nur dann Rückwirkung, wenn der Beginn ihres zeitlichen Anwendungsbereichs normativ auf einen Zeitpunkt festgelegt ist, der vor dem Zeitpunkt liegt, zu dem die Norm gültig (i.S.d. Art. 82 Abs. 2 GG) geworden ist.[274] Bei Rückwirkung von Rechtsfolgen lässt das Bundesverfassungsgericht[275] einen Katalog von vier Ausnahmen zu: Wenn der Bürger nach der rechtlichen Situation in dem Zeitpunkt, auf den der Eintritt der Rechtsfolge vom Gesetz zurückbezogen wird, mit dieser Regelung rechnen musste; wenn das geltende Recht unklar und verworren ist, so dass eine

270 *Peters, Martin*, Das Verbrauchsteuerrecht – Ein umfassende Darstellung, 1989, Rdnr. 33.

271 *Voß, Reimer*, Strukturelemente der Verbrauchsteuern, in: Kruse, Heinrich Wilhelm (Hrsg.), Zölle, Verbrauchsteuern, europäisches Marktordnungsrecht, DStJG 11 (1988), S. 261 (268).

272 *Voß, Reimer*, Strukturelemente der Verbrauchsteuern, in: Kruse, Heinrich Wilhelm (Hrsg.), Zölle, Verbrauchsteuern, europäisches Marktordnungsrecht, DStJG 11 (1988), S. 261 (269).

273 Vgl. BVerfGE 72, 200 (242); 105, 36 f.

274 *Hey, Johanna*, in: Tipke, Klaus/Lang, Joachim, Steuerrecht, 22. Aufl. 2015, § 3 Rdnr. 268.

275 BVerfGE 37, 363 (397).

Klärung erwartet werden musste;[276] wenn der Bürger sich nicht auf den durch eine ungültige Norm erzeugten Rechtschein verlassen darf, oder wenn zwingende Gründe des Gemeinwohls, die dem Gebot der Rechtssicherheit übergeordnet sind, eine Rückwirkungsanordnung rechtfertigen.[277]

c) Stellungnahme

Der Argumentation des Bundesverfassungsgerichts, dass der Steuerpflichtige anlässlich der Erfordernisse der öffentlichen Finanzwirtschaft nicht vertrauen könne, dass der bisherige Steuertarif und das bisherige Steuerverfahren unverändert bleiben, kann nicht gefolgt werden. Für die Nachbesteuerung der Verbrauchsteuer auf einen privaten Endverbraucher trifft hier die Rücknahme eines Gesetzes nicht zu, da der Verbraucher in dem Zeitpunkt des Erwerbs einer besteuerten Ware nicht mit der nachher möglich veränderten Regelung rechnen muss. Vom Vorliegen einer unklaren oder verworrenen Rechtslage kann man bei den Verbrauchsteuern nicht ausgehen.[278] Ferner treten die Gründe des Gemeinwohls hier nicht in Erscheinung, wenn man bei privaten Verbrauchern eine Nachsteuer mit niedrigem Ertrag erzielt. Auch wenn der Verbraucher die Ware erwirbt und das Einkommen nach seiner Leistungsfähigkeit wirksam disponiert ist, ist der steuerrechtliche Tatbestand in diesem Zeitpunkt völlig beendet. Dabei ist dem Verbraucher unzumutbar, eine nachher erneute finanzielle Belastung vorherzusehen. Daher ist die Auffassung des Bundesverfassungsgerichts, dass der Steuerpflichtige im Hinblick auf die Erfordernisse der öffentlichen Finanzwirtschaft nicht auf den bislang festen Steuertarif und das bislang feste Steuerverfahren vertrauen kann, nicht überzeugend. Bei einer Steuererhöhung kann der Verbraucher auf die mit steigenden Preise kalkulierten Produkte verzichten, die er sich nach seiner Zahlungskraft nicht leisten kann; das gilt aber nicht bei einem erneuten Zugriff auf seine beim Erwerb der Ware gezeigte Zahlungskraft, deren Fortbestand im Zeitpunkt der Nachsteuererhebung jedoch nicht mehr unterstellt werden kann. Als Ergebnis ist festzuhalten, dass die bei Herstellern und Händlern erhobene Nachsteuer eine unter verfassungsrechtlichen Gesichtspunkten zulässige Abgabe ist. Demgegenüber ist die bei privaten Endverbrauchern erhobene Nachsteuer verfassungsrechtlich unzulässig.

IV. Zwischenergebnis

Die Abwälzbarkeit stellt das Wesensmerkmal einer Verbrauchsteuer dar. Bei der unmöglichen Abwälzung einer Verbrauchsteuer wird zwischen tatsächlicher und rechtlicher Unmöglichkeit unterschieden. Bei tatsächlicher Unmöglichkeit der Abwälzung wird das Wesensmerkmal der Verbrauchsteuer nicht berührt. Die

276 BVerfGE 88, 384 (404).

277 *Hey, Johanna*, in: Tipke, Klaus/Lang, Joachim, Steuerrecht, 22. Aufl. 2015, § 3 Rdnr. 268.

278 *Jatzke, Harald*, Das System des deutschen Verbrauchsteuerrecht, 1997, S. 79.

Rechtsfolge der rechtlichen Unmöglichkeit der Abwälzung der Verbrauchsteuer ist in der Literatur umstritten. Es wird hier vertreten, dass die Verbrauchsteuer in diesem Fall eine „Nicht-Verbrauchsteuer" ist, sondern eine neuartige Steuer.

Unter verfassungsrechtlichen Gesichtspunkten stellt die bei Herstellern und Händlern erhobene Nachsteuer eine zulässige Abgabe dar, die als Verbrauchsteuer zu qualifizieren ist. Demgegenüber ist die bei einem privaten Endverbraucher erhobene Nachsteuer als rechtlich unzulässige Besteuerung zu qualifizieren, da sie in einen abgeschlossenen Besteuerungstatbestand und in die Dispositionsfreiheit des Verbrauchers eingreift und daher eine verfassungsrechtlich unzulässige Rückwirkung von Rechtsfolgen darstellt.

D. Leistungsfähigkeitsprinzip als Besteuerungsmaßstab

I. Begriff des Leistungsfähigkeitsprinzips

1. Ökonomischer Begriff

Das Leistungsfähigkeitsprinzip, wonach jeder nach seiner individuellen ökonomischen Leistungsfähigkeit zur Finanzierung staatlicher Leistungen beitragen soll, wird mittlerweile als sachgerechtes Prinzip der Besteuerung in der finanzrechtlichen Literatur bezweifelt, während es als steuerrechtliches Prinzip akzeptiert wird. Nach Auffassung von Ökonomen wird außerdem dieses Prinzip „Niedergang"[279] in der Finanzwissenschaft und „Recycling" in der Rechtswissenschaft bewertet.[280] Darunter werden zwei unterschiedliche Standpunkte verstanden. Zum einen ist das Leistungsfähigkeitsprinzip aus ökonomischer Sicht breiter als „unter Finanzwissenschaftlern wie Juristen weitgehend anerkannt".[281] Zum anderen steht die steuerliche Leistungsfähigkeit nicht im Zusammenhang mit den Neutralitätsmaßstäben.[282] Die Fortsetzung und heute noch Interpretation dieses Prinzips in der Steuerrechtswissenschaft ist im Vergleich zu den ökonomischen Steuerwissenschaften in den Hintergrund getreten.[283] Denn in der Marktwirtschaftswissenschaft ist das

---

279 *Wagner, Franz W.*, Neutralität und Gleichmäßigkeit als ökonomische und rechtliche Kriterien steuerlicher Normkritik, StuW 1992, S. 2 (6).

280 *Wagner, Franz W.*, Neutralität und Gleichmäßigkeit als ökonomische und rechtliche Kriterien steuerlicher Normkritik, StuW 1992, S. 2 .

281 *Scherf, Wolfgang*, Das Ehegattensplitting aus finanzwissenschaftlicher Sicht, StuW 2000, S. 269 (278).

282 *Wagner, Franz W.*, Neutralität und Gleichmäßigkeit als ökonomische und rechtliche Kriterien steuerlicher Normkritik, StuW 1992, S. 2 (5).

283 *Elschen, Rainer*, Entscheidungsneutralität, Allokationseffizienz und Besteuerung nach der Leistungsfähigkeit – Gibt es ein gemeinsames Fundament der Steuerwissenschaften?, StuW 1991, S. 99 (115).

oberste Besteuerungsideal die Entscheidungsneutralität der Besteuerung für die Steuerträger und daraus folgend die volkswirtschaftliche Allokationseffizienz.[284]

Juristen reagieren auf die ökonomische Kritik am Leistungsfähigkeitsprinzip auf folgende Weise: Die Arbeitsweise zwischen Juristen und Ökonomen sei unterschiedlich. Finanzwissenschaftler könnten ein rationales Steuersystem, abgesehen von den geltenden Rechtsnormen, nach Belieben gestalten.[285] Im Vergleich zu Finanzwissenschaftlern müssten Juristen sich nur an die Rechtssätze, solange sie gültig sind, halten. Obwohl das Leistungsfähigkeitsprinzip ursprünglich von der Finanzwissenschaft entwickelt worden ist,[286] muss das Steuerverfassungsrecht nicht auf dessen ursprüngliche ökonomische Konzeption beschränkt bleiben. Entscheidend ist vielmehr der Inhalt des Leistungsfähigkeitsprinzips im Sinne des Grundgesetzes und nicht wie es vorher in der Ökonomie verstanden wurde.[287] Die Entscheidungsneutralität der Besteuerung werde überdies vom Grundgesetz gefordert. In Art. 134 WRV war das Leistungsfähigkeitsprinzip noch ausdrücklich niedergelegt.[288]

---

284 *Elschen, Rainer*, Entscheidungsneutralität, Allokationseffizienz und Besteuerung nach der Leistungsfähigkeit – Gibt es ein gemeinsames Fundament der Steuerwissenschaften?, StuW 1991, S. 99 (110); *Wagner, Franz W.*, Neutralität und Gleichmäßigkeit als ökonomische und rechtliche Kriterien steuerlicher Normkritik, StuW 1992, S. 2 (6). Zur Forderung nach Entscheidungsneutralität vgl. *Wernsmann, Rainer*, Verhaltenslenkung in einem rationalen Steuersystem, S. 362 f.

285 So schon *Lang, Joachim*, Die Bemessungsgrundlage der Einkommensteuer, Rechtssystematische Grundlagen steuerlicher Leistungsfähigkeit im deutschen Einkommensteuerrecht, 1988, S. 9; *Wagner, Franz W.*, Neutralität und Gleichmäßigkeit als ökonomische und rechtliche Kriterien steuerlicher Normkritik, StuW 1992, S. 2 (7).

286 Vgl. dazu *Birk, Dieter*, Das Leistungsfähigkeitsprinzip als Maßstab der Steuernormen, 1983, S. 23 ff.; *Rodi, Michael*, Die Rechtfertigung von Steuern als Verfassungsproblem – Dargestellt am Beispiel der Gewerbesteuer, 1994, S. 15 ff.

287 *Vogel, Klaus/Waldhoff, Christian*, in: Kahl, Wolfgang/Waldhoff, Christian/Walter, Christian (Hrsg.), Bonner Kommentar zum Grundgesetz, 103. Lieferung 2002, Vorbem. zu Art. 104a-115 Rdnr. 524. – Zum Parallelproblem bei der Auslegung des „gesamtwirtschaftlichen Gleichgewichts" i.S.d. Art. 109 Abs. 2 GG; *Heun, Werner*, in: Dreier, Horst (Hrsg.), Grundgesetz Kommentar, Band III, 2. Aufl. 2008, Art. 109 Rdnr. 21 Fußn. 81 m.w.N.

288 A. A.: *Kruse, Heinrich Wilhelm*, Über die Gleichmäßigkeit der Besteuerung, StuW 1990, S. 322 f., dass das Leistungsfähigkeitsprinzip sowohl ein finanzwissenschaftliche Forderung, als auch ein traditioneller Rechtssatz ist.

2. *Juristischer Begriff*

Nach der herrschenden Auffassung in der steuerrechtlichen Literatur[289] und Rechtsprechung[290] ist das Leistungsfähigkeitsprinzip als bereichsspezifische Konkretisierung des allgemeinen Gleichheitssatzes (Art. 3 Abs. 1 GG) im Steuerrecht anerkannt. Allerdings wird dieses Prinzip meistens kritisiert,[291] da es ihm an Bestimmtheit fehle.[292] Zudem wird kritisiert, dass steuerrechtliche Fragen mittels des „schillernden Begriffs der Leistungsfähigkeit"[293] nicht beantwortet werden könnten, wenn nicht zuvor die Definition präzisiert worden sei.[294]

Unbestimmte Rechtsbegriffe sind aber in Gesetzen nicht verboten, da sie nicht konkreten Folgerungen und im Wege der Auslegung gewonnenen Präzisierungen und Konkretisierungen zuwiderlaufen.[295] Nicht alle Prinzipien werden von

---

289 *Birk, Dieter*, Das Leistungsfähigkeitsprinzip als Maßstab der Steuernormen, 1983; *Birk, Dieter/Desens, Marc/Tappe, Henning*, Steuerrecht, 18. Aufl. 2015, Rdnr. 188 ff.; *Lang, Joachim*, Die Bemessungsgrundlage der Einkommensteuer, Rechtssystematische Grundlagen steuerlicher Leistungsfähigkeit im deutschen Einkommensteuerrecht, 1988, S. 14 f. und 97 ff.; *Seer, Roman*, Die Besteuerung der Alterseinkünfte und das Gleichbehandlungsgebot (Art. 3 Abs. 1 GG), StuW 1996, S. 323 (332); *Söhn, Hartmut*, in: Kirchhof, Paul/Söhn, Hartmut/Mellinghoff, Rudolf (Hrsg.), Einkommensteuergesetz, 126. Lieferung 2002, § 10 Rdnr. A 17; *Herzog, Roman*, in: Maunz, Theodor/Dürig, Günter (Hrsg.), Grundgesetz, Loseblatt-Kommentar, Band I, 74. Lieferung, Stand: Mai 2015, 74. Aufl. 2015, Anhang zu Art. 3 Rdnr. 57.

290 BVerfGE 84, 239 (268 ff.); 93, 121 (134, 135); 110, 412 (433); zurückhaltender aber BVerfGE 61, 319 (344); 66, 214 (223); 67, 290 (297), jeweils m.w.N.: Das Steuerrecht müsse an der wirtschaftlichen Leistungsfähigkeit „ausgerichtet" sein.

291 Sehr kritisch: *Gassner, Wolfgang/Lang, Michael*, Das Leistungsfähigkeitsprinzip im Einkommen- und Körperschaftsteuerrecht, Verhandlungen des 14. Österreichischen Juristentages, 2000, S. 73 ff., 86 f. sowie 134. Siehe ferner auch *Arndt, Hans-Wolfgang*, Leistungsfähigkeitsgrundsatz und Einkommensteuerrecht, in: Damrau, Jürgen/Frist, Walter/Kraft, Alfons (Hrsg.), Festschrift für Otto Mühl, 1981, S. 17 (36); *Leisner, Walter*, Von der Leistung zur Leistungsfähigkeit – die soziale Nivellierung, StuW 1983, S. 97 (101); *Weber-Fas, Rudolf*, Grundzüge des allgemeinen Steuerrechts der Bundesrepublik Deutschland, 1979, S. 14.

292 Bereits 1930 war *Mann* der Meinung, dass Leistungsfähigkeitsprinzip eine Leerformel sei, die „nach Klassengefühl und Weltanschauung fast beliebig ausdeutbare Steuergerechtigkeit" gestalten könne, vgl. *Mann, Fritz Karl*, Die Staatswirtschaft unserer Zeit – Eine Einführung, 1936, S. 41. Siehe ferner auch Neumann, Manfred Johann Michael, in: Kirchhof, Paul/Neumann, Manfred Johann Michael (Hrsg.), Freiheit, Gleichheit, Effizienz, 2001, S. 23 (27).

293 *Wernsmann, Rainer*, Verhaltenslenkung in einem rationalen Steuersystem, 2005, S. 267.

294 *Bareis, Peter*, Gebietet das Grundgesetz bei der Ehegattenbesteuerung die Mißachtung ökonomische Wirkungen? – Analyse eines Rechtsgutachtens Klaus Vogels, StuW 2000, S. 81 (85).

295 Vgl. *Huster, Stefan*, Rechte und Ziele – Zur Dogmatik des allgemeinen Gleichheitssatzes, 1993, S. 369; *Birk, Dieter*, Zum Stand der Theoriediskussion in der

der Verfassung selbst definiert, vielmehr wird deren Inhalt offen gelassen. Viele Verfassungsprinzipien – wie etwa das Rechtsstaatsprinzip – sind offen und damit konkretisierungsbedürftig. Daraus können aber durchaus präzise rechtliche Vorgaben abgeleitet werden. Auch das Zivilrecht kennt Generalklauseln wie Treu und Glauben (§ 242 BGB) und Sittenwidrigkeit (§§ 138, 826 BGB), deren konkrete Inhalte sich mit der gesellschaftlichen Entwicklung wandeln. Andererseits werden nicht alle allgemein anerkannten Prinzipien durch den Verfassungswortlaut geprägt, sondern mit Hilfe der verfassungskonformen Auslegung präzisiert. Obwohl das Leistungsfähigkeitsprinzip nicht im Grundgesetz direkt genannt ist, steht seiner Ableitung aus anderen Verfassungsregelungen (hauptsächlich dem allgemeinen Gleichheitssatz des Art. 3 Abs. 1 GG) nichts im Wege. Auch andere grundlegende Verfassungsformulierungen wie das Verhältnismäßigkeitsprinzip oder das Rückwirkungsverbot außerhalb des Anwendungsbereichs des Art. 103 Abs. 2 GG bringt das Grundgesetz nicht deutlich zum Ausdruck[296]; dennoch besteht über ihre Eigenschaft als Verfassungsprinzipien kein Streit. Entscheidend ist, was die Verfassung tatsächlich fordert und inwieweit sie dem Gesetzgeber Spielräume belässt.[297] Außerdem ist bei der steuerrechtlichen Konkretisierung des Leistungsfähigkeitsprinzips nicht zu vernachlässigen, dass die grundsätzliche[298] Rechtfertigung von Steuern auf der Gerechtigkeit der Gestaltung der Steuer beruht, nämlich hinsichtlich der Auswahl der Steuersubjekte sowie der Auswahl, Bemessung und Belastung der Steuergegenstände.[299]

Steuerrechtswissenschaft, StuW 1983, S. 293 (296); *Hesse, Konrad*, Grundzüge des Verfassungsrechts der Bundesrepublik Deutschland, 20. Aufl. 1995, Rdnr. 60 ff.; *Vogel, Klaus/Waldhoff, Christian*, in: Kahl, Wolfgang/Waldhoff, Christian/Walter, Christian (Hrsg.), Bonner Kommentar zum Grundgesetz, 103. Lieferung 2002, Vorbem. Art. 104a-115 Rdnr. 523. Aus ökonomischer Sicht: *Schneider, Dieter*, Mängel in der ökonomischen Begründung einer Steuerfreiheit für Kapitaleinkünfte, StuW 2000, S. 421 (423).

296 In einigen neueren Landesverfassungen prägt sich das Verhältnismäßigkeitsprinzip deutlich aus, z. B. Art. 5 Abs. 2 S. 1, 23 Abs. 2 Kommunalverfassung des Landes Brandenburg; Art. 20 Abs. 2 S. 1 Verfassung des Landes Sachsen-Anhalt; Art. 42 Abs. 4 S. 1 Verfassung des Freistaats Thüringen.

297 Dazu kritisch: *Bareis, Peter*, Gebietet das Grundgesetz bei der Ehegattenbesteuerung die Mißachtung ökonomische Wirkungen? – Analyse eines Rechtsgutachtens Klaus Vogels, StuW 2000, S. 81 (85).

298 Zu unterscheiden ist die verfassungsrechtliche und die materielle Rechtfertigung von Steuern. Zur verfassungsrechtlichen Rechtfertigung vgl. *Birk, Dieter*, Gleichheit und Gesetzmäßigkeit der Besteuerung, StuW 1989, S. 212. Zur materiellen Rechtfertigung von Steuern siehe *Hey, Johanna*, in: Tipke, Klaus/Lang, Joachim, Steuerrecht, 22. Aufl. 2015, § 3 Rdnr. 94.

299 *Wernsmann, Rainer*, Verhaltenslenkung in einem rationalen Steuersystem, 2005, S. 270.

3. *Anwendung des Leistungsfähigkeitsprinzips im ökonomischen und im juristischen Bereich*

Das Leistungsfähigkeitsprinzip hat unter ökonomischem und juristischem Blickwinkel eine unterschiedliche Bedeutung. In ökonomischer Sicht kann eine Steuer dem Leistungsfähigkeitsprinzip möglicherweise „besser“ oder „schlechter“ Rechnung tragen als es andere Steuern können.[300] Bei der Einkommensteuer ist das der Fall. Der Einkommensteuer kommt traditionell der höchste Gerechtigkeitswert[301] zu. Ihr wird der Titel „Königin der Steuern“[302] zuerkannt. Als Alleinsteuer ist die Einkommensteuer aber nicht wünschenswert, da sie den Einnahmebedarf eines Staates nicht völlig decken kann.[303] Anders als in der ökonomischen Bedeutung ist juristisch das Leistungsfähigkeitsprinzip ein Prüfungsmaßstab, der eine bereichsspezifische Konkretisierung des allgemeinen Gleichheitssatzes für das Steuerrecht darstellt.[304] In dieser Funktion ist eine Durchbrechung des Prinzips entweder gerechtfertigt oder nicht, also „verfassungsmäßig“ oder „verfassungswidrig“.[305]

Diese unterschiedliche Betrachtungsweise zeigen Verbrauchsteuern beispielsweise auf. Eine allgemeine Verbrauchsteuer auf notwendige Waren (z. B. Lebensmittel) mag dem Leistungsfähigkeitsprinzip schlechter Rechnung tragen als eine Verbrauchsteuer auf nicht lebensnotwendige Güter. Dieses „besser“ oder „schlechter“ ist nur eine Frage ökonomischer Bewertungen, während rechtlich das Leistungsfähigkeitsprinzip Prüfungsmaßstab der Steuergesetze ist.[306] Schließlich wird eine Steuernorm mit dem Leistungsfähigkeitsprinzip aus juristischer Ansicht zweistufig

---

300 *Wernsmann, Rainer*, Verhaltenslenkung in einem rationalen Steuersystem, 2005, S. 271.

301 Vgl. *Birk, Dieter*, Gleichheit und Gesetzmäßigkeit der Besteuerung, StuW 1989, S. 212 (215).

302 Die ursprüngliche Formulierung geht zurück auf *Popitz, Johannes*, Einkommensteuer, in: Elster, Ludwig/Weber, Adolf/Wieser, Friedrich (Hrsg.), Handwörterbuch der Staatswissenschaften, Band III, De Bosch-Kemper – Finanzausgleich, 4. Aufl., 1926, S. 400 (402). Eine andere Meinung nach hat die Einkommensteuer allmählich ihre Korne verloren, vgl. *Tipke, Klaus/Lang, Joachim*, Steuerrecht, 17. Aufl. 2002, § 8 Rdnr. 17, haben, vgl. auch *Birk, Dieter/Desens, Marc/Tappe, Henning*, Steuerrecht, 18. Aufl. 2015, Steuerrecht, Rdnr. 600.

303 So auch schon *Popitz, Johannes*, Allgemeine Verbrauchsteuer, in: Gerloff, Wilhelm/Meisel, Fritz (Hrsg.), Handbuch der Finanzwissenschaft, Band II, 1. Aufl. 1927, S. 180 (181). Vgl. auch *Birk, Dieter/Desens, Marc/Tappe, Henning*, Steuerrecht, 18. Aufl. 2015, Rdnr. 7, 9; *Tipke, Klaus/Lang, Joachim*, Steuerrecht, 17. Aufl. 2002, § 8 Rdnr. 18.

304 *Wernsmann, Rainer*, Verhaltenslenkung in einem rationalen Steuersystem, 2005, S. 271.

305 *Wernsmann, Rainer*, Verhaltenslenkung in einem rationalen Steuersystem, 2005, S. 271.

306 *Wernsmann, Rainer*, Verhaltenslenkung in einem rationalen Steuersystem, 2005, S. 272. A. A.: *Tipke, Klaus*, Die Steuerrechtsordnung, Band II, 2. Aufl. 1993, S. 667, der bei der der verfassungsrechtlichen Würdigung argumentiert, dass ein

geprüft: (1) ob eine Durchbrechung des Leistungsfähigkeitsprinzips vorliegt; (2) falls die Durchbrechung vorliegt, ob die Durchbrechung verfassungsrechtlich gerechtfertigt werden kann.[307]

II. Leistungsfähigkeitsprinzip als fundamentales Prinzip im Verfassungsrecht

Anders als Art. 134 WRV, in dem das Leistungsfähigkeitsprinzip umschrieben wurde, bringt das Grundgesetz die Leistungsfähigkeit als Besteuerungsmaßstab nicht deutlich zum Ausdruck. Obwohl dieses Prinzip in der Literatur allgemein anerkannt wird, muss man dessen verfassungsrechtliche Wurzeln suchen. Heute ergibt sich das Leistungsfähigkeitsprinzip im Wesentlichen aus dem Gleichheitssatz und den Freiheitsrechten.[308]

1. Ableitung aus dem Gleichheitssatz

Der Gleichheitssatz ist allgemein als Wurzel des Leistungsfähigkeitsprinzips anerkannt. Vor der überwiegenden Ableitung aus dem Gleichheitssatz wurde die Besteuerung der Nicht-Leistungsfähigen nach anderen Verfassungsprinzipien wie etwa der Menschenwürdegarantie (Art. 1 Abs. 1 GG), dem Sozialstaatsprinzip (Art. 20 Abs. 1 GG) gegebenfalls in Verbindung mit dem Schutz von Ehe und Familie (Art. 6 Abs. 1 GG) verboten.[309] Auch in älteren Entscheidungen[310] des Bundesverfassungsgerichts wurde das Leistungsfähigkeitsprinzip aus der „Steuergerechtigkeit" abgeleitet. Heute ist diese Auffassung überholt und unnötig, da sich diese Auffassung im Wesentlichen aus dem Gleichheitssatz (Art. 3 Abs. 1 GG) ergibt. Trotz des engen Zusammenhangs des Gleichbehandlungsgebots mit der Gerechtigkeit fehlt es hier noch an einer Begründung, warum gerade das Leistungsfähigkeitsprinzip und nicht andere Belastungsprinzipien „gerecht" sind.[311]

---

bestimmtes Besteuerungsmodell (z. B. Alterbesteuerung) „am ehesten" dem Leistungsfähigkeitsprinzip entspreche.

307 *Wernsmann, Rainer*, Verhaltenslenkung in einem rationalen Steuersystem, 2005, S. 272.

308 Vgl. BFHE 195, 314 (318); *Liesenfeld, Andrea*, Die Besteuerung von Renten und Pensionen, DStR 2002, S. 1833 (1834); *Seer, Roman*, Die Besteuerung der Alterseinkünfte und das Gleichbehandlungsgebot (Art. 3 Abs. 1 GG), StuW 1996, S. 323 (332); *Weber-Grellet, Heinrich*, Steuern im modernen Verfassungsstaat, 2001, S. 167 f.; *Wernsmann, Rainer*, Die verfassungsrechtliche Rechtfertigung der Abzugsfähigkeit von Vorsorgeaufwendungen – zugleich zum Unterschied zwischen existenznotwendigem und indisponiblem Einkommen, StuW 1998, S. 317 (322).

309 *Wernsmann, Rainer*, Verhaltenslenkung in einem rationalen Steuersystem, 2005, S. 286.

310 BVerfGE 63, 343 (368), st. Rspr.

311 *Wernsmann, Rainer*, Verhaltenslenkung in einem rationalen Steuersystem, 2005, S. 287.

Eine weitere Frage ist, wie sich das Leistungsfähigkeitsprinzip in die allgemeine gleichheitsrechtliche Dogmatik einfügt? Art. 3 Abs. 1 GG grenzt nur die Ungleichbehandlung von wesentlich Gleichem aus.[312] Es ist also die wesentliche Gleichheit zu definieren. Die wesentliche Gleichheit ist die Vergleichbarkeit, die sich auf einen Bezugspunkt gründet.[313] Auf diesen Bezugspunkt baut der gemeinsame Oberbegriff auf, der die rechtlich verschieden behandelten Personen, Personengruppen und Sachverhalte beinhaltet und diese komplett und abschließend erfassen muss.[314] Im Steuerrecht liegt der zentrale gemeinsame Oberbegriff in der „wirtschaftlichen Leistungsfähigkeit".[315] Dies bedeutet: Gleich Leistungsfähige sind gleich zu besteuern (sog. horizontale Steuergerechtigkeit), ungleich Leistungsfähige sind nach jeweils ungleicher Leistungsfähigkeit ungleich zu besteuern (sog. vertikale Steuergerechtigkeit).[316] Nicht alle Bürger sind in absolut gleicher Höhe zu besteuern, sondern es ist die gleiche finanzielle Zahlungsfähigkeit für die Vergleichbarkeit von Sachverhalten entscheidend.[317] Die Berücksichtigung der finanziellen Leistungsfähigkeit ist zwar nicht „Zweck" der Besteuerung, wohl aber Maßstab für eine materiell gerechte Besteuerung.[318]

2. *Freiheitsrechtliches Prinzip*

Die ursprüngliche Ableitung des Leistungsfähigkeitsprinzips[319] bezieht sich zwar auf den Gleichheitssatz. Diese Tatsache hat aber nicht zur Folge, dass es sich nur

---

312 BVerfGE 49, 148 (165), st. Rspr.; *Pieroth, Bodo/Schlink, Bernhard,* Grundrechte – Staatsrecht II, 18. Aufl. 2002, Rdnr. 431.

313 *Pieroth, Bodo/Schlink, Bernhard/Kingreen, Thorsten/Poscher, Ralf,* Grundrechte – Staatsrecht II, 30. Aufl. 2014, § 11 Rdnr. 463.

314 *Pieroth, Bodo/Schlink, Bernhard/Kingreen, Thorsten/Poscher, Ralf,* Grundrechte – Staatsrecht II, 30. Aufl. 2014, § 11 Rdnr. 465.

315 *Kirchhof, Paul,* Der verfassungsrechtliche Auftrag zur Besteuerung nach der finanziellen Leistungsfähigkeit, StuW 1985, S. 319 ff.; *Lang, Joachim,* Familienbesteuerung – Zur Tendenzwende der Verfassungsrechtsprechung durch das Urteil des Bundesverfassungsgerichts vom 3.11.1982 und zur Reform der Familienbesteuerung, StuW 1983, S. 103 (104 ff.); *Stern, Klaus,* Das Staatsrecht der Bundesrepublik Deutschland, Band II, 1980, S. 1109; *Schuppert, Gunnar Folke,* Verfassungsrechtliche Prüfungsmaßstäbe bei der verfassungsgerichtlichen Überprüfung von Steuergesetzen, in: Fürst, Walter/Herzog, Roman/Umbach, Dieter (Hrsg.), Festschrift für Wolfgang Zeidler, Band I, 1987, S. 691 (711).

316 Unterschied zwischen horizontaler und vertikalen Steuergerechtigkeit vgl. BVerfGE 82, 60 (89); *Birk, Dieter,* Das Leistungsfähigkeitsprinzip als Maßstab der Steuernormen, 1983, S. 165 und 170.

317 *Wernsmann, Rainer,* Verhaltenslenkung in einem rationalen Steuersystem, 2005, S. 286.

318 Vgl. BVerfGE 84, 239 (268 f.); 93, 121 (134).

319 Vgl. *Kirchhof, Paul,* Die Steuern, in: Isensee, Josef/Kirchhof, Paul (Hrsg.), Handbuch des Staatsrechts der Bundesrepublik Deutschland, Band V, 3. Aufl. 2007, § 118 Rdnr. 183; *Birk, Dieter/Barth, Rainer,* in: Hübschmann, Walter/Hepp, Ernst/

auf die Fälle beschränkt, in denen es um ein Vergleichen zweier Personengruppen oder Sachverhalte geht. Vielmehr kann das Leistungsfähigkeitsprinzip auch bestimmte Formen der Besteuerung verbieten, und nicht nur in der dem Gleichheitssatz eigenen Relativität.[320] So gebietet das Leistungsfähigkeitsprinzip nicht nur den Vergleich mit anderen, sondern betrifft auch den Fall, dass keine Besteuerung eines nicht-leistungsfähigen Steuerpflichtigen erfolgen darf.[321] Eine Konkretisierung dieses Gebotes besteht darin, dass eine Überbelastung der Steuerpflichtigen vermieden werden müsse,[322] weshalb das eigene und familiäre Existenzminimum im Sinne des Einkommensteuerrechts die Untergrenze der Besteuerung darstellt. Die absolute Obergrenze der einkommensteuerlichen bzw. Gesamtsteuerbelastung ist aber umstritten: eine Meinung sieht die Grenze in der Erdrosselung des besteuerten Verhaltens[323]; eine andere Auffassung sieht die Obergrenze beim Überschreiten einer hälftigen Teilung (sog. „Halbteilungsgrundsatz") zwischen Steuerpflichtigem

---

Spitaler, Armin (Hrsg.), Abgabenordnung – Finanzgerichtsordnung: Kommentar, 10. Aufl. 1995, § 4 AO Rdnr. 450 und 456; *Herzog, Roman*, in: Maunz, Theodor/Dürig, Günter (Hrsg.), Grundgesetz, Loseblatt-Kommentar, Band I, 74. Lieferung, Stand: Mai 2015, 74. Aufl. 2015, Anhang zu Art. 3 Rdnr. 57; *Vogel, Klaus*, Grundzüge des Finanzrechts des Grundgesetzes, in: Isensee, Josef/Kirchhof, Paul (Hrsg.), Handbuch des Staatsrechts der Bundesrepublik Deutschland, Band IV, 2. Aufl. 1999, § 87 Rdnr. 90; *ders.*, Die Steuergewalt und ihre Grenzen, in: Badura, Peter/Dreier, Horst (Hrsg.), Festschrift 50 Jahre Bundesverfassungsgericht, Band II, 2001, S. 527 (544 Fußn. 88).

320 *Wernsmann, Rainer*, Die verfassungsrechtliche Rechtfertigung der Abzugsfähigkeit von Vorsorgeaufwendungen – zugleich zum Unterschied zwischen existenznotwendigem und indisponiblem Einkommen, StuW 1998, S. 317 (321 f.); *Birk, Dieter/Barth, Rainer*, in: Hübschmann, Walter/Hepp, Ernst/Spitaler, Armin (Hrsg.), Abgabenordnung – Finanzgerichtsordnung: Kommentar, 10. Aufl. 1995, § 4 AO Rdnr. 475; siehe ferner auch *Kirchhof, Paul*, Die Steuern, in: Isensee, Josef/Kirchhof, Paul (Hrsg.), Handbuch des Staatsrechts der Bundesrepublik Deutschland, Band V, 3. Aufl. 2007, § 118 Rdnr. 183.

321 BVerfGE 87, 153 (169 ff.). Vgl. kritisch dazu: *Eckhoff, Rolf*, Verfassungswidrigkeit des Arbeitnehmer-Pauschbetrages, DStR 1993, 1506 (1509 f.). Zutreffend weist Vogel bereits darauf hin, dass bei einer einkommensteuerlichen Verschonung die Schwäche nur aus der Behandlung anderer Personengruppen ableiten könnte; vgl. *Vogel, Klaus*, Die Steuergewalt und ihre Grenzen, in: Badura, Peter/Dreier, Horst (Hrsg.), Festschrift 50 Jahre Bundesverfassungsgericht, Band II, 2001, S. 527 (544).

322 *Stern, Klaus*, Das Staatsrecht der Bundesrepublik Deutschland, Band III/2, 1994, S. 1037, ist der Meinung, dass dem Grundgesetz die Vermeidung einer steuerlichen Überlastung in Art. 106 Abs. 3 S. 4 Nr. 2 GG „vorschwebe".

323 Zutreffend: *Kruse, Heinrich Wilhelm*, Lehrbuch des Steuerrechts, Band I, Allgemeiner Teil, 1991, S. 37, beschreibt die Erdrosselungssteuer als „das steuerrechtliche Ungeheuer von Loch Ness, das keiner gesehen hat."

und Staat[324]. Dies soll hier aber nicht vertieft werden. Jedenfalls im Hinblick auf die Geltungskraft des Leistungsfähigkeitsprinzips gibt es eine (gleichheits- und freiheitsrechtliche) Doppelfunktion.[325] Somit konkretisiert es sowohl die Gleichheits- als auch die Freiheitsgrundrechte des Grundgesetzes.

III. Leistungsfähigkeit und Umweltverbrauch

Wenn der Gesetzgeber eine Steuer als Maßnahme des Umweltschutzes erheben will, muss diese Steuer verfassungskonform sein und dem Leistungsfähigkeitsprinzip entsprechen. Allerdings ergibt sich aus dem soeben hergeleiteten Ergebnis, dass der Umweltgebrauch oder -verbrauch keine gesteigerte Leistungsfähigkeit darstellt. So stellt sich die Frage, wie man hier die Leistungsfähigkeit berücksichtigen soll?

Zuerst muss man es mit dem Begriff der sog. „Umweltleistungsfähigkeit" versuchen.[326] Wegen der unentgeltlichen Nutzung der „Natur" führt die Inanspruchnahme von Umweltgütern zur Zunahme des Realeinkommens.[327] So ist ein Unternehmer, der den notwendigen Rohstoff für seine Produktion geschenkt bekommt, wirtschaftlich leistungsfähiger als sein Konkurrent, der den Rohstoff käuflich erwerben muss. Mit anderen Worten: Wer die Umwelt kostenlos nutzen kann, ist wirtschaftlich leistungsfähiger.[328] Insoweit darf man Leistungsfähigkeit nicht als „zahlen können", sondern als „verfügen können" verstehen.[329] Das traditionelle Leistungsfähigkeitspostulat – Zahlungsfähigkeit – wird umgedeutet.[330]

Eine solche Umdeutung des Leistungsfähigkeitsbegriffs kann dazu führen, dass die Nichtbesteuerung der Umweltnutzung abweichend vom Leistungsfähigkeitsprinzip eine Subvention ist. Hierbei besteht die Schwierigkeit, wie die Höhe der Subvention zu bestimmen ist. Es muss zunächst geklärt werden, was die Naturnutzung „wert" ist.[331] Wenn es sich bei Leistungsfähigkeit um das „Verfügenkönnen"

---

324 Vgl. BVerfGE 93, 121 (138). Dazu kritisch: *Birk, Dieter/Desens, Marc/Tappe, Henning*, Steuerrecht, 18. Aufl. 2015, Rdnr. 201.

325 Zutreffend: *Seer, Roman*, Die Besteuerung der Alterseinkünfte und das Gleichbehandlungsgebot (Art. 3 Abs. 1 GG), StuW 1996, S. 323 (332); ebenso *Weber-Grellet, Heinrich*, Steuern im modernen Verfassungsstaat, 2001, S. 164 und 166 f.; *ders.*, Lenkungssteuern im Rechtssystem, NJW 2001, S. 3657 (3661).

326 Vor allem *Gawel, Erik*, Umweltabgaben zwischen Steuer- und Gebührenlösung, 1999, S. 49 ff.; *ders.*, Umweltlenkungssteuern und Leistungsfähigkeitsprinzip, StuW 1999, S. 374 ff.

327 *Gawel, Erik*, Umweltabgaben zwischen Steuer- und Gebührenlösung, 1999, S. 51.

328 Vgl. *Sacksofsky, Ute*, Verfolgung ökologischer und anderer öffentlicher Zwecke durch Instrumente des Abgabenrechts, NJW 2000, S. 2619 (2621).

329 Vgl. *Gawel, Erik*, Umweltabgaben zwischen Steuer- und Gebührenlösung, 1999, S. 60.

330 Vgl. *Gawel, Erik*, Umweltabgaben zwischen Steuer- und Gebührenlösung, 1999, S. 53.

331 Die Bestimmung externer Kosten durch Umweltschäden ist schwierig. Im 18. Subventionsbericht, 2001, S. 11., wird auch diese Schwierigkeit erwähnt und zwar ein traditioneller Subventionsbegriff gegeben.

handelt, taucht die Frage auf, ob man auch einen Besuch im öffentlichen Museum oder städtischen Theater als eine erhöhte wirtschaftliche Leistungsfähigkeit des Einzelnen ansieht, weil der Preis für die Eintrittskarte in keinem Verhältnis zu den Kosten der Einrichtung steht. Hier kann man auch darüber nachdenken, dass die kostenlosen Besuche im Stadtpark zwar die Natur nicht schädigen, aber eine „unentgeltliche" Inanspruchnahme eines öffentlichen Guts (Naturgenuss) sind.[332]

Die oben erwähnten Ausführungen sind aber nicht überzeugend. Denn die geschenkten Produktionsstoffe sind monetär bewertbar und entsprechen dem Leistungsfähigkeitsprinzip, also der in Geld ausdrückbaren wirtschaftlichen Leistungsfähigkeit, während öffentliche Güter gerade nicht bewertbar sind. Darüber hinaus ist die Naturnutzung für alle kostenlos. Die erwähnte Vergleichbarkeit der Konkurrenzsituation liegt daher nicht vor.

Die Umdeutung des Begriffs der Leistungsfähigkeit im Steuerrecht ist damit nicht realisierbar.[333] Das heißt jedoch nicht, dass der traditionelle Leistungsfähigkeitsbegriff die ökologischen oder umweltpolitischen Belange im Steuersystem nicht in Betracht ziehen darf. Wünschenswert ist vielmehr, das Leistungsfähigkeitsprinzip im Zusammenhang mit den umweltpolitischen Belangen im Steuerrecht zu sehen.[334] Dem steht das Festhalten am traditionellen Leistungsfähigkeitsbegriff aber nicht entgegen. Denn der Gesetzgeber hat erstens einen großen Gestaltungsspielraum bei der Findung des Steuergegenstandes und der Gestaltung des Steuertarifs. Er kann sowohl den Gleichheitssatz als auch andere Bezugspunkte wie etwa Äquivalenzgesichtspunkte[335] als Belastungsgrund berücksichtigen. Er hat nämlich die Befugnis zu bestimmen, welche nicht-lebensnotwendigen Güter eine erhöhte Leistungsfähigkeit darstellen und daher der besonderen Verbrauchsteuer unterfallen. Insoweit sind Strom- und Energiesteuer der Fall eines umweltpolitischen Instruments. Zweitens ist die Abweichung vom Leistungsfähigkeitsprinzip nur dann gestattet, wenn sie

---

332 *Wernsmann, Rainer*, Verhaltenslenkung in einem rationalen Steuersystem, 2005, S. 300.

333 So auch *Selmer, Peter/Brodersen, Carsten*, Die Verfolgung ökonomischer, ökologischer und anderer öffentlicher Zwecke durch Instrumente des Abgabenrechts – Verfassungsrechtliche Grundfragen, DVBl. 2000, S. 1153 (1159) *Jachmann, Monika*, Ökologie versus Leistungsfähigkeit – Gilt es neue Wege in der Steuerrechtsfertigung zu gehen?, StuW 2000, S. 239 (241 ff.).

334 So *Osterloh, Lerke*, „Öko-Steuern" und verfassungsrechtlicher Steuerbegriff – Alte Fragen zum staatlichen Steuererfindungsrecht – neu gestellt, NVwZ 1991 S. 823 (826 f.) (mit allerdings teilweise unterschiedlich weit gehenden Vorstellungen) *Hey, Johanna*, Rechtliche Zulässigkeit von Umweltabgaben unter dem Vorbehalt ihrer ökologischen und ökonomischen Wirksamkeit, StuW 1998, S. 32 (32 und 54); *Tipke, Klaus/Lang, Joachim*, Steuerrecht, 17. Aufl. 2002, § 8 Rdnr. 118. Vgl. auch *Ehlers, Dirk*, Eigentumsschutz, Sozialbindung und Enteignung bei der Nutzung von Boden und Umwelt, VVDStRL 51 (1992), S. 211 (219 und 220 f.).

335 *Osterloh, Lerke*, „Öko-Steuern" und verfassungsrechtlicher Steuerbegriff – Alte Fragen zum staatlichen Steuererfindungsrecht – neu gestellt, NVwZ 1991, S. 823 (827).

durch ein überwiegend entscheidendes „Gegenprinzip" gerechtfertigt werden kann. Bedenken, dass der traditionelle Leistungsfähigkeitsbegriff einer ökologischen Ausrichtung des Steuerrechts zuwiderlaufen könnte,[336] bestehen damit nicht, wohl aber bedürfen solche Änderungen unter Umständen der Rechtfertigung.[337]

IV. Leistungsfähigkeitsprinzip im Verbrauchsteuerrecht

1. Funktion des Leistungsfähigkeitsprinzips im Verbrauchsteuerrecht

Die Rechtsprechung, die dem Gesetzgeber in seinem Steuererfindungsrecht kaum Grenzen setzt, ist in der Literatur[338] heftig kritisiert worden. So wird in der Literatur eine sachliche Rechtfertigung hinsichtlich der Sonderbelastung einzelner Steuerbürger durch eine Fiskalzwecksteuer gefordert, die sich am Grundsatz der Besteuerung nach der wirtschaftlichen Leistungsfähigkeit orientieren müsse.[339] Somit ist das nahezu unbegrenzte Steuererfindungsrecht des Gesetzgebers darauf beschränkt, dass er die zu besteuernden Wirtschaftsgüter nicht willkürlich auswählen darf, sondern jeden Steuerbürger nach Maßgabe seiner finanziellen und wirtschaftlichen Leistungsfähigkeit berücksichtigen muss.[340]

2. Verbrauchsakt oder Einkommensverwendung

Das Grundgesetz enthält zwar keine ausdrückliche Definition wie Art. 134 Weimarer Reichsverfassung, in der eine Besteuerung nach dem Prinzip der Leistungsfähigkeit zum Ausdruck kommt. Das Leistungsfähigkeitsprinzip wird aber regelmäßig als Maßstab des Verfassungsrechts und der Verfassungsrechtsprechung akzeptiert.[341] So wird weiter die Frage gestellt, ob bei der indirekten Besteuerung die Leistungsfähigkeit des Steuerlastträgers berücksichtigt wird. Denn bei der indirekten Steuern ist grundsätzlich die Abwälzung immanent und führt zum Verbraucher

---

336 Vgl. *Osterloh, Lerke*, in: Sachs, Michael (Hrsg.), Grundgesetz Kommentar, 7. Aufl. 2014, Art. 3 Rdnr. 135; *ders.*, „Öko-Steuern" und verfassungsrechtlicher Steuerbegriff – Alte Fragen zum staatlichen Steuererfindungsrecht – neu gestellt, NVwZ 1991, S. 823 (826 f.).

337 *Wernsmann, Rainer*, Verhaltenslenkung in einem rationalen Steuersystem, 2005, S. 301.

338 *Tipke, Klaus*, Die Steuerrechtsordnung, Band II, 1993, S. 984.

339 *Kirchhof, Ferdinand*, Die steuerliche Doppelbelastung der Zigaretten – Ein Beitrag zur Kumulation und Kaskadenwirkung der Umsatz- und der Verbrauchsteuer, 1990, S. 21, 22, und *ders.*, Grundriß des Steuer- und Abgabenrechts, 2. Aufl. 2001, Rdnr. 56; *Bongartz, Matthias/Schröer-Schallenbert, Sabine*, Verbrauchsteuerrecht, 2. Aufl. 2011, S. 29 Rdnr. C 21.

340 BVerfGE 6, 319 (344).

341 *Birk, Dieter*, Das Leistungsfähigkeitsprinzip als Maßstab der Steuernormen – Ein Beitrag zu den Grundfragen des Verhältnisses Steuerrecht und Verfassungsrecht, 1983, S. 50; *Kirchhof, Paul*, Der verfassungsrechtliche Auftrag zur Besteuerung nach der finanziellen Leistungsfähigkeit, StuW 1985, S. 319 (322).

als tatsächlichen Steuerlastträger abweichend vom Produzenten als gesetzlichen Steuerschuldner. Auch im Zeitpunkt der Steuerentstehung ist die konkrete Leistungsfähigkeit noch nicht bekannt, da der Steuerlastträger noch nicht festgestellt werden kann. Es ist daher umstritten, wie das Leistungsfähigkeitsprinzip im Verbrauchsteuerrecht angewendet werden kann.

a) Verbrauchsakt

Beermann[342] vertritt die Argumentation, dass es für die Besteuerung nur auf den Ge- oder Verbrauch einer bestimmten Ware ankomme, so dass die Einkommensverwendung oder die wirtschaftliche Leistungsfähigkeit nicht mehr unmittelbares Ziel der Besteuerung sein könne. Dieser Argumentation liegt der Gedanke zugrunde, dass die individuelle Leistungsfähigkeit bei den Verbrauchsteuern und allen anderen indirekten Steuern nicht in Betracht kommt.[343] Folgt man dieser Argumentation, trennt sich die Besteuerung von Verbrauchsgütern vom Leistungsfähigkeitsprinzip. Dazu wird in der Literatur[344] kommentiert, dass die Rechtfertigung der besonderen Verbrauchsteuern nicht auf die Aufwendungen für den Verbrauchsakt, sondern auf den Verbrauchsakt selbst abstellt. Diese Argumentation entfernt sich von der herrschenden Meinung in der Literatur.

b) Einkommensverwendung

Nach der Zielvorstellung des Gesetzgebers ist die Verbrauchsteuer an die finanzielle Leistungsfähigkeit in der Form des Aufwandes für das Verbrauchsgut orientiert. Die Steuerlastträger sind in der Regel mit dem gesetzlichen Steuerschuldner nicht identisch. So ist die Verbrauchsteuer dem Wesen nach eine Steuer auf die Einkommens- oder Vermögensverwendung für den Kauf allgemein lebensnotwendiger Güter.[345] In diesem Sinne ist eine Wechselwirkung zwischen der Abwälzbarkeit und der Besteuerung der Einkommensverwendung vorhanden.[346] Diese Auffassung ist die herrschende Meinung in der Literatur.

---

342 *Beermann, Albert*, Zur Charakterisierung der Verbrauchsteuern und zur bedingten Steuerschuld, DStJG 11 (1988), S. 283 (285).

343 *Klein, Franz*, Gleichheitssatz und Steuerrecht – Eine Studie über Gleichheit und Gerechtigkeit der Besteuerung im System des Grundgesetzes, 1966, S. 211; *Kruse, Heinrich Wilhelm*, Über die Gleichmäßigkeit der Besteuerung, StuW 1990, S. 322 (328).

344 *Jatzke, Harald*, Das System des deutschen Verbrauchsteuerrecht, 1997, S. 59.

345 Vgl. *Hansmeyer, Karl-Heinrich*, Steuern auf spezielle Güter, in: Neumark, Fritz/ Andel, Norber/Haller, Heinz (Hrsg.), Handbuch der Finanzwissenschaft, Band II, 3. Aufl. 1980, S. 709 (714) m.w.N.; *Jatzke, Harald*, Das System des deutschen Verbrauchsteuerrecht, 1997, S. 71.

346 *Bongartz, Matthias/Schröer-Schallenbert, Sabine*, Verbrauchsteuerrecht, 2. Aufl. 2011, Rdnr. C 20.

c) Stellungnahme

Bei den Verbrauchsteuern kann das Leistungsfähigkeitsprinzip allein damit begründet werden, dass Waren zwecks Konsums erworben werden, die für die „biologische Existenz" aber nicht erforderlich sind.[347] Das entscheidende Kriterium ist nicht nur das Kaufverhalten selbst, sondern auch der zu begleichende Kaufpreis, auch wenn hier wiederum die individuellen Vermögensverhältnisse des Steuerlastträgers nicht bekannt sind. Dies legt aber einer stärkere Wertbesteuerung der Steuergegenstände zugrunde, wobei der absolute Steueranteil mit dem Wert der Ware zunimmt. Obwohl die Wirkung der progressiven Besteuerung noch nicht erreicht ist, – da hierfür die persönlichen Verhältnisse des Verbrauchers bekannt sein müssen –, ist die größere Leistungsfähigkeit durch eine höhere Steuerlast bereits berücksichtigt.[348]

3. Leistungsfähigkeit des Steuerschuldners

Die Verbrauchsteuern belasten Ver- und Gebrauch bestimmter Güter, die zum Besteuerungsgegenstand erklärt worden sind. Der Steuerschuldner ist grundsätzlich der Hersteller, der die Steuer als Preisbestandteil auf den Warenverkäufer weitergibt.[349] Steuern nehmen auf die persönliche Leistungsfähigkeit Rücksicht, wenn sie persönliche Verhältnisse rechtlich würdigen. Es ist bei indirekten Steuern auch zu untersuchen, inwieweit die Leistungsfähigkeit des Steuerschuldners berücksichtigt wird. Nach *Bongartz*[350] mit Beispielen der Abfindungsbrennerei und der kleinen unabhängigen Brauereien wird die Leistungsfähigkeit des Steuerschuldners am Markt dann berücksichtigt, wenn mit den steuerlichen Regelungen die Wettbewerbsfähigkeit der jeweiligen Steuerschuldner gesichert werden soll.

4. Direkte Besteuerung auf Verbraucher

Um das Leistungsfähigkeitsprinzip vollständig durchzusetzen, könnte man die Besteuerung so vornehmen, dass die Verbrauchsteuern im Rahmen einer progressiven Besteuerung direkt beim Verbraucher erhoben werden.[351] Dabei könnte der Verbraucher verpflichtet werden, Steuererklärungen unter Angabe der in einem bestimmten Zeitraum erworbenen und konsumierten verbrauchsteuerpflichtigen

---

347 *Bongartz, Matthias/Schröer-Schallenbert, Sabine*, Verbrauchsteuerrecht, 2. Aufl. 2011, Rdnr. C 22.

348 Zu überlegen ist, inwieweit gesellschaftliche Entwicklungen den Begriff der Leistungsfähigkeit beeinflussen. Vgl. *Bongartz, Matthias/Schröer-Schallenbert, Sabine*, Verbrauchsteuerrecht, 2. Aufl. 2011, S. 30 Rdnr. C 22.

349 *Groels, Jürgen*, Allgemeine Steuerlehre, Abgabenordnung, (FGO), 2001, S. 21.

350 *Bongartz, Matthias/Schröer-Schallenberg, Sabine*, Verbrauchsteuerrecht, 2. Aufl. 2011, S. 30 Rdnr. C 22.

351 Mit der Abschaffung der sog. Bagatellsteuern ist nach *Jatzke* der Gesetzgeber der Verwirklichung des Leistungsfähigkeitsprinzips ein Stück näher gekommen. Vgl. *Jatzke, Harald*, Das System des deutschen Verbrauchsteuerrechts, 1997, S. 60.

Waren abzugeben.[352] Darüber hinaus könnte die Verbrauchsteuerschuld auch unter Zugrundelegung des jeweiligen Einkommens nach der individuellen finanziellen Leistungsfähigkeit des Konsumenten bemessen und festgesetzt werden. Die mit einer solchen Erhebungstechnik im Zusammenhang stehenden Steueraufsichtsmaßnahmen sind aber verfassungsrechtlich problematisch.

Das Bundesverfassungsgericht[353] vertritt die Auffassung, dass in diesem Fall eine Steuerbelastung nahezu allein auf der Erklärungsbereitschaft des Steuerpflichtigen beruhen würde, da die Erhebungsregelungen Kontrollen der Steuererklärungen umfassend ausschließen. Der Gesetzgeber wolle gerade die mit einer Deklarationspflicht des Konsumenten verbundenen Schwierigkeiten durch das von ihm vorgesehene Erhebungssystem vermeiden, indem der steuerliche Zugriff nicht direkt beim Belastungsträger, sondern im unternehmerischen Bereich bei den Herstellern und Händlern erfolge, die die Steuerlast über den Kaufpreis an den Endverbraucher weitergeben.

Trotz der Typisierung und der Generalisierung der Belastungweitergabe kann aber die steuerliche Leistungsfähigkeit des Konsumenten aufgrund der Art des erworbenen Gutes nur vermutet werden. Dabei kann es zur Folge haben, dass die sozial schwächeren verhältnismäßig stärker mit Verbrauchsteuern belastet werden, als die sozial gehobenen Schichten.[354] Auch die steuerliche Inanspruchnahme desjenigen, der am Rande oder gar unterhalb des Existenzminimums lebt, wird durch den Erwerb von verbrauchsteuerpflichtigen Genussmitteln auf den Konsum anderer Güter verzichten müssen.[355]

Die Stimmen in der Literatur sprechen sich gleichwohl gegen eine direkte Steuererklärung zu den Verbrauchsteuern beim Endverbraucher aus. Nach *Jatzke*[356] würden die Steueraufsichtsmaßnahmen die Distanz zum Verbraucher aufheben und durch die steuerliche Erfassung und Überwachung jeglichen privaten Konsums in einer mit dem Verhältnismäßigkeitsgrundsatz nicht zu vereinbarenden Weise in die Privatsphäre des Steuerträgers eingreifen. Auch *Klein*[357] hält die bei einem direkten Erhebungssystem erforderliche Tatbestandsaufklärung mit der persönlichen Freiheit für unvereinbar. Dieser Argumentation ist zuzustimmen, da die Steuererklärung bei allen privaten Konsumenten den Verbraucher überfordert und somit dem Verhältnismäßigkeitsgrundsatz nicht entspricht.

---

352 *Jatzke, Harald,* Das System des deutschen Verbrauchsteuerrechts, 1997, S. 60.
353 Vgl. BVerfGE 84, 239 (273).
354 *Klein, Franz,* Gleichheitssatz und Steuerrecht – Eine Studie über Gleichheit und Gerechtigkeit der Besteuerung im System des Grundgesetzes, 1966, S. 211.
355 *Jatzke, Harald,* Das System des deutschen Verbrauchsteuerrechts, 1997, S. 60 f.
356 *Jatzke, Harald,* Das System des deutschen Verbrauchsteuerrechts, 1997, S. 60.
357 *Klein, Franz,* Gleichheitssatz und Steuerrecht – Eine Studie über Gleichheit und Gerechtigkeit der Besteuerung im System des Grundgesetzes, 1966, S. 216.

5. Durchbrechung des Leistungsfähigkeitsprinzips

Mit der Rechtsprechung des Bundesverfassungsgerichts werden Durchbrechungen des Leistungsfähigkeitsprinzips gerechtfertigt, wenn die durch die Typisierung eintretenden Härten und Ungerechtigkeiten nur eine verhältnismäßig kleine Zahl von Personen treffen und der Verstoß gegen den Grundsatz der Belastungsgleichheit nicht sehr intensiv ist.[358] Dabei sind die Durchbrechungen bereits auf Einzelfälle beschränkt und daher hinnehmbar. Es ist verständlich, dass der Gesetzgeber bei der Ordnung von Massenerscheinungen – insbesondere im Steuerrecht –, von einem Gesamtbild ausgeht und auf dieser Grundlage generalisierende und typisierende Regelungen trifft.[359] Insbesondere bei der Erhebung von Massensteuern können praktische Erfordernisse einer effektiven Steuerverwaltung vergröbernde Regelungen rechtfertigen.[360] Unter diesen Gesichtspunkten verstößt die Erhebung der Verbrauchsteuern nicht gegen den Grundsatz der Besteuerung nach der wirtschaftlichen Leistungsfähigkeit.

V. Zwischenergebnis

Zusammenfassend ist festzustellen, dass sich Verbrauchsteuern unter dem Gesichtspunkt der Belastungsgleichheit nur dann verfassungsrechtlich rechtfertigen lassen, wenn sie ausschließlich Waren des gehobenen Bedarfs belasten, deren Erwerb und Verbrauch auf eine erhöhte finanzielle Leistungsfähigkeit des Konsumenten schließen lassen.

E. Zwischenergebnis

Der Erlass einer Verbrauchsteuer kann sowohl von Fiskalzwecken als auch Lenkungszwecken veranlasst sein. In den Verbrauchsteuergesetzen wird der Begriff der Verbrauchsteuer nicht definiert. Dennoch ist es allgemien anerkannt, dass Verbrauchsteuern verwendungsorientiert sind und dabei ein Steuerschuldner seine Steuerbelastung auf Endverbraucher abwälzt. So ist die Abwälzbarkeit das Wesensmerkmal einer Verbrauchsteuer. Wenn die Abwälzung einer Verbrauchsteuer tatsächlich unmöglich ist, wird das Wesensmerkmal der Verbrauchsteuer nicht berührt. Im Gegensatz dazu ist eine Verbrauchsteuer bei rechtlicher Nichtabwälzung nicht mehr als Verbrauchsteuer zu qualifizieren, sondern als neuartige Steuer. Die Erhebung einer Nachsteuer ist bei Herstellern und Händlern zulässig, aber bei einem privaten Endverbraucher unzulässig.

Das aus dem Art. 3 GG abgeleitete Leistungsfähigkeitsprinzip ist das entscheidende Kriterium der Besteuerung. Das Prinzip fordert, dass die Besteuerug der wirtschaftlichen Leistungsfähigkeit des Individums entsprichen muss. Im Hinblick

358 BVerfGE 71, 146 (157); 78, 214 (227); 84, 348 (360 f.).

359 *Kruse, Heinrich Wilhelm*, Über die Gleichmäßigkeit der Besteuerung, StuW 1990, S. 322 (326); *Kirchhof, Paul*, Steuergerechtigkeit, StuW 1984, S. 297 (306 f.).

360 *Kirchhof, Paul*, Steuergerechtigkeit, StuW 1984, S. 297 (307).

auf das Leistungsfähigkeitsprinzip knüpfen Verbrauchsteuern die Einkommensverwendung an.

2. Kapitel: Verbrauchsteuer mit Lenkungszweck

A. Begriffsbestimmung

Der Begriff der verhaltenslenkenden Steuer ist kein Begriff, der in einem Rechtstext definiert wird.[361] Eine Begriffsbestimmung ist aber für die Systematisierung erforderlich und dient dem Ziel, die Zweckmäßigkeit der Lenkungsnormen in Steuergesetzen, möglichst gut zu erkennen, zu strukturieren und zu lösen.

I. Zwecke und Wirkungen

Nach den Zwecken und den Wirkungen lassen sich zwei Arten von Steuernormen unterscheiden.[362] Zum einen kann Zweck die erwünschte Verhaltensbeeinflussung sein. Der Gesetzgeber bezweckt und erwünscht eine bestimmte Verhaltensbeeinflussung, wenn er den Steuerpflichtigen bewusst Anreize setzt, sich in einer bestimmten Art und Weise zu verhalten.[363] Beispeilsweise erhöht er die Steuersätze der Energiesteuer und die Einführung der Stromsteuer, da er wirtschaftliche Anreize für einen sparsamen Energieverbrauch geben möchte. In diesm Fall ist die verhaltensbeeinflussende Wirkung des Steuergesetzes bezweckt.

Zum zweiten ist eine ungewollte Verhaltensbeeinflussung vom Gesetzgeber intendiert. Das heißt, dass die konkrete Ausgestaltung eines Steuergesetzes bestimmte unerwünschte „Nebenwirkungen“ hat, die der Gesetzgeber nicht beabsichtigt. Falls der Gesetzgeber etwa einen zu hohen Spitzensteuersatz bei der Einkommensteuer festlegt, so kann dies möglicherweise den Leistungswillen bei Steuerpflichtigen höherer Einkünfte lähmen. Die steuerliche Leistung kann sich für sie nicht mehr lohnen, so dass sie auf die Erzielung zusätzlicher Einkünfte verzichten. Dies führt dazu, dass das besteuerte Verhalten so stark zurückgeht, dass das gesamte Steueraufkommen sinkt. Es ist aber verfassungsrechtlich zweifelhaft, ob solche gesetzgebenden Entscheidungen mit der Verhältnismäßigkeit der Steuer im Einklang stehen. Ein sinkendes Steueraufkommen könnte nämlich durch konkurrierende Lenkungszwecke gerechtfertigt werden. Solche liegen bei der Einkommensteuer aber nicht vor, da nicht eine Eindämmung des Erwerbsstrebens der Steuerpflichtigen beabsichtigt ist.[364]

---

361 *Wernsmann, Rainer*, Verhaltenslenkung in einem rationalen Steuersystem, 2005, S. 62.

362 *Birk, Dieter*, Steuerrecht I, 2. Aufl. 1994, § 2 Rdnr. 2 a. F.

363 *Wernsmann, Rainer*, Verhaltenslenkung in einem rationalen Steuersystem, 2005, S. 63.

364 BFH vom 19.9.2002, IV R 45/00, sub II 3 d; vgl. auch *Wernsmann, Rainer*, Verhaltenslenkung in einem rationalen Steuersystem, 2005, S. 64 f.

II. Begriffsbestimmung

Wendet man den genannten Befund auf die Verbrauchsteuern an, lässt sich dies wie folgt verdeutlichen: Jedem Verbraucher ist ein individuelle Nachfragekurve zuzuordnen. Jeder Verbraucher konsumiert einen Gegenstand nach der persönlichen Entscheidung, ob ein erhältlicher Gegenstand ihm den Preis noch „wert" ist.[365] Je höher der Preis, umso weniger wird er von dem jeweiligen Gegenstand konsumieren. Nur wenn die Nachfrage gänzlich unflexibel ist, besteht eine Ausnahme, die aber selten vorkommt.

Selbst wenn sich der Einzelne beeinflusst vom Steuerrecht verhält, wird er nach der Besteuerung weniger Reserve zur Verfügung haben und dadurch entweder weniger konsumieren oder weniger sparen.[366] Dadurch wird er selbst in einem weiteren Sinne in seinem Verhalten beeinflusst.[367] Dementsprechend erscheinen fast alle steuerlichen Normen in irgendeiner Form den Menschen verhaltensbeeinflussend, die aber hier nicht unter einer steuerlichen Lenkungsnorm gemeint werden. Nur solche Steuerrechtsnormen, die eine Verhaltensbeeinflussung bezwecken, sind daher als steuerliche Lenkungsnormen zu betrachten.[368] Ansonsten müsste (fast) jede Steuerrechtsnorm als Lenkungsnorm angesehen werden.

B. Rechtfertigung der Steuerwirkungen

I. Rechtfertigungsbedürfnis der Lenkungssteuer

Wenn eine Verbrauchsteuer den Verbraucher zur Einschränkung des Konsums oder zur Konsumvermeidung von bestimmten Gütern veranlassen soll, ist diese Steuer als Lenkungssteuer zu betrachten. Nicht nur die Ausschöpfung der finanziellen Leistungsfähigkeit, sondern auch weitere wichtige Gründe im Zusammenhang mit Gemeinwohl (z. B. Umweltschutz, Gesundheit) können insoweit die Erhebung einer Verbrauchsteuer rechtfertigen. So weist die Kommission bespielsweise den Rat und das Europäische Parlament in einem 1995 veröffentlichen Bericht über die Verbrauchsteuersätze im Rahmen der Gesundheitspolitik der Gemeinschaft darauf hin, dass das Ziel der Besteuerung von Zigaretten und anderen Tabakwaren der Schutz der Gesundheit sei. Daher sei die Besteuerung von Tabakwaren ein naheliegendes

---

365 *Wernsmann, Rainer*, Verhaltenslenkung in einem rationalen Steuersystem, 2005, S. 67.

366 *Surrey, Stanley S.*, Steueranreize als ein Instrument der staatlichen Politik – Ein Vergleich mit direkten Staatsausgaben, StuW 1981, S. 359 (363).

367 *Wernsmann, Rainer*, Verhaltenslenkung in einem rationalen Steuersystem, 2005, S. 67.

368 *Schuppert, Gunnar Folke*, Verfassungsrechtliche Prüfungsmaßstäbe bei der verfassungsrechtlichen Überprüfung von Steuergesetzen – Ein Beitrag zu den verfassungsrechtlichen Bindungen des Steuerrechts, in: Fürst, Walther/Herzog, Roman/Umbach, Dieter C. (Hrsg.), Festschrift für Wolfgang Zeidler, Band I, 1987, S. 691 (708); *Kulosa, Egmont*, Verfassungsrechtliche Grenzen steuerlicher Lenkung am Beispiel der Wohnungsgenossenschaften, 2000, S. 7 f.

Mittel zur Verringerung des Tabakkonsums und trage zugleich zur Finanzierung der Gesundheitsfürsorgekosten bei.[369] Unter Berücksichtigung dieser Standpunkte ist *Tipke* der Meinung, dass die Besteuerung von Tabakwaren[370] und alkoholischen Getränken[371] ausreichend gerechtfertigt ist. Eine Verbrauchsteuer auf Genussmittel könne nur mit einem bestimmten (gesundheits)politischen Zweck veranlasst werden; daher sei für die Entscheidung der zu besteuernden Erzeugnisse maßgebend, wie stark die Erzeugnisse die Gesundheit gefährden.[372] Je gefährlicher die Waren für die Gesundheit sind, desto notwendiger erscheint die Besteuerung.

Eine Verbrauchsteuer könnte als Instrument zur Erzielung von gesundheits- oder umweltpolitischen Lenkungseffekten gestaltet werden. Dies darf aber den steuerlichen Belastungsgrund mit den fiskalischen Zielsetzungen nicht vollständig ersetzen.[373] Die Verbrauchsteuern mit den Lenkungseffekten sind im Grundsatz der Besteuerung weiterhin nach der finanziellen Leistungsfähigkeit auszurichten. Nicht das gesundheits- oder umweltpolitische Anliegen legitimiert eine Lenkungssteuer, sondern die Anknüpfung an einen steuerbaren Tatbestand.[374] Außerdem ist bei einer auf Tatbestandsvermeidung angelegten Steuer darauf zu achten, dass die Bemessung der Steuersätze die Erbringung von Einnahmen im Vordergrund zulässt. Strittig ist hier die Erdrosselungssteuer. Nach der Rechtsprechung des Bundesverfassungsgerichts[375] ist eine solche Lenkungssteuer verfassungswidrig und als Erdrosselungssteuer[376] einzustufen, wenn die von vornherein auf ein Null-Aufkommen angelegt wäre.[377] In der steuerrechtlichen Literatur wird auf den Zielkonflikt jeder Lenkungssteuer hingewiesen, der darin liegt, dass der Gesetzgeber einerseits eine zweckdienliche Tatbestandsvermeidung, andererseits aber auch eine aufkommenswirksame Tatbestandserfüllung erwartet.[378] Der Gesetzgeber kann Verbrauchsteuern instrumentalisieren und auch außerfiskalische Ziele verfolgen,

369 ZHI Nr. 35, Gemeinschaftlich geregelte Verbrauchsteuern und Verwaltungsverfahren, S. 32, 37.

370 *Tipke, Klaus,* Die Steuerrechtsordnung, Band II, 1993, S. 997.

371 *Tipke, Klaus,* Die Steuerrechtsordnung, Band II, 1993, S. 979 m.w.N.

372 *Haller, Heinz,* Die Steuern – Grundlinien eines rationalen Systems öffentlicher Abgaben, 2. Aufl. 1971, S. 288.

373 *Kirchhof, Paul,* Verfassungsrechtliche Grenzen von Umweltabgaben, DStJG 15 (1993), S. 3, 22, und *Trzaskalik, Christoph,* Der instrumentelle Einsatz von Abgaben – Bemerkungen zum Entwurf eines Abfallgesetzes, StuW 1992, S. 135 (140).

374 *Trzaskalik, Christoph,* Der instrumentelle Einsatz von Abgaben – Bemerkungen zum Entwurf eines Abfallgesetzes, StuW 1992, S. 135 (140) m.w.N.

375 Vgl. BVerfGE 55, 274 (299); 65, 344.

376 BVerfGE 16, 147 (161).

377 Vgl. *Lang, Joachim,* Verwirklichung von Umweltschutzzwecken im Steuerrecht, DStJG 15 (1993), S. 113 (125), und *Kirchhof, Paul,* Verfassungsrechtliche Grenzen von Umweltabgaben, DStJG 15 (1993), S. 3 (11, 22).

378 *Kirchhof, Ferdinand,* Leistungsfähigkeit und Wirkungsweisen von Umweltabgaben an ausgewählten Beispielen, DÖV 1992, S. 233 (236); *Kirchhof, Paul,* Verfassungsrechtliche Grenzen von Umweltabgaben, DStJG 15 (1993), S. 3 (9).

da er diesen Widerspruch außer Acht lässt und nur die ihm von der Verfassung geregelten Grenzen beachtet.[379] Dies bedeutet aber nicht, dass die Leistungsfähigkeit bei der Besteuerung des Konsums keine Rolle spielt. Der Grundgedanke der Verbrauchsteuern – auch beim Einsatz von Verbrauchsteuern als Lenkungssteuern – ist vielmehr die Beachtung des Leistungsfähigkeitsprinzips und damit die finanzielle Belastbarkeit des Konsumenten.[380]

Ein „erfolgreicher" Lenkungseffekt kann in der früher unterschiedlich hohen Besteuerung des verbleiten und unverbleiten Benzins durch das 3. Mineralölsteueränderungsgesetz vom 26. März 1985[381] gesehen werden, der darin bestand, dass der Verbrauch des verbleiten Benzins auf ein Minimum reduziert wurde.[382] Auch wenn man die Verbrauchsteuer auf Mineralöl betrachtet,[383] bemerkt man, dass ein großer Teil des Mineralölsteueraufkommens für den Straßenbau verwendet wird.[384] Das Ziel der Besteuerung von Mineralöl ist es, gemäß dem Äquivalenzprinzip den Kraftfahrer für die von ihm verursachten besonderen Straßen- und sonstigen Verkehrskosten heranzuziehen.[385] Daneben sprechen umweltpolitische Gründe auch für eine Zusatzbelastung fossiler Energieträger und Heizöl[386]. Der Unterschied zwischen Kraftstoffen und Heizstoffen liegt nur bei Beheizung von Wohnraum vor, so dass der Gesetzgeber Rücksicht auf den Kreis der finanziell Schwächeren nimmt und deshalb einen gegenüber Kraftstoffen wesentlich niedrigeren Steuersatz[387] berechnet. Der

379 *Jatzke, Harald*, Das System des deutschen Verbrauchsteuerrechts, 1997, S. 63.

380 Nach *Lang* wirkt das Leistungsfähigkeitsprinzip gegenüber Öko-Steuern vornehmlich als Schutzprinzip für den Steuerzahler. Vgl. *Lang, Joachim*, Verwirklichung von Umweltschutzzwecken im Steuerrecht, DStJG 15 (1993), S. 113 (126 und 135).

381 BGBl. 1985 I, 578.

382 *Bongartz, Matthias/Schröer-Schallenberg, Sabine*, Verbrauchsteuerrecht, 2. Aufl. 2011, S. 34 Rdnr. C 31.

383 *Kirchhof, Paul*, Staatliche Einnahmen, in: Isensee, Josef/Kirchhof, Paul (Hrsg.), Handbuch des Staatsrechts der Bundesrepublik Deutschland, Band IV, 2. Aufl. 1999, § 88 Rdnr. 166.

384 *Wurms, Günther*, Neuregelung des Mineralölsteuerrechts durch das Straßenbaufinanzierungsgesetz – Zugleich ein Beitrag zur Verbrauchsteuer – Systematik, BB 1960, S. 359 f. Zur verkehrspolitischen Zweckbindungen siehe *Teichner, Kurt*, in: Teichner, Kurt/Alexander, Stephan/Reiche, Klaus (Hrsg.), Mineralölsteuer, Mineralölzoll, Loseblatt-Kommentar, 16. Aufl. 2004, Stand: Mai 2004, Vorbem. Rdnr. 14.

385 *Scheffler, Wolfram*, Verkehr- und Verbrauchsteuern im Überblick (II), Steuer und Studium 1992, S. 323 (324); *Haller, Heinz*, Die Steuern – Grundlinien eines rationalen Systems öffentlicher Abgaben, 2. Aufl. 1971, S. 127 und 289 f.; *Hansmeyer, Karl-Heinrich*, Steuern auf spezielle Güter, in: Neumark, Fritz/Andel, Norbert/Haller, Heinz (Hrsg.), Handbuch der Finanzwissenschaft, Band II, 3. Aufl. 1980, S. 709 (835).

386 Gesetz zur Änderung des Mineralölsteuergesetzes vom 24.4.1967, BGBl. 1967 I, S. 497.

387 Die Mineralölsteuer für Heizöl beträgt damals 0,62 DM/Liter gegenüber 1,08 DM/Liter für verbleites und 0,98 DM/Liter für unverbleites Benzin.

Gesetzgeber beachtet sowohl eine umweltpolitische Zielsetzung als auch das Leistungsfähigkeitsprinzip. Im Hinblick auf dessen verschiedenen möglichen Zielsetzungen bezeichnet *Tipke*[388] die Mineralölsteuer als ein Mixtum aus Äquivalenz- und Lenkungssteuer. Auch vor dem Hintergrund der in der Europäischen Union geführten Diskussion um die EU-weite Einführung einer CO_2-/Energiesteuer[389] kommt der Mineralölsteuer eine wachsende Bedeutung als Lenkungssteuer im Rahmen der Klimaschutz-Strategie zu.[390]

II. Anwendung im Verbrauchsteuerrecht

Die Erhebung einer besonderen Verbrauchsteuer kann bloß mit dem Fiskalzweck verfassungsrechtlich nicht gerechtfertigt werden. Auch der Verbrauchsakt als solcher kann die verbrauchsteuerliche Zusatzbelastung eines der konsumtiven Verwendung zugänglichen Wirtschaftsgutes nicht ausreichend rechtfertigen. Betrachtet man das Gebot der Besteuerung nach der wirtschaftlichen Leistungsfähigkeit gemäß Art. 3 Abs. 1 GG, lässt sich die Erhebung einer besonderen Verbrauchsteuer nur dann rechtfertigen, wenn der Erwerb eines Wirtschaftsguts als eine gesteigerte steuerliche Leistungsfähigkeit des Konsumenten erscheint. Dieser Grundsatz kommt nur bei Luxusgütern oder Waren des gehobenen Bedarfs, aber nicht bei lebensnotwendigen Waren des täglichen Bedarfs zur Anwendung. Eine Abweichung vom Leistungsfähigkeitsprinzip kann nur aus überwiegenden Gründen ausnahmsweise dann akzeptiert werden, wenn die belastende Steuerbehandlung aus ökologischen oder gesundheitspolitischen Gründen veranlasst ist und die prohibitive Ausgestaltung der Steuer dazu dient, gesundheitspolitische oder umweltpolitische Lenkungseffekte zu erzielen oder einen dem Äquivalenzprinzip entsprechenden Ausgleich für die Inanspruchnahme von Ressourcen mit sich zu bringen.[391]

Mit Übertragung dieser Grundsätze auf das gegenwärtige Verbrauchsteuersystem ist festzustellen, dass Mineralöle einer besonderen Verbrauchsteuer unterworfen sind. Aus der durch die Verbrauchsteuerharmonisierung erzwungenen Reduzierung der verbrauchsteuerbelasteten Wirtschaftsgüter entnimmt man, dass die moderne europäische Verbrauchsteuer nicht mehr von der fiskalischen Willkür des historischen Verbrauchsteuerkonglomerats geprägt ist.[392] Wenn die Besteuerung von beispeilsweise Tabakwaren, alkoholischen Getränken und Kaffee gerechtfertigt

388 *Tipke, Klaus,* Die Steuerrechtsordnung, Band II, 1993, S. 1003.

389 Vgl. *Jatzke, Harald,* Aktueller Stand und Perspektiven der Verbrauchsteuerharmonisierung, ZfZ 1995, S. 278 (282 f.).

390 *Hilf, Meinhard,* Umweltabgaben als Gegenstand von Gemeinschaftsrecht und -politik, NVwZ 1992, S. 105 ff.

391 *Jatzke, Harald,* Das System des deutschen Verbrauchsteuerrechts, 1997, S. 64.

392 *Lang, Joachim,* Verwirklichung von Umweltschutzzwecken im Steuerrecht, DStJG 15 (1993), S. 115 (141).

wird, muss der Erwerb dieser Genussmittel die besondere steuerliche Leistungsfähigkeit indizieren. Dabei kann man Tabakwaren, alkoholische Getränke oder Kaffee nicht als für Existenz notwendige Wirtschaftsgüter ansehen, da auf dessen Konsum ohne wirkliche Not verzichtet werden kann.

Der Gesetzgeber, der innerhalb einzelner Steuern gezielt besondere Regelungen zur Lenkung schafft, will damit bestimmte Wirkungen erzielen. Rechtspolitische Lenkungssteuern (was z. B. in der Umweltpolitik der Fall sein kann[393]) – vor allem besondere Verbrauchsteuern – sind deswegen von Bedeutung. Auch umweltpolitische Zielsetzungen können eine prohibitive Steuerbelastung dieser Verbrauchsgüter legitimieren. Demgegenüber ließe sich die Mineralölsteuer aufgrund verkehrs- und umweltpolitischer Zielsetzungen als Äquivalenz- und Lenkungssteuer rechtfertigen. Es ist jedoch darauf hinzuweisen, dass der Gesetzgeber die besonderen Verbrauchsteuern weiterhin als reine Fiskalzwecksteuern betrachtet, deren Legitimation darin besteht, Steuereinnahmen zu erzielen.

C. Arten steuerlicher Lenkungsnormen

Bei der Ausgestaltung einer Regelung kann der Steuergesetzgeber Steuern und weitere Abgaben mit einem Lenkungszweck rechtfertigen. Damit wird empfohlen, ein vom Gesetzgeber als förderungswürdig angesehenes Verhalten zu zeigen oder ein als unerwünscht erachtetes Verhalten zu unterlassen. Diese Empfehlungen können vor allem durch Steuervergünstigungen erfüllt werden.

Allerdings ist nicht jede Steuervergünstigung eine Lenkungsnorm.[394] Es gibt vielmehr auch Steuervergünstigungen, die keinen Anreiz für ein bestimmtes Verhalten bieten sollen, sondern aus sozialen Gründen gewährt werden, z. B. Entlastungen für alte Menschen.[395] Hier wird nicht an ein bestimmtes Verhalten angeknüpft, sondern an ein personenbezogenes Merkmal, da man nicht schneller alt werden kann, um den steuerlichen Freibetrag zu genießen. Diese Steuervergünstigung ist eine Umverteilungsnorm.

I. Lenkungssteuern

Der Steuergesetzgeber kann den Steuerbürger durch eine besondere Steuer, insbesondere durch eine besondere Verbrauchsteuer lenken, um ein unerwünschtes Verhalten zu unterbinden. Typische Beispiele sind die Energiesteuer und die Stromsteuer, die Tabaksteuer sowie Steuern auf alkoholische Getränke. Die Verteuerung

---

393 Vgl. auch *Hey, Johanna*, in: Tipke, Klaus/Lang, Joachim, Steuerrecht, 22. Aufl. 2015, § 3 Rdnr. 80.

394 *Wernsmann, Rainer*, Verhaltenslenkung in einem rationalen Steuersystem, 2005, S. 92.

395 *Surrey, Stanley S.*, Steueranreize als ein Instrument der staatlichen Politik – Ein Vergleich mit direkten Staatsausgaben, StuW 1981, S. 359 (361).

des Verbrauchs soll dem Einzelnen Anreize für den Verzicht auf das unerwünschte (z.B. gesundheits- oder umweltschädliche) Verhalten schaffen.

II. Steuervergünstigungen

Im Rahmen der geltenden Steuergesetze kann aber der Gesetzgeber Steuervergünstigungen (sog. „Verschonungssubventionen") schaffen, man denke an die Steuermäßigungstatbestände der Kraftfahrzeugsteuer für Kraftfahrzeuge mit geringem Schadstoffausstoß. Ein weiteres Beispiel sind die Aufwendungen für Herstellungs- und Erhaltungsmaßnahmen an eigenen schutzwürdigen Kulturgütern. So kann der Steuerpflichtige Aufwendungen für Herstellungs- und Erhaltungsmaßnahmen an eigenen schutzwürdigen Kulturgütern im Inland, soweit sie öffentliche oder private Zuwendungen oder etwaige aus diesen Kulturgütern erzielte Einnahmen übersteigen, im Kalenderjahr des Abschlusses der Maßnahme und in den neun folgenden Kalenderjahren jeweils bis zu neun Prozent wie Sonderausgaben abziehen (§ 10g Abs. 1 EStG).

3. Kapitel: Gleichheitsrecht als Maßstab der verhaltenslenkenden Verbrauchsteuer

A. Vorbemerkung

Die Steuergerechtigkeit wird hauptsächlich aus dem allgemeinen Gleichheitssatz des Art. 3 Abs. 1 GG abgeleitet.[396] Sie wird auch als Schlüsselbegriff der Gerechtigkeit[397] im Sinne des Gleichheitssatzes betrachtet.

Nach Art. 3 Abs. 1 GG sind alle Menschen vor dem Gesetz gleich. Damit bezieht sich die Norm unmittelbar auf die Gesetzesanwendung. Dementsprechend müssen die Finanzbehörden[398] und die Finanzgerichte die Steuergesetze gleichmäßig anwenden (sog. Rechtsanwendungsgleichheit[399]). Aber auch der Gesetzgeber ist gemäß Art. 1 Abs. 3 und Art. 20 Abs. 3 GG an den Gleichheitssatz gebunden.[400] Das Gebot dieser sog. Rechtsetzungsgleichheit, das sich an den Gesetzgeber richtet, enthält einen am Wertesystem des Grundgesetzes orientierten Gerechtigkeitsauftrag.[401]

---

396 BVerfGE 127, 1 (27 f.); 117, 1 (30); 97, 332 (346).

397 *Zippelius, Reinhold,* Der Gleichheitssatz, VVDStRL 47 (1989), S. 7 (23).

398 § 85 AO.

399 BVerfGE 84, 239 (274); *Waldhoff, Christian,* Verfassungsrechtlich relevante Vollzugsdefizite bei Steuerfällen mit Auslandsbezug am Beispiel von §§ 7 ff. AStG. Zugleich ein Beitrag zum räumlichen Anwendungsbereich des Leistungsfähigkeitsprinzips, StuW 2013, S. 121.

400 BVerfGE 42, 64 (72); 35, 325 (328).

401 *Hey, Johanna,* in: Tipke, Klaus/Lang, Joachim, Steuerrecht, 22. Aufl. 2015, § 3 Rdnr. 110.

B. Begriff des Gleichheitssatzes

I. In allgemeinen Gesetzen

1. Gebot der Rechtsanwendungsgleichheit

Der an den Gesetzgeber gerichtete Gerechtigkeitsauftrag muss gleichheitseffizient[402] erfüllt werden. Formale und materiale Rechtsstaatlichkeit treten im Gebot der Rechtsanwendungsgleichheit in eine Wechselbeziehung, die unmittelbar im allgemeinen Gleichheitssatz geregelt ist: „Alle Menschen sind vor dem Gesetz gleich" (Art. 3 Abs. 1 GG).[403] Dementsprechend ist Steuergleichheit nur dann erfüllt, wenn das gleichheitssatzkonforme Gesetz auch gleichmäßig angewendet wird. Gleichheit heißt, Gleichheit im tatsächlichen Belastungserfolg. Dieser Kontext zwischen Steuergleichheit und Gesetzmäßigkeit erweitert nicht nur den ursprünglich formal-rechtsstaatlichen Grundsatz der Gesetzmäßigkeit der Besteuerung, sondern enthält auch eine material-rechtsstaatliche Komponente.[404] Die Gleichheit vor dem geltenden Gesetz gewährt aber keine Gleichheit im Unrecht.[405] Deshalb darf sich der Steuerpflichtige nicht auf eine gesetzwidrige Verwaltungspraxis berufen und verlangen, ebenso wie andere Steuerpflichtige entgegen dem Gesetz begünstigt zu werden.[406]

2. Rechtssetzungsgleichheit

Nach ständiger Formulierung des Bundesverfassungsgerichts[407] bedeutet Gerechtigkeit wesentlich Gleiches gleich, wesentlich Ungleiches seiner Eigenart entsprechend verschieden zu behandeln. In der Tat steht aber kein Mensch in einer völlig gleichen Situation wie andere Menschen. Es bedarf deshalb zur Feststellung einer relevanten Ungleichbehandlung der Identifikation der Umstände, die in Bezug auf

402 BVerfGE 84, 239 (271 f.), Gleichheitseffizienz heißt: „Der Gleichheitssatz verlangt für das Steuerrecht, dass die Steuerpflichtigen durch ein Steuergesetz rechtlich und tatsächlich gleich belastet werden. Die Besteuerungsgleichheit hat mithin als ihre Komponenten die Gleichheit der normativen Steuerpflicht ebenso wie die Gleichheit bei deren Durchsetzung in der Steuererhebung. Daraus folgt, dass das materielle Steuergesetz in ein normatives Umfeld eingebettet sein muss, welches die Gleichheit der Belastung auch hinsichtlich des tatsächlichen Erfolges prinzipiell gewährleistet".

403 *Hey, Johanna*, in: Tipke, Klaus/Lang, Joachim, Steuerrecht, 22. Aufl. 2015, § 3 Rdnr. 111.

404 *Hey, Johanna*, in: Tipke, Klaus/Lang, Joachim, Steuerrecht, 22. Aufl. 2015, § 3 Rdnr. 111.

405 Dazu ausführlich: *Kirchhof, Paul*, HStR, Band V, 2. Aufl. 2000, § 125 Rdnr. 65 ff.; *Pauly, Walter*, Gleichheit im Unrecht als Rechtsproblem, JZ 1997, S. 647.

406 *Hey, Johanna*, in: Tipke, Klaus/Lang, Joachim, Steuerrecht, 22. Aufl. 2015, § 3 Rdnr. 112.

407 BVerfGE 3, 58 (135); 42, 64 (72); 127, 224 (244).

den jeweiligen Normzweck wesentlich sind.[408] Maßgeblich für die Feststellung der Ungleichbehandlung ist der tatsächliche Belastungserfolg. Dabei handelt es nur um die Belastungswirkung von Einzelvorschriften. Die Kompensation der Belastung durch andere Normen mit entlastenden Wirkungen setzt einen sachlogischen Zusammenhang der Normen voraus. Dadurch wird zwar die Ungleichbehandlung nicht entfallen, aber sie ist richtigerweise erst auf der Rechtfertigungsebene zu berücksichtigen.[409]

Das Bundesverfassungsgericht hebt in seiner Rechtsprechung hervor, dass der Gesetzgeber das gleichheitsrechtliche Folgerichtigkeitsgebot[410] einhalten muss. Der Gesetzgeber sei deshalb verpflichtet, bereichsspezifisch zu gewinnende, sachgerechte Wertungen konsequent umzusetzen. Dies dürfe aber nicht zu einer Erstarrung des Rechts führen. Neben der Pflicht zu systemgerechter konsequenter Umsetzung einmal getroffener Belastungsentscheidungen habe der Gesetzgeber aber die Berechtigung, einen Systemwechsel, die Entscheidung für eine neue Grundwertung, zu gestalten, solange dieser seinerseits auf sachgerechten Prinzipien beruhe.[411]

II. Steuerrechtsspezifische Konkretisierungen des allgemeinen Gleichheitssatzes

Der Gleichheitssatz bedarf einer bereichsspezifischen Konkretisierung, sonst ist er nur ein Blankett[412]. Diese Konkretisierung im Steuerrecht muss durch eine von der Rechtsgemeinschaft anerkannte Gerechtigkeitswertung richtig sein. Diese Gerechtigkeitswertungen sind die systemtragenden Prinzipien, nämlich die im Grundgesetz normierten Prinzipien sowie das Prinzip der Besteuerung nach der wirtschaftlichen Leistungsfähigkeit als steuerspezifischer Vergleichsmaßstab. Dementsprechend gibt das Bundesverfassungsgericht mit seiner ständigen Rechtsprechung den Hinweis auf den im Allgemeinen Gleichheitssatz (Art. 3 Abs. 1 GG) verankerten Grundsatz der Steuergerechtigkeit, dass die Steuerlasten auf die Steuerpflichtigen in Verbindung mit der wirtschaftlichen Leistungsfähigkeit verteilt

---

408 *Hey, Johanna*, in: Tipke, Klaus/Lang, Joachim, Steuerrecht, 22. Aufl. 2015, § 3 Rdnr. 117.

409 *Hey, Johanna*, in: Tipke, Klaus/Lang, Joachim, Steuerrecht, 22. Aufl. 2015, § 3 Rdnr. 117.

410 *Schön, Wolfgang*, Leitideen des Steuerrechts oder: Nichtwissen als staatswissenschaftliches Problem, StuW 2013, S. 289 (295 ff.); *Tipke, Klaus*, Steuergerechtigkeit unter besonderer Berücksichtigung des Folgerichtigkeitsgebots, StuW 2007, S. 201; *Englisch, Joachim*, Folgerichtiges Steuerrecht als Verfassungsgebot, in: Tipke, Klaus/Seer, Roman/Hey, Johanna/Englisch, Joachim (Hrsg.), Festschrift für Joachim Lang, 2010, S. 167.

411 *Hey, Johanna*, in: Tipke, Klaus/Lang, Joachim, Steuerrecht, 22. Aufl. 2015, § 3 Rdnr. 120.

412 *Hey, Johanna*, in: Tipke, Klaus/Lang, Joachim, Steuerrecht, 22. Aufl. 2015, § 3 Rdnr. 121.

werden. Das Leistungsfähigkeitsprinzip gilt deshalb für alle Steuerarten, insbesondere auch für die indirekten Steuern auf den Konsum.[413]

C. Rechtfertigung von Ungleichbehandlung

Da die Besteuerung grundsätzlich Sachgerechtigkeit und Sachlogik voraussetzt, vermag sich der Gleichheitssatz auch im Steuerrecht als Rechtfertigungsgebot zu entfalten: Die Durchbrechung des Prinzips bedarf der Rechtfertigung durch ein anderes sachgerechtes Prinzip.[414] Als diese sachgerechten Prinzipien hat das Bundesverfassungsgericht Lenkungszwecke und Vereinfachungszwecke sowie das Ziel der Missbrauchsvermeidung[415] anerkannt.

Besonders bedeutend sind Sozialzwecknormen, da sie vom Leistungsfähigkeitsprinzip gezielt abweichen. Insofern bedürfen Abweichungen vom Leistungsfähigkeitsprinzip rechtfertigender anderer Prinzipien. Diese rechtfertigenden Prinzipien dienen als Maßstab, nach dem zu prüfen ist, ob die steuergesetzliche Bevorzugung oder Benachteiligung gerechtfertigt werden kann und ob die Sozialzwecknormen als solche gleichheitsgerecht ausgestaltet sind.[416] Bei Ausgestaltung und Rechtfertigung von Sozialzwecknormen sind das Gemeinwohlprinzip, das Bedürnisprinzip sowie das Verdienstprinzip einzuhalten.

Da das Steuerrecht Gemeinlasten verteilt, muss jede Verteilung von Steuerlasten mit der Gemeinwohlverantwortung des Steuerpflichtigen gerechtfertigt werden können.[417] Aus diesem Grund wird das Gemeinwohlprinzip als Generalprinzip angesehen. Ökonomisch sind Steuervergünstigungen und Sonderbelastungen nur dann gerechtfertigt, wenn sie zur Beseitigung eines Marktversagens dienen. Zum Zweck des Interesses einer Einzelperson oder einer einzelnen Gruppe ist eine steuerliche Sonderbehandlung dagegen unzulässig. Das Bundesverfassungsgericht vertritt auch diese Meinung.[418]

Entlastet der Gesetzgeber von der Steuerbelastung mit Rücksicht auf wirtschaftliche Bedürftigkeit, so findet das Bedürfnisprinzip Anwendung. Sozialzwecknormen, die das Bedürfnisprinzip verwirklichen, sind klar von Fiskalzwecknormen zu unterscheiden, da diese eine nicht vorhandene steuerliche Leistungsfähigkeit berücksichtigen, wie etwa die Normen zur steuerlichen Freistellung des

---

413 Vgl. oben 2. Teil 1. Kapitel; BVerfGE 110, 274 (297); 98, 106 (127 f.).

414 *Hey, Johanna*, in: Tipke, Klaus/Lang, Joachim, Steuerrecht, 22. Aufl. 2015, § 3 Rdnr. 128.

415 BVerfGE 127, 224 (253 ff.); 99, 88 (97). Eine Ungleichbehandlung bedarf nur dann einer Rechtfertigung, wenn die Missbrauchsvermeidung in typisierende Weise durch Vereinfachungszwecknormen erfolgt.

416 *Hey, Johanna*, in: Tipke, Klaus/Lang, Joachim, Steuerrecht, 22. Aufl. 2015, § 3 Rdnr. 132.

417 *Jachmann, Monika*, Nachhaltige Entwicklung und Steuern, 2003, S. 51 ff.

418 BVerfGE 93, 121 (148): Steuervergünstigungen lassen sich „gemeinwohlbezogen“ rechtfertigen; andernfalls sei der Gleichheitssatz verletzt.

Existenzminimums.[419] Die Steuerentlastung durch eine Bedürfnisnorm muss also zusätzlich zur Berücksichtigung steuerlicher Leistungsfähigkeit führen, wie z. B. die (frühere) Eigenheimförderung der Familien durch ein sog. Baukindergeld (§ 34 f EStG).[420]

Das Verdienstprinzip will ein bestimmtes, dem Allgemeininteresse dienendes Verhalten begünstigen.[421] Zu einem solchen Verhalten sollen die am Verdienstprinzip ausgerichteten Sozialzwecknormen anreizen. Beispiele sind Steuervergünstigungen für Investitionen in wirtschaftsschwachen Regionen oder für Gemeinwohlzwecke (z. B. den Denkmal- und Umweltschutz).

Allerdings wird in der Literatur[422] kritisiert, dass der Gesetzgeber sich selten an diese Prinzipien hält. Diesem Problem ist ohne politische Einsicht kaum beizukommen. Ansonsten lasse sich die nichtgerechtfertigte Steuervergünstigung, das verfassungswidrige Steuerprivileg, nur schwer zu Fall bringen.

D. Zwischenergebnis

Der Gleichheitssatz des Art. 3 Abs. 1 GG beinhaltet sowohl die Rechtsanwendungsgleichheit als auch die Rechtssetzungsgleichheit. Die Konkretisierungen des Gleichheitssatzes im Steuerrecht sind für das Steuerrecht systemtragende Prinzipien, ebenfalls die im Grundgesetz normierten Grundsätze sowie das Prinzip der Besteuerung nach der wirtschaftlichen Leistungsfähigkeit. Rechtfertigungen von Steuervergünstigungen stützen sich auf Sozialzwecknormen. Dazu zählen im Rahmen des Steuerrechts das Gemeinwohlprinzip, das Bedürfnisprinzip sowie das Verdienstprinzip. Allerdings hält der Gesetzgeber sich selten daran.

4. Kapitel: Steuervergünstigungen

A. Begriff der Vergünstigung

Der Begriff der Vergünstigung kommt nicht nur in der Alltagssprache, sondern auch in gesetzlichen Bestimmungen[423] vor. Infolgedessen kann dieser Begriff auch in einem rechtlichen Kontext untersucht werden. Zum Verständnis des Begriffs der Steuervergünstigung muss man zunächst den Begriff der Vergünstigung im allgemeinen Sprachgebrauch bestimmen.

---

419 *Hey, Johanna*, in: Tipke, Klaus/Lang, Joachim, Steuerrecht, 22. Aufl. 2015, § 3 Rdnr. 134.

420 *Hey, Johanna*, in: Tipke, Klaus/Lang, Joachim, Steuerrecht, 22. Aufl. 2015, § 3 Rdnr. 134.

421 *Hey, Johanna*, in: Tipke, Klaus/Lang, Joachim, Steuerrecht, 22. Aufl. 2015, § 3 Rdnr. 135.

422 *Hey, Johanna*, in: Tipke, Klaus/Lang, Joachim, Steuerrecht, 22. Aufl. 2015, § 3 Rdnr. 136.

423 Vgl. etwa § 178 Abs. 2 Nr. 3a AO; §§ 36, 49 VwVfG.

I. Bedeutung im allgemeinen Sprachgebrauch

Unter „Vergünstigung“ im alltäglichen Sprachgebrauch versteht man im Allgemeinen einen beispielsweise sozialen oder steuerlichen Vorteil, den man aufgrund bestimmter Voraussetzungen genießt.[424] Diese Definition kann nicht ohne Weiteres in der Rechtswissenschaft oder Finanzwissenschaft übernommen werden. Dennoch kann die Verwendung des Wortes in der Alltagssprache zur Erläuterung und Auslegung des Begriffs in der Rechtssprache dienen. Der Begriff Vergünstigung erscheint in zahlreichen Rechtsvorschriften und hat daher eine rechtliche Bedeutung. Diese rechtliche Bedeutung kann angesichts des Gebrauchs des Begriffes in gesetzlichen Vorgaben ermittelt werden.

II. Bedeutung in Gesetzen

Der Begriff der Vergünstigung wird in den meisten Gesetzen nur verwendet, aber nicht definiert. Auch im deutschen Steuerrecht ist keine Legaldefinition der Steuervergünstigung vorhanden. Die Verwendung des Begriffes in den verschiedenen Steuergesetzen lässt eine klare Systematik nicht erkennen.[425] Um den Begriff der (Steuer)Vergünstigung richtig beschreiben zu können, wird im Folgenden die Bedeutung dieses Begriffs in verschiedenen Gesetzen, insbesondere in Steuergesetzen, untersucht.

1. In Verwaltungsgesetzen

Bei einer Vergünstigung handelt es sich in der Regel um einen staatlich gewährten Vorteil. Dabei lassen sich drei Gruppen mit verschiedenen Bedeutungen unterscheiden. Zum einen wird der Begriff „Vergünstigung“ in Vorschriften nur allgemein eingesetzt, ohne ihn genauer zu beschreiben, wie etwa in § 36 Abs. 2 Nr. 1 oder § 49 Abs. 2 Nr. 4 VwVfG. Dabei werden „Vergünstigung“ und „Begünstigung“ als identische Begriffe herangezogen.[426] Im VwVfG stellt die Vergünstigung im Gegensatz zur Belastung allgemein die begünstigende rechtliche Wirkung des Verwaltungsaktes[427] dar. Ähnliches gilt auch für die Verwendung des Begriffs in dem wortgleichen § 120 AO.[428] Allerdings ist in den Rücknahmevorschriften sowohl der §§ 48, 49 VwVfG als auch der §§ 130, 131 AO nicht von vergünstigenden, sondern begünstigenden Verwaltungsakten die Rede. Dabei handelt es sich um die Akte, die

---

424 *Scholze-Stubenrecht, Werner/Mang, Dieter* (Red.), Duden. Das große Wörterbuch der deutschen Sprache, Band IX, 3. Aufl. 1999, S. 4219; *Wermke, Matthias* (Red.), Die Zeit. Das Lexikon in 20 Bänden, Band XIX, 2005, S. 2488.

425 *Jatzke, Harald*, Das System des deutschen Verbrauchsteuerrechts, 1997, S. 102.

426 *Jochum, Georg*, Die Steuervergünstigung, 2006, S. 33.

427 Vgl. *Bumke, Christian*, in: Hoffmann-Riem, Wolfgang/Schmidt-Aßmann, Eberhard/Voßkuhle, Andreas (Hrsg.), Grundlagen des Verwaltungsrechts, Band II, 2. Aufl. 2012, § 35, Rdnr. 140.

428 *Ipsen, Jörn*, Allgemeines Verwaltungsrecht, 9. Aufl. 2015, Rdnr. 557.

ein Recht oder einen rechtlichen Vorteil gewähren. Es sollte daher in diesem Zusammenhang allgemein von Begünstigung gesprochen werden.[429] Mit anderen Worten, diese Vorschriften bedeuten eigentlich allgemein Begünstigungen. Im Ergebnis folgt, dass die Verwendung des Begriffes in den verschiedenen verwaltungsrechtlichen Gesetzen nicht zur Bestimmung des Begriffes der Vergünstigung herangezogen werden kann.[430]

Ferner taucht der Begriff der Vergünstigung nicht nur als Synonym zur Begünstigung mit allgemeiner Bedeutung auf, sondern wird auch in einigen besonderen Vorschriften verwendet. Zu nennen sind hier § 55 Abs. 3 AsylVfG und § 96 Abs. 3 AuslG, wonach von einer Gewährung von Rechten und Vergünstigungen die Rede ist.[431] In diesem Zusammenhang betreffen Vergünstigungen grundsätzlich soziale Leistungen wie etwa das Erziehungsgeld.[432] Anders als der Begriff der Begünstigung, wie er oben erwähnt in den verfahrensrechtlichen Vorschriften verwendet wird, umfasst der Begriff der Vergünstigung hier nicht rechtliche Vorteile im rechtsdogmatischen Sinne, sondern soziale oder finanzielle Vorteile im Sinne der Umgangssprache.[433] Diesen Wortlaut in Gesetzen muss man dementsprechend als Vorteile aller Art im weitesten Sinne verstehen. Im Vergleich zur Begünstigung, die Rechte und rechtliche Vorteile umfasst, ist die Vergünstigung hier auf Vorteile begrenzt. Der Begriff der Vergünstigung muss infolgedessen hier als eigenständiger Rechtsbegriff betrachtet werden.

2. In Steuergesetzen

Die weitere und größte Gruppe der Vergünstigungen sind Steuervergünstigungen in Steuergesetzen. In Steuergesetzen treten Steuervergünstigungen unter verschiedenen Bezeichnungen, wie unter anderem Steuerbefreiungen, Steuerermäßigungen, Steuererleichterungen, Bewertungsfreiheiten, Sonderabschreibungen, Freibeträge und Freigrenzen, sonstige Abzüge von der Bemessungsgrundlage etc., in Erscheinung.[434] Beispiele sind die §§ 58 ff. AO, die Steuervergünstigungen aus Gründen der Gemeinnützigkeit gewähren, oder § 3a KraftStG, der Schwerbehinderten Vergünstigungen bei der Kraftfahrzeugsteuer zubilligt. Der Begriff der Steuervergünstigung wird allgemein als Sammel- oder Oberbegriff für alle die Steuerbemessungsgrundlage und/oder Steuerschuld mindernden Vorschriften mit Ausnahmecharakter

---

429 So auch die allgemeine Terminologie der Literatur, vgl. *Sachs, Michael*, in: Stelkens, Paul/Bonk, Heinz Joachim/Sachs, Michael (Hrsg.), Verwaltungsverfahrensgesetz, Kommentar, 8. Aufl. 2014, § 48 Rdnr. 118.

430 *Jochum, Georg*, Die Steuervergünstigung, 2006, S. 33.

431 Die jeweilige Vorschrift steht im Zusammenhang mit der Anrechnung von Aufenthaltszeiten.

432 Vgl. *Hailbronner, Kay*, Ausländerrecht, Loseblatt-Kommentar, 90. Ergänzungslieferung, Stand: Juli 2015, A 1, § 96, Rdnr. 16 m.w.N.

433 *Jochum, Georg*, Die Steuervergünstigung, 2006, S. 34.

434 *Tipke, Klaus/Lang, Joachim*, Steuerrecht, 17. Aufl. 2002, § 7, Rdnr. 36.

verwendet.[435] Es ist unproblematisch, dass dieser Oberbegriff Steuerbefreiungen und Steuerermäßigungen erfasst. Umstritten ist nur, ob Steuerentlastungen, die die entstandene Steuerschuld nachträglich reduzieren, den Steuervergünstigungen zuzuordnen sind.

Jatzke[436] und *Tipke*[437] vertreten das Argument, dass Steuerentlastungen im Rahmen der Steuervergünstigungen ausgegrenzt werden. In allgemeinen Steuergesetzen wird der Begriff „Steuervergünstigung" als Ober- und Sammelbegriff angesehen, der alle Steuerbefreiungen und -ermäßigungen erfasst.[438] Auch in Verbrauchsteuergesetzen bedeuten Steuerbefreiungen und Steuerermäßigungen im Allgemeinen, dass sie entweder eine Entstehung der Steuer ganz verhindern oder einen Regelsteuersatz reduzieren.[439]

Im Tabaksteuergesetz 1980 wurden Steuerbefreiungen (§ 11 TabStG) und Steuervergünstigungen (§ 12 TabStG) in unterschiedlicher Weise formuliert. Die neue Fassung des Tabaksteuergesetzes – anders als andere Verbrauchsteuergesetze – spricht nicht mehr vom Begriff der Steuervergünstigung[440]. Die Begründung des Gesetzgebers hierzu war hauptsächlich die unterschiedliche Anwendbarkeit des § 50 Abs. 1 AO[441]. Die Steuer für Zigarettenhüllen und Tabakwaren entstünde im Rahmen einer steuerbegünstigten Verwendung mit der Entfernung aus dem Herstellungsbetrieb oder der Entnahme zum Verbrauch im Herstellungsbetrieb unter Voraussetzungen und würde mit der zweckmäßigen Verwendung gemäß § 50 Abs. 1 AO nachher entfallen.[442] Im Gegensatz dazu wurde eine originäre Steuerfreiheit bei Ansichtsmustern und Deputatwaren angenommen, die das Entstehen einer Steuer unterband. So betrachtet *Schröter* sie als „echte" Steuerbefreiungen.[443] Nach diesen

---

435 *Tipke, Klaus/Lang, Joachim*, Steuerrecht, 17. Aufl. 2002, § 7, Rdnr. 36.

436 *Jatzke, Harald*, Das System des deutschen Verbrauchsteuerrechts, 1997, S. 104.

437 *Tipke, Klaus/Lang, Joachim*, Steuerrecht, 17. Aufl. 2002, S. 144. Nach seiner Ansicht ist die Einordnung der Steuervergütungen unter Steuervergünstigungen in § 178 Abs. 2 Nr. 3a AO falsch.

438 *Lang, Joachim*, Systematisierung der Steuervergünstigungen, 1974, S. 26; *Förster, Jutta*, Die Verbrauchsteuern – Geschichte, Systematik, finanzverfassungsrechtliche Vorgaben, Dissertation, S. 80; *Peters, Martin*, Das Verbrauchsteuerrecht, 1989, Rdnr. 26.

439 *Jatzke, Harald*, Das System des deutschen Verbrauchsteuerrechts, 1997, S. 104.

440 Im Vergleich dazu wurden Steuerbefreiungen (§ 11 TabStG) und Steuervergünstigungen (§ 12 TabStG) noch vom Tabaksteuergesetz 1980 berücksichtigt und unterschiedlich geregelt.

441 § 50 Abs. 1 AO: Werden nach den Verbrauchsteuergesetzen Steuervergünstigungen unter der Bedingung gewährt, dass verbrauchsteuerpflichtige Waren einer besonderen Zweckbestimmung zugeführt werden, so erlischt die Steuer nach Maßgabe der Vergünstigung ganz oder teilweise, wenn die Bedingung eintritt oder wenn die Waren untergehen, ohne dass vorher die Steuer unbedingt geworden ist.

442 *Caspers, Günter/Dittrich, Gerhard*, Das neue Tabaksteuerrecht, ZfZ 1980, S. 136.

443 *Schröter, Walter*, Das Tabaksteuergesetz und seine Durchführungsbestimmungen, 1956, S. 194; im Tabaksteuergesetz vom 6.5.1953 (BGBl. 1953 I, S. 169) wurde der

Abgrenzungskriterien könnte man eine Steuerbefreiung im Rahmen des bisherigen Verbrauchsteuerrechts so verstehen, dass eine Steuer noch nicht entsteht.[444]

Außerdem kommt dieser Unterschied zwischen Steuervergünstigung und -entlastung in § 132 BranntwMonG a. F. besonders deutlich zum Ausdruck. Unter der Überschrift „Steuerbefreiungen und -entlastungen" werden sowohl Vergünstigungen in Form von Steuerbefreiungen als auch Entlastungen in Form von Erstattung, Vergütung und Erlass geregelt.[445] Auch in allen anderen Verbrauchsteuergesetzen unterscheidet sich das Entlastungsverfahren begrifflich und rechtstechnisch von den Steuervergünstigungen.[446] Nur im Ergebnis haben beide Ausnahmeregelungen die Gemeinsamkeit, eine Steuerbelastung zu vermeiden.

Eine andere Ansicht dagegen behauptet, dass Steuervergünstigungen nicht nur Steuerbefreiungen und Steuerermäßigungen, sondern auch Steuerentlastungen, die die entstandenen Steuern rückgängig machen, beinhalten. Nach dem Argument von *Jochum* kann eine Steuervergünstigung nach der Steuerentstehung gewährt werden.[447] Außerdem weist er darauf hin, dass mangels Legaldefinition der Begriff der Steuervergünstigung hier als Ordnungsbegriff gesehen wird.[448] Insofern kann auch aus der Verwendung des Begriffes Steuervergünstigung im Gesetz nicht mehr entnommen werden als hinsichtlich der Verwendung des allgemeinen Begriffs der Vergünstigung bereits festgestellt worden ist. Auch *Beermann*[449]vertritt die Ansicht über die Steuervergünstigung, dass die Steuer nicht gezahlt zu werden braucht oder zurückgezahlt wird. *Schröer-Schallenberg*[450] bezeichnet die Rückgängigmachung der Versteuerung als eine Form der Steuervergünstigung. Die Steuerbefreiung und die Steuererstattung führen im Ergebnis dazu, dass die Folgen einer Steuerbelastung nicht eintreten. *Peters*[451] spricht in Zusammenhang mit der Rückgängigmachung der Versteuerung durch Erlass, Erstattung oder Vergütung von materiellen Vergünstigungsvoraussetzungen und von der Beanspruchung einer Vergünstigung. Dieser

---

Begriff Steuervergünstigung nicht verwendet, § 77 und § 78 TabStG sahen nur Steuerbefreiungen vor.

444 *Jatzke, Harald*, Das System des deutschen Verbrauchsteuerrechts, 1997, S. 103.

445 *Jatzke, Harald*, Das System des deutschen Verbrauchsteuerrechts, 1997, S. 105.

446 Vgl. § 22 TabStG a. F., §§ 19, 20 BierStG a. F., §§ 132, 148, 149 BranntwMonG a. F., §§ 18, 19 SchaumwZwStG a. F. und §§ 24 und 25 MinöStG a. F.

447 *Jochum, Georg*, Die Steuervergünstigung, 2006, S.181 ff.

448 *Jochum, Georg*, Die Steuervergünstigung, 2006, S. 34.

449 *Beermann, Albert*, in: Klein, Lexikon des Rechts, Steuer- und Finanzrecht, 1986, S. 482.

450 *Schröer-Schallenberg, Sabine*, Die Auswirkungen der Verbrauchsteuerharmonisierung, ZfZ 1993, S. 300 (303). A. A.: *Förster, Jutta*, Die Verbrauchsteuern, 1989, S. 83. *Förster* ist der Auffassung, dass sich die Erstattung durch ihre formale Behandlung von der Vergünstigung unterscheidet und nur im Ergebnis zur Steuerbefreiung führt.

451 *Peters, Martin*, Das Verbrauchsteuerrecht – Eine umfassende Darstellung, 1989, Rdnr. 420.

Unterschied wird vom Gesetzgeber durch die Formulierung des § 178 Abs. 2 Nr. 3 Buchst. a AO außer Acht gelassen.[452]

3. *Stellungnahme*

Der Behauptung, dass der Begriff der Steuervergünstigung sowohl Steuerbefreiung, -ermäßigung als auch Steuerentlastung enthält, ist zuzustimmen. Es wird daher „Steuervergünstigung" in dieser Arbeit im weiteren Sinne verstanden. Steuervergünstigung, egal ob die Steuerentstehung verhindert oder die entstandene Steuer entlastet wird, ist im Wesentlichen ein vom Staat gewährter steuerlicher Vorteil. Im Hinblick auf die Grenze der Steuervergünstigung ist überdies die Beschränkung des Begriffs der Steuervergünstigung nur auf eine noch nicht entstandene Steuerschuld nicht von großer Bedeutung. Denn sowohl die Steuerbefreiung als auch die Steuerentlastung können zur Ungleichheit der Steuerbelastung ohne sachgerechten Grund führen oder die Grundrechte der Nichtbegünstigten entsprechend beeinträchtigen.[453]

Auch die oben dargestellten Beispiele zur argumentativen Untermauerung eines engeren Begriffs der Steuervergünstigung erscheinen heute als überholt. In neuen Verbrauchsteuergesetzen[454] ordnet der Gesetzgeber vielmehr Steuerbefreiungen und Steuerentlastungen gemeinsam der Überschrift „Steuervergünstigungen" zu. Die alten Beispiele können den anderen Standpunkt nicht mehr unterstützen. Auch bei der Zollverwaltung[455] fallen Steuerbefreiung, -ermäßigung sowie -entlastung unter die Beschreibung der Steuervergünstigung. Insgesamt lässt sich festhalten, dass der Begriff der Steuervergünstigung in neuen Verbrauchsteuergesetzen weit verstanden wird.

III. *Zwischenergebnis*

Der Begriff der Vergünstigung wird in verschiedenen Gesetzen unterschiedlich verwendet, wobei er entweder Rechte oder ein rechtlicher, sozialer bzw. finanzieller Vorteil sein könnte. Die präzise Definition ist je nach den Gesetzen unterschiedlich. Die Betrachtung der Steuervergünstigung als Vergünstigung zeigt, dass es sich bei der Steuervergünstigung um eine Kategorie staatlich gewährter Vorteile handelt. Diese Vergünstigung steht im Zusammenhang mit einem finanziellen Vorteil. In

---

452 *Jatzke, Harald*, Das System des deutschen Verbrauchsteuerrechts, 1997, S. 104.

453 *Clasen, Tobias*, Steuervergünstigungen von Religionsgemeinschaften, 2014, S. 28.

454 §§ 23, 24, 25 BierStG vom 15.7.2009, letzte Änderung vom 16.6.2011; §§ 30, 32 TabStG vom 15.7.2009, letzte Änderung vom 25.7.2014; §§ 152, 154, 155 BranntweinMonG vom 8.4.1922, letzte Änderung vom 31.8.2015; §§ 23, 24, 25 SchaumwZwStG vom 15.7.2009, letzte Änderung vom 16.6.2011.

455 Vgl. die Webseite des Zolls vom Bundesministerium der Finanzen, http://www.zoll.de/DE/Fachthemen/Steuern/Verbrauchsteuern/Energie/Steuerverguenstigung/steuerverguenstigung_node.html;jsessionid=69294E0511E4DB1749B639094180DCFl.intranetl (letzter Aufruf vom 1.10.2015).

der Regel verfolgt die Gewährung des Vorteils einen bestimmten Zweck. Trotz der Frage zum Umfang der Vergünstigung bezieht sich Steuervergünstigung in modernen Steuergesetzen auf Steuerbefreiung, -ermäßigung sowie -entlastung. Schließlich ist eine Steuervergünstigung so zu verstehen, dass ein Begünstigender einem Begünstigten einen steuerlichen, finanziellen Vorteil verschafft, der anderen in ähnlicher Stellung nicht gewährt wird.

B. Abgrenzung der Begriffe Vergünstigung und Subvention

I. Begriff der Subvention

Neben der Vergünstigung ist das Phänomen der Subvention Gegenstand einer Vielzahl von Untersuchungen geworden,[456] in denen beide Begriffe voneinander unterschieden werden müssen.[457] Trotz dieser vielfältigen Bemühungen ist der Begriff der Subvention unklar. Der Inhalt des Subventionsbegriffs ist in der Rechtsprechung und der Lehre umstritten und wird in der Verwaltungspraxis einschließlich der Wirtschaftswissenschaft unterschiedlich verwendet.[458] Im umgangssprachlichen Gebrauch erscheint dieser Begriff zudem oft in negativer Bedeutung. Der Empfänger befindet sich grundsätzlich in einer schwachen finanziellen Lage und ist auf „Geschenke" eines leistungsstarken Partners, zumeist des Staates, angewiesen.[459]

In der rechtswissenschaftlichen Literatur sind verschiedene Meinungen vorherrschend. Zum einen sei eine begriffliche Erfassung der Subventionen begrenzt, zumal

---

456 Vgl. *Götz, Volkmar,* Recht der Wirtschaftssubventionen 1977; *Kirchhof, Paul,* Verwalten durch „mittelbares" Einwirken, 1977; *Bleckmann, Albert,* Subventionsrecht, 1978; *Gröbner, Bruno,* Subventionen, 1983; *Rüfner, Wolfgang,* Formen öffentlicher Verwaltung im Bereich der Wirtschaft, 1967; *Ipsen, Hans-Peter,* Verwaltung durch Subventionen, VVDStRL 25 (1967), S. 257 ff.; *Zacher, Hans F.,* Verwaltung durch Subventionen, VVDStRL 25 (1967), S. 308 ff.; *Kirchhoff, Gerd,* Subventionen als Instrument der Lenkung und Koordination, 1973; *Flaig, Gerhard,* Subventionsrecht, in: Klein, Franz (Hrsg.), Öffentliches Finanzrecht, 2. Aufl. 1993, S. 283 ff.; *Bohling, Wolfgang,* Wirtschaftspolitische und wirtschaftsverfassungsrechtliche Probleme staatlicher und kommunaler Subventionen, 1989; *Färber, Gisela,* Binnenmarktgerechte Subventionspolitik in der Europäischen Gemeinschaft, 1995.

457 *Kämmerer, Jörn Axel,* Subventionen, in: Isensee, Josef/Kirchhof, Paul (Hrsg.), Handbuch des Staatsrechts, Band V, 3. Aufl. 2007, § 124, Rdnr. 2.

458 Vgl. *Ehlers, Dirk,* Die Kontrolle von Subventionen, DVBl. 1993, S. 861; ebenso *Stober, Rolf,* Handbuch des Wirtschaftsverwaltungs- und Umweltrechts, 1989, S. 1221.

459 *Groß, Erhard,* Staatliche Finanzierungshilfen zur Förderung von Investitionen der gewerblichen Wirtschaft im Licht gesamtwirtschaftlicher und unternehmerischer Zielsetzungen, 1977, S. 5.

engere und weitere Begriffsbildungen unvermeidlich sind.[460] Dieser Befund hat also zur Folge, dass eine exakte Abgrenzung nicht möglich sei.[461] Zum anderen werde eine Begriffsbildung für ganz unmöglich und sinnlos gehalten.[462] Allerdings dürfte es auch hinsichtlich der Subvention möglich sein, begriffliche Merkmale zu bilden, die übereinstimmend als Erkennungszeichen der Subvention gelten können. Diese begrifflichen Merkmale sind aus rechtswissenschaftlichem Blickwinkel in dieser Arbeit schwerpunktmäßig zu behandeln.

1. Begriff der Subvention in Gesetzen

Der Subventionsbegriff ist im internationalen, europäischen sowie nationalen Recht nicht identisch definiert. Im internationalen Recht und Europarecht wird Subvention im weitesten Sinne verstanden.[463] In Art. 1 des WTO-Subventionsübereinkommens von 1994[464] wird Subvention so definiert, dass eine Subvention eine finanzielle Beihilfe jeder Art ist, die durch die eigene Regierung oder eine öffentliche Körperschaft gewährt wird. Trotz der konkreten Definition des Subventionsbegriffs in diesem internationalen Dokument macht die Begriffsweite eine sinnvolle Anknüpfung von Rechtsfolgen unmöglich. Um eine solche Anknüpfung zu ermöglichen, wurde der Begriff im WTO-Übereinkommen durch das Konzept der spezifischen Subvention restriktiver verstanden.[465] Die spezifische Subvention ist dadurch beschrieben, dass die Zuwendung an Unternehmen oder Wirtschaftszweige geht (Art. 2).[466] Neben dem internationalen Dokument wird der Begriff der Beihilfe im Europarecht verwendet, aber nicht in den Verträgen definiert. Dazu konkretisiert der EuGH diesen Begriff insoweit, als Beihilfen dem Begünstigten einen unentgeltlichen wirtschaftlichen Vorteil verschaffen, der auch in der Verminderung einer Belastung liegen kann.[467]

Im nationalen Recht findet sich die derzeit einzige Legaldefinition des Begriffs der Subvention nur in § 264 Abs. 7 StGB. Eine Subvention ist eine Leistung aus öffentlichen Mitteln nach Bundes- oder Landesrecht oder dem Recht der Europäischen Gemeinschaften bzw. heute der Euroäischen Union an Betriebe oder Unternehmen, die wenigstens zum Teil ohne marktmäßige Gegenleistung gewährt wird und der Förderung der Wirtschaft dienen soll. Allerdings ist mit dem Wortlaut „im Sinne

---

460 *Kämmerer, Jörn Axel*, Subventionen, in: Isensee, Josef/Kirchhof, Paul (Hrsg.), Handbuch des Staatsrechts, Band V, 3. Aufl. 2007, § 124, Rdnr. 2.

461 So *Bleckmann, Albert*, Ordnungsrahmen für das Recht der Subventionen, 1984, D 12.

462 *Andel, Norbert*, Subventionen als Instrument des finanzwirtschaftlichen Interventionismus, 1970, S. 4; *Roser, Thomas*, Der staatliche Kredit, 1965, S. 4 ff.; *Rodi, Michael*, Die Subventionsrechtsordnung, 2000, S. 28.

463 *Rodi, Michael*, Die Subventionsrechtsordnung, 2000, S. 37 ff.

464 ABl. EG 1994 Nr. 1 336/156.

465 Vgl. *Rodi, Michael*, Die Subventionsrechtsordnung, 2000, S. 38.

466 *Jochum, Georg*, Die Steuervergünstigung, 2006, S. 38.

467 EuGH vom 26.9.1996, Rs. C-241/94, Frankreich/Kommission, Slg. 1996 I-4551, Tz. 34; EuGH vom 22.3.1977, Rs. 78/76, Steinike / Weinlig, Slg. 1977, 595, 611, Tz. 22.

dieser Vorschrift" diese Legaldefinition nur im Rahmen des Strafrechts gültig, also beansprucht sie über das Strafrecht hinaus keine Geltung.

Neben der Legaldefinition im § 264 StGB taucht der Terminus der Subvention in verschiedenen Gesetzen auf, es fehlt aber an einer Definition. Die Rechtsverordnung nach § 93a Abs. 1 Nr. 2 AO ist eine Mitteilungspflicht über Subvention, wonach aber der Begriff nicht vom Gesetzgeber ausgelegt wird. Die §§ 3, 5 und 6 des Gesetzes über die Statistik im Produzierenden Gewerbe vom 21. März 2002[468] sehen ebenfalls Mitteilungspflichten über Subventionen vor, in denen der Begriff der Subvention aber auch nicht definiert wird. Daneben sind gesetzliche Definitionen ähnlicher Begriffe mit der Bezeichnung wie etwa „Finanzhilfen" oder „Zuwendungen" vorhanden. So definiert § 12 StWG Finanzhilfen als Teil der Bundesmittel, die an Stellen außerhalb der Bundesverwaltung gegeben werden. Den Begriff der Zuwendung definiert § 23 BHO als Ausgaben und Verpflichtungsermächtigungen für Leistungen an Stellen außerhalb der Bundesverwaltung zur Erfüllung bestimmter Zwecke.[469]

Zusammenfassend lässt sich daher feststellen, dass der Begriff der Subvention in sowohl internationalen als auch nationalen Gesetzen zumeist in keine identische Legaldefinition gefasst werden kann. Im internationalen Recht wird der Begriff einer Subvention durch das Subventionsübereinkommen sehr breit definiert, der eine Anknüpfung von Rechtsfolgen unmöglich macht und einer zusätzlichen Einschränkung bedarf. Wird dieser Begriff wie oben verkürzt in Art. 1 des WTO-Subventionsübereinkommens allgemein verwendet, deckt er sich wiederum fast mit dem umgangssprachlichen Begriff der Vergünstigung.[470] In nationalen Gesetzen erscheint der Begriff einer Subvention konfus. Der Gesetzgeber definiert den Begriff dadurch, dass er entweder den Anwendungsbereich im Voraus begrenzt (z. B. § 264 Abs. 7 StGB) oder den Begriff sehr weit fasst. Neben dem Begriff Subvention treten andere ähnliche Begriffe wie Zuwendungen oder Finanzhilfen auch in nationalen Gesetzen auf. Durch dieses Ergebnis wird die These bestätigt, dass ein einheitlicher Rechtsbegriff der Subvention unmöglich ist. Vielmehr wird er für die jeweiligen Zwecke anders definiert und an konkrete Rechtsfolgen geknüpft.[471]

2. *Begriff der Subvention in der Rechtsprechung*

a) Begriff in der deutschen Rechtsprechung

In verschiedenen Zusammenhängen wird der Begriff der Subvention auch von den deutschen Gerichten in unterschiedlicher Weise gebraucht. Das Bundesverfassungsgericht sieht den Begriff der Subvention in zwei Entscheidungen[472] als freiwillige

---

468 BGBl. 2002 I, S. 1181; zuletzt geändert durch Art. 271 vom 31.8.2015 (BGBl. 2015 I, S. 1474).

469 Gleichlautend siehe § 14 HGrG.

470 *Jochum, Georg*, Die Steuervergünstigung, 2006, S. 38.

471 *Jochum, Georg*, Die Steuervergünstigung, 2006, S. 38.

472 BVerfGE 72, 175 (193); BVerfGE 17, 210 (216).

finanzielle Zuwendung des Staates, mit deren Hilfe ein bestimmtes Verhalten von Bürgern gefördert wird, das aus wirtschafts-, sozial- und gesellschaftspolitischen Gründen erwünscht ist. Diese Definition ist aber nicht hinreichend deutlich, um eine exakte Abgrenzung zu weiteren vergleichbaren Begriffen zu ziehen. Sie dient vielmehr nur als eine Leitlinie. Auch in einigen Entscheidungen[473] verwendet das Gericht den der Subvention ähnlichen Begriff der Beihilfe als Synonym zur Subvention, ohne aber eine Begriffsdefinition zu geben.

In erster Linie wirft das Bundesverfassungsgericht die Frage auf, ob die unmittelbare Zuwendung (z.B. Subvention) an die Parteien zulässig ist. Solche Zuwendung hält das Bundesverfassungsgericht in seiner Entscheidung[474] für selbstverständlich zulässig. Im ersten Parteienfinanzierungsurteil vertritt das Gericht die Auffassung, dass Finanzzuweisungen an die Parteien nicht mit der Aussage gerechtfertigt werden könnten, dass der Staat in großem Umfang gesellschaftliche Vereinigungen, Verbände und Gruppen subventioniere. Staatliche Finanzhilfen würden gesellschaftlichen Vereinigungen für wirtschaftliche, soziale und kulturelle Zwecke zugewendet, die von den zuständigen Staatsorganen als förderungswürdig anerkannt worden sind, was nicht mit dem Grundsatz zu vereinbaren sei, dass sich die demokratische Willensbildung frei und offen vom Volk zu den Staatsorganen vollziehen müsse.[475] In einer weiteren Entscheidung[476] des Bundesverfassungsgerichts wird die Frage diskutiert, ob Bundeszuschüsse zur Rentenversicherung nicht reine Subventionen des Staates für die Versichertengemeinschaft darstellen. Es kommt aber zu dem Ergebnis, hierin liege zumindest auch ein Ausgleich für die der Versichertengemeinschaft aus Gründen des Allgemeinwohls auferlegten öffentlichen Lasten. Trotz einer durch die Entscheidung auferlegten Pflicht des Staates zur Subventionierung konfessioneller Krankenhäuser hat das Gericht offengelassen, wie eine solche Subventionierung aussehen soll. Die Subventionierung habe nach Maßgabe des Krankenhausfinanzierungsgesetzes zu erfolgen.[477]

Betrachtet man die Rechtsprechung des Bundesverwaltungsgerichts, so verwendet es den Begriff zwar in unzähligen Entscheidungen[478], allerdings ohne den Begriff ausführlich und deutlich zu definieren. Sofern der Begriff erläutert wird, geschieht dies eher beiläufig. In einer älteren Entscheidung[479] hat das Bundesverwaltungsgericht den Begriff so beschrieben, dass Subventionen öffentlich-rechtliche Leistungen des Staates darstellen, die zur Erreichung eines bestimmten im öffentlichen Interesse gelegenen Zweckes gewährt werden. Allerdings will das

---

473 BVerfGE 10, 141; BVerfGE 10, 372.
474 BVerfGE 23, 12.
475 BVerfGE 20, 56.
476 BVerfGE 54, 11 (30).
477 Vgl. BVerfGE 53, 366.
478 Vgl. BVerwGE 105, 55 (59); BVerwGE 104, 220 (230); BVerwGE 102, 39 (44); BVerwGE 101, 211 (225).
479 BVerwG vom 19.12.1958, NJW 1959, S. 1098.

Gericht selbst diese Begriffsdeutung nicht in den Rang einer Definition einordnen.[480] Sie soll unabhängig davon gelten, wie man sonst den Begriff der Subvention genauer begreift.[481] In einer jüngeren Entscheidung[482] erklärt das Gericht Umweltsubventionen als solche, mit denen der Staat Unternehmen oder Einzelpersonen bei der Ergreifung umweltpolitisch erwünschter Maßnahmen oder Vorhaben finanzielle Anreize gibt. Dies ist aber weniger eine Definition als eine Umschreibung des Begriffs.[483]

Insgesamt kann festgestellt werden, dass der Begriff der Subvention nicht als feststehender Rechtsbegriff von den Rechtsprechungen des Bundesverfassungsgerichts und der Verwaltungsgerichte behandelt wird. Analysiert man aber die Rechtsprechung im Hinblick auf die Begriffsmerkmale, so stellt die Subvention eine staatliche Vorteilsgewährung ohne Gegenleistung dar. Daher enthält das Begriffsverständnis nicht nur einen finanziellen, sozialen oder steuerlichen Vorteil, sondern auch eine staatliche Vergünstigung. Subventionsgeber sind nur die öffentlichen Finanzwirtschaften, nämlich der Staat.[484] Empfänger einer Subvention sind private Vereine, der Bürger, aber auch öffentlich-rechtlich organisierte Rentenversicherungen.

b) Begriff in der Rechtsprechung des EuGH

Nach Auffassung des Europäischen Gerichtshofs ist der Begriff der Beihilfe weiter zu verstehen als der Begriff der Subvention.[485] Subventionen im Verständnis des EuGH beziehen sich nur auf die direkten Beihilfen. Der Begriff der Beihilfe enthält hingegen alle Maßnahmen, die in verschiedener Form die Belastungen vermindern, welche ein Unternehmen normalerweise zu tragen hat.[486] Eine besondere Rechtsfolge zwischen den in- und direkten Beihilfen besteht nach der Auffassung des EuGH aber nicht.[487] Da der Europäische Gerichtshof sich in seinen Entscheidungen mit

480 *Jochum, Georg*, Die Steuervergünstigung, 2006, S. 40.
481 BVerwG vom 19.12.1958, NJW 1959, S. 1098.
482 Vgl. BVerwGE 108, 369 (375).
483 *Jochum, Georg*, Die Steuervergünstigung, 2006, S. 40.
484 Vgl. *Stober, Rolf,* Handbuch des Wirtschaftsverwaltungs- und Umweltrechts, 1989, S. 1221; *Babrowski, Udo,* Die Steuerbefreiung als Rechtsform der Subvention, 1976, S. 18 f. m.w.N.
485 Vgl. EuGH vom 27.6.2000, Rs. C-404/97, Kommission/Portugiesische Republik, Slg. 2000, I-4897, Tz. 44; EuGH vom 15. 3.1994, Rs. C-387/92, Banco Exterior de España, Slg 1994, I-877, Tz. 13; EuGH vom 19.5.1999, Rs. C-6/97, Italien/Kommission, Slg. 1999, I-2981, Tz. 15.
486 Vgl. EuGH vom 23.2.1961, Rs. 30/59, De Gesamenlijke Steenkolemijnen/EGKS, Slg. 1961, 43; EuGH vom 2.7.1974, Rs. 173/73, Italienische Republik/Kommission, Slg. 1974, 709 ff. Vgl. auch *Stober, Rolf/Eisenmenger, Sven,* Besonderes Wirtschaftsverwaltungsrecht, 15. Aufl. 2011, S. 297.
487 Vgl. EuGH vom 27.6.2000, Rs. C-404/97, Kommission/Portugiesische Republik, Slg. 2000, I-4897, Tz. 44; EuGH vom 19.5.1999, Rs. C-6/97, Italien/Kommission, Slg. 1999, I-2981, Tz. 15.

dem Begriff der Beihilfe, der in Art. 107 f. AEUV (ex Art. 87 f. EG) verwendet wird und an diesen Rechtsfolgen knüpft, befasst, besteht für den Europäischen Gerichtshof keine Verlassung, einen Subventionsbegriff zu entwickeln. Der Beihilfebegriff ist daher ein eigener europarechtlicher Begriff, der zwar in seinen Eigenschaften, aber nicht in seiner präzisen Definition mit dem Begriff der Subvention zu vergleichen ist.

c) Zwischenergebnis

Als Zwischenergebnis wird hier festgehalten, dass bisher die deutschen und europäischen Judikate kein fruchtbares Ergebnis für einen identischen Subventionsbegriff bringen. Auf eine gemeinsame Formel wird die Subvention dadurch gebracht, dass ein Vorteil vom Staat ohne Gegenleistung gewährt wird. Von ähnlicher Bedeutung ist auch der Beihilfebegriff im Europarecht, der aber angesichts der Vorgabe des Art. 107 AEUV (ex Art. 87 EG) auf Vorteilsgewährung gegenüber Unternehmen beschränkt ist. Zur Festlegung des Subventionsbegriffes sind daher weitere Schriften der einschlägigen Literatur heranzuziehen.

3. Begriff der Subvention in der Literatur

Aufgrund des Befundes in der rechtswissenschaftlichen Literatur ist es schwierig, ein Konzept der Subvention zu bestimmen, da die Frage von Möglichkeit und Notwendigkeit eines solchen Begriffs umstritten ist.[488] Eine Auffassung behauptet, dass ein möglichst präziser Begriff der Subvention notwendig ist.[489] Eine andere Ansicht hingegen argumentiert, dass ein allgemeiner Begriff der Subvention nicht vorhanden und auch nicht erforderlich ist.[490] Wie jede Begriffsbildung habe der Subventionsbegriff eine vielmehr dienende Funktion, hänge vom jeweiligen erkenntnisleitenden Interesse ab und sei daher in der Vielfalt der Untersuchungsperspektiven und -ziele angelegt.[491] Es wird insgesamt festgehalten, dass der Begriff der Subvention in rechtswissenschaftlicher Literatur entweder durch Beschreibung eines Subventionstyps, der irgendwie genaue Tatbestandsmerkmale aufweist[492], oder durch eine Eingrenzung nach Bereichen, etwa einem strafrechtlichen oder

---

488 *Jochum, Georg,* Die Steuervergünstigung, 2006, S. 42 f.

489 So etwa: *Stober, Rolf/Eisenmenger, Sven,* Besonderes Wirtschaftsverwaltungsrecht, 15. Aufl. 2011, S. 295.

490 *Roser, Thomas,* Der staatliche Kredit, 1965, S. 4 ff.; *Kämmerer, Jörn Axel,* Subventionen, in: Isensee, Josef/Krichhof, Paul (Hrsg.), Handbuch des Staatsrechts, Band V, 3. Aufl. 2007, § 124, Rdnr. 2; *Andel, Norbert,* Subventionen als Instrument des finanzwirtschaftlichen Interventionismus, 1970, S. 4.

491 *Nieder-Eichholz, Markus,* Die Subventionsordnung, 1995, S. 20 f.; *Gröbner, Bruno,* Subventionen, 1983, S. 11; *Götz, Volkmar,* Recht der Wirtschaftssubventionen, 1966, S. 3 ff.; *Eppe, Franz,* Subventionen und staatliche Geschenke, 1966, S. 29 f.

492 *Rodi, Michael,* Die Subventionsrechtsordnung, 2000, S. 42 f. m.w.N.

verwaltungsrechtlichen Subventionsbegriff, gefasst wird.[493] Daraus ergibt sich klar, dass auch in der rechtswissenschaftlichen Literatur keine Einigkeit für eine exakte Definition der Subvention erzielt wird.

4. Zwischenergebnis

Aufgrund der oben gegebenen Ausführungen wird festgestellt, dass die Subvention ein Ordnungsbegriff ist.[494] Der Begriff der Subvention wird nur in § 264 StGB exakt definiert und ist nur für das Strafrecht anwendbar. In weiteren Rechtsbereichen – sowohl im nationalen als auch europäischen und internationalen Recht – wird der Begriff in vielfältiger Weise und in unzähligen Bedeutungen gebraucht. Dennoch wird als kleinster gemeinsamer Nenner aus den verschiedenen Vorstellungen von der Subvention herauskristallisiert, dass es sich um eine aus staatlichen Mitteln gewährte Begünstigung an Private handeln muss. So seien hier die zwingende Begriffsmerkmale einer Subvention folgendermaßen aufgeführt, dass (1) der Staat (Begünstigender) (2) einen finanziellen Vorteil (3) an einen Privaten (Begünstigter) (4) zu einem Zweck, den er anderen nicht bewilligt, gewährt.

II. Unterschied zwischen Vergünstigung und Subvention

Betrachtet man die oben dargestellten Konsequenzen in Bezug auf den Begriff der Vergünstigung und der Subvention, so wird die Schlussfolgerung gezogen, dass beide Begriffe sowohl in Bedeutung als auch in Struktur annähernd gleich sind. Dennoch gilt zu untersuchen, wie sich Merkmale des Begriffs der Subvention von den Merkmalen des Begriffs der Vergünstigung unterscheiden. Die Vergünstigung ist dadurch gekennzeichnet, dass ein Begünstigender einen Vorteil an einen Begünstigten zu einem bestimmten Zweck gewährt, den er anderen in einem ähnlichen Umstand nicht anbietet. Im Vergleich dazu besitzt die Subvention einige spezifischere Merkmale.[495] So orientiert sich die Subvention nur auf eine bestimmte Verhaltensänderung, während bei der Vergünstigung jeder Zweck in Betracht kommen kann. Überdies muss der Begünstigende bei der Subvention der Staat sein, während das bei der Vergünstigung nicht erforderlich ist, aber grundsätzlich wird auch hier der Staat der Begünstigende sein. Trotz der gleichen Begriffsmerkmale sind daher die Merkmale des Begriffs der Subvention spezifischer zu verstehen als die Merkmale des Begriffs der Vergünstigung.

In der finanzwissenschaftlichen Literatur wird die Funktionsperspektive herangezogen und somit der Subventionsbegriff beschrieben, wobei das hauptsächliche Element des Subventionsbegriffs die Verhaltensbeeinflussung von Marktakteuren

493 Vgl. dazu *Stober, Rolf/Eisenmenger, Sven,* Besonderes Wirtschaftsverwaltungsrecht, 15. Aufl. 2011, S. 294 ff.

494 Vgl. *Bleckmann, Albert,* Ordnungsrahmen für das Recht der Subventionen, 1984, S. D 12.

495 *Jochum, Georg,* Die Steuervergünstigung, 2006, S. 48.

ist.[496] Dementsprechend werden nach *Rodi*[497] Subventionen in Abgrenzung zu Vergünstigungen wie folgt beschrieben: Subventionen seien vermögenswerte Begünstigungen, die ein Träger öffentlicher Verwaltung an Private gewähre, die weder eine angemessene Gegenleistung für privates Verhalten noch eine Ersatzleistung für die erlittenen Nachteile seien und durch die der Empfänger zur Erreichung eines bestimmten öffentlichen Zweckes zu einem konkreten Verhalten bestimmt werden sollte. Mit einfachen Worten: Bei einer Subvention handelt es sich um einen staatlich gebotenen Vorteil, der zum Zweck der Verhaltensbeeinflussung gewährt wird.[498] Die Subvention ist also eine Vergünstigung zum Zweck der Verhaltenslenkung. Verfolgt eine Vergünstigung einen Lenkungszweck, so ist sie als Subvention zu benennen.[499] Falls eine Vergünstigung nur die politisch oder wirtschaftlich gewünschten Zustände erzielt und eine Umverteilung im Sinne des gewünschten Zustands zur Folge hat, wie dies etwa bei Sozialleistungen der Fall ist, wird sie nicht als Subventionen aufgefasst.[500]

C. Eigenschaften der Vergünstigung

I. Begünstigender

Bei der oben erfolgenden Untersuchung des Begriffs Vergünstigung wird schon geklärt, dass der Begünstigende, nämlich der, der die Vergünstigung gewährt, meistens (aber nicht immer) ein Träger öffentlicher Gewalt ist. So wird auch in der rechtswissenschaftlichen Literatur eine Vorteilsgewährung als Subvention verstanden, deren Quelle im weitesten Sinne aus öffentlichen Mitteln stammt. So soll es ausreichen, dass eine Begünstigung von der öffentlichen Hand organisiert wird, ohne dass diese dadurch selbst belastet wird.[501]

Der Begriff der Vergünstigung wird von einigen Stellen in Gesetzen auch für private Vorteilsgewährungen verwendet. Daher kann bei den Begünstigenden zwischen privaten und staatlichen Stellen unterschieden werden: Vergünstigungen können von Privaten oder vom Staat gewährt werden. Dabei ist maßgebend, ob eine Vergünstigung staatlich oder privat veranlasst ist.[502] Wenn eine Vergünstigung auf Grund eines staatlichen Rechtsbefehls aus einem privat gebildeten Fonds gewährt wird, ist diese Vergünstigung vom Staat veranlasst.

---

496 *Jochum, Georg,* Die Steuervergünstigung, 2006, S. 49.
497 Vgl. *Rodi, Michael,* Subventionsrechtsordnung, 2000, S. 43 m.w.N.
498 *Jochum, Georg,* Die Steuervergünstigung, 2006, S. 49.
499 *Jochum, Georg,* Die Steuervergünstigung, 2006, S. 49.
500 Vgl. *Stern, Klaus,* Rechtsfragen der öffentlichen Subventionierung Privater, JZ 1960, S. 520; *Eppe, Franz,* Subventionen und staatliche Geschenke, 1966, S. 53 ff.
501 Vgl. *Rodi, Michael,* Die Subventionsrechtsordnung, 2000, S. 157 ff.
502 Zu dieser Abgrenzung: *Götz, Volkmar,* Recht der Wirtschaftssubventionen, 1966, S. 29 f.

II. Begünstigter

Bei der Verwendung des Begriffs „Vergünstigung" im Gesetz ist der Begünstigte in der Regel ein privater Empfänger. Allerdings können Körperschaften des öffentlichen Rechts, die sich in einer einem privaten Vergünstigungsempfänger vergleichbaren Interessenlage befinden, wie Private vom Umfang des Begünstigten erfasst werden.[503] Dies schließt insbesondere Kirchen, Universitäten sowie öffentlich-rechtliche Rundfunkanstalten in Bezug auf die ihnen zugeordneten Grundrechte ein.[504] Daher wird die Feststellung getroffen, dass Empfänger und damit Begünstigter einer Vergünstigung in der Regel eine Privatperson ist. Ausnahmsweise können auch juristische Personen des öffentlichen Rechts Begünstigte sein, wenn sie sich in einer einer Privatperson vergleichbaren Interessenlage befinden.[505]

III. Vorteil

Unter Vorteil versteht man, dass eine Begünstigung ohne eine kommerzielle Gegenleistung gewährt wird oder keine Ersatzleistung für erlittene Nachteile gefordert wird.[506] Diese Begünstigung ist gleich mit dem im Subventionsrecht niedergelegten Begriff der Begünstigung zu fassen. Bemerkenswert ist, dass anderen diese Begünstigung nicht gewährt wird. Somit ist die Vergünstigung durch eine Leistung mit ungleicher Behandlung gekennzeichnet.[507] Diese Eigenschaft der ungleichen Behandlung ist bei den Steuervergünstigungen von besonderer Bedeutung, da durch Steuervergünstigungen die Steuerlast eines begünstigten Steuerpflichtigen verschont wird und daher keine oder nur wenige Steuern bezahlt werden müssen.[508] Eine Ungleichbehandlung bedeutet, dass ein Zuschuss nur an einen selektiven Empfänger, den andere in vergleichbarer Position nicht erhalten dürfen, gewährt wird. So handelt es sich ganz deutlich um eine Begünstigung. Im Vergleich dazu ist es bei Steuervergünstigung sehr schwierig, die günstige Ausnahme von der allgemeinen Regel zu unterscheiden.[509] Jedenfalls wird hier hinreichend festgehalten, dass der Vorteil als Kennzeichen der Steuervergünstigung dadurch charakterisiert ist, dass er nicht allen, sondern nur bestimmten Empfängern gewährt wird.

---

503 *Jochum, Georg,* Die Steuervergünstigung, 2006, S. 52.

504 Vgl. BVerfGE 15, 256, 262; BVerfGE 31, 314, 321 f.; vgl. auch *Sachs, Michael,* in: Sachs, Michael (Hrsg.), Grundgesetz, Kommentar, 7. Aufl. 2014, Art. 19 Rdnr. 96 f. m. w. N.

505 *Jochum, Georg,* Die Steuervergünstigung, 2006, S. 52.

506 Vgl. *Nieder-Eichholz, Markus,* Die Subventionsordnung, 1995, S. 25.

507 *Grüne, Michael,* Subventionen in der Demokratie, 1997, S. 10.

508 *Fann, Wen-Ching,* Die verfassungsrechtlichen Grenzen der Steuervergünstigung, 2008, S. 40.

509 Ausführliches Abgrenzungskriterium siehe *Jochum, Georg,* Die Steuervergünstigung, 2006, S. 65 ff.

IV. *Vergünstigungszweck*

Vergünstigungen werden durch einen privaten oder staatlichen Zweck unterschieden. Private Vergünstigungen setzen verständlicherweise einen privaten Zweck voraus, während staatliche Vergünstigungen entscheidend einen öffentlich-rechtlichen Zweck verfolgen.[510] Wie oben gezeigt, lassen sich Vergünstigungen bezüglich des unterschiedlichen Zwecks zum einen als Subventionen und zum anderen als Umverteilungen begreifen. Eine Subvention liegt vor, wenn die Vergünstigung einen Lenkungszweck verfolgt.[511] Neben der Subvention handelt es sich um eine Umverteilung, wenn der Zweck auf die Veränderung einer allgemein ungünstigen Vermögenssituation abzielt. Somit ist der Zweck der Vergünstigung ein offener Gestaltungszweck, der nicht durch definierbare Rechtsbegriffe umschrieben werden kann, sondern durch ein rechtliches Programm konkretisiert werden muss.[512] Zum Verständnis der Vergünstigung als rechtliche Erscheinung müssen daher zwei Maßnahmen ergriffen werden. Zunächst ist der Primärzweck – Lenkung oder Umverteilung – zu untersuchen und damit zu entscheiden, ob es sich überhaupt um eine Vergünstigung handelt.[513] Anschließend ist die Frage nach dem rechtfertigenden Gemeinwohlzweck als Endzweck aufzuwerfen.[514] In diesem Kontext wird festgehalten, dass Steuervergünstigungen einen bestimmten Zweck – entweder Lenkung oder Umverteilung – verfolgen müssen. Für die Frage, ob es sich um einen ausreichenden Zweck handelt, ist nicht der Rechtsbegriff, sondern vielmehr die Rechtmäßigkeit der Vergünstigung entscheidend.

D. Grenzen der Steuervergünstigungen

I. *Grenze der Gewährung der Steuervergünstigungen*

Steuervergünstigungen sind wie oben erwähnt, steuerliche Ungleichbehandlungen, die einer Verschonung von der Steuerbelastung dienen. Diese positive Verschonung von der ursprünglichen Steuerbelastung des Steuerpflichtigen ist vom Gesetzgeber für einen außerfiskalischen Zweck absichtlich vorgesehen. Die Steuervergünstigung

510 Insbesondere für Subventionen spielt ein öffentlicher Zweck eine große Rolle. Vgl. BVerwG vom 19.12.1958, NJW 1959, 1098; *Eppe, Franz,* Subventionen und staatliche Geschenke, 1966, S. 61.

511 *Fann, Wen-Ching,* Die verfassungsrechtlichen Grenzen der Steuervergünstigung, 2008, S. 41.

512 Vgl. *Rodi, Michael,* Subventionsrechtsordnung, 2000, S. 69. Zum Gestaltungszweck vgl. ebenso *Brohm, Winfried,* Die Dogmatik des Verwaltungsrechts vor den Gegenwartsaufgaben der Verwaltung, VVDStRL 30 (1972), S. 245 (259 f.).

513 *Leisner, Walter Georg,* Existenzsicherung im Öffentlichen Recht, 2007, S. 378 ff; *Groß, Eckhard,* Steuervergünstigungen und Steuerbenachteiligungen, 1997, S. 73.

514 Die Abgrenzung dieser Zwecke ist nicht immer deutlich und vielleicht in Einzelfällen schwierig zu unterscheiden, vgl. *Rodi, Michael,* Subventionsrechtsordnung, 2000, S. 48.

als Abweichung von der Belastungsgleichheit ist daher ein Differenzierungsinstrument. Dabei müssen die Differenzierungsziele verfassungskonform sein. Allerdings ist die Frage bislang noch offen, welche verfassungsrechtlichen Differenzierungsverbote ausführlich vorhanden sind und wie sie sich auswirken. Die Grenzen einer Gewährung von Steuervergünstigungen ergeben sich damit in erster Linie aus dem in der Verfassung geforderten Gleichheitssatz und den damit verbundenen verfassungsrechtlichen Differenzierungsverboten. Anschließend ist zu überprüfen, ob und inwieweit die Gewährung von Steuervergünstigungen in Grundrechte eingreift.

1. Gleichheit

Die Steuervergünstigung bezieht sich auf die Entscheidung vom Gesetzgeber, mit der von einer steuerlichen Belastung abgewichen werden kann. Die Steuervergünstigung ist daher eine gesetzgeberische Ungleichbehandlung. Somit ist eine sachliche Rechtfertigung vom Gesetzgeber erforderlich, ansonsten verstößt diese Steuervergünstigung gegen die grundrechtliche Gleichheit des Art. 3 Abs. 1 GG. Im Folgenden sind zwei Fragen näher zu untersuchen: einerseits, inwieweit gestattet die Steuervergünstigung selbst Ungleichbehandlungen, und andererseits, ob die Steuervergünstigung gegen ein bestimmtes Differenzierungsverbot verstößt.

a) Gleichheitsgerechte Ausgestaltung von Steuervergünstigungen

Die gleichheitsgerechten Steuervergünstigungen werden einerseits systematisch und andererseits immanent ausgestaltet. Gemäß Art. 3 Abs. 1 GG ist der Gesetzgeber verpflichtet, die Legitimität systemgerecht und folgerichtig umzusetzen.[515] Dieses verfassungsrechtliche Gebot ist selbstverständlich in Steuergesetzen anzuwenden. So müssen Steuervergünstigungen als Abweichungen von der Belastungsgleichheit aus außerfiskalischen Gründen vom Gesetzgeber folgerichtig gestaltet sein. Es müssen die gesetzlichen Vorgaben sowohl zielführend als auch zielgenau sein. Dies bedeutet, dass nur solche Vorgänge von der Steuervergünstigung erfasst werden, bei denen der Begünstigungsgrund existiert.[516] In diesem Zusammenhang muss der Gesetzgeber Vergünstigungen so ausgestalten, dass sie mit den vom Gesetzgeber zu entscheidenden begünstigenden Tatbeständen eine gleichmäßige Steuerentlastung zum Ausdruck bringen können. Es ist unzulässig, dass die Steuerentlastung von Zufallsmomenten abhängig ist und unkontrollierbar und willkürlich erscheint.[517]

Darüber hinaus muss die Steuervergünstigung immanent wie auch gleichheitsgerecht sein. Das heißt, dass der Gesetzgeber bei der Ausgestaltung von Steuervergünstigungen die Sachverhalte typisieren und damit an den verfassungsrechtlichen

515 *Starck, Christian*, in: Mangoldt, Hermann von/Klein, Friedrich/Starck, Christian (Hrsg.), Grundgesetz, Kommentar, Band I, 6. Aufl. 2010, Art. 3 Rdnr. 44 m. w. N.
516 BFH vom 22.5.2002, BStBl. 2002, S. 598 (608).
517 BFH vom 22.5.2002, BStBl. 2002, S. 598 (607).

Gleichheitssatz anknüpfen kann.[518] Dies wird nur dann gerechtfertigt, wenn die durch die Typisierung erscheinenden Ungerechtigkeiten nur verhältnismäßig wenige Personen berühren und der Verstoß in seinem Ausmaß nicht intensiv ist.[519] Insofern ist der Sache nach zwischen der durch die Ungleichbehandlung bewirkten Beeinträchtigungen einerseits und der Praktikabilität und Rechtssicherheit andererseits abzuwägen.[520]

Insgesamt wird daher festgestellt, dass die Steuervergünstigung an sich durch eine gesetzgeberische Begünstigungsentscheidung folgerichtig umgesetzt werden muss. Die Abweichung von der Belastungsgleichheit muss überdies seinerseits gleichheitsgerecht ausgestaltet werden. Dabei kann der Gesetzgeber Typisierungen in den schmalen bewilligten Grenzen einschränken.

b) Differenzierungsverbote

Neben der gleichheitsgerechten Ausgestaltung von Steuervergünstigungen als allgemeine Aussagen ist noch weiter zu untersuchen, welche verfassungsrechtlichen Differenzierungsverbote in Bezug auf die Steuervergünstigung vorliegen.

Das Grundgesetz normiert in Art. 3 Abs. 3 GG besondere Differenzierungsverbote, die den Gleichheitssatz konkretisieren, wonach eine bestimmte naturgegebene, historische oder in eigener freier Entscheidung begründete menschliche Unterschiedlichkeit nicht rechtlich unterschiedlich behandelt werden darf.[521] Das heißt, dass niemand wegen der genannten Merkmale benachteiligt oder bevorzugt werden darf. Ein solches Merkmal, wie etwa Rasse oder Schwangerschaft, ist dem Wesen nach neutral; rechtlich wird das Diskriminierungsverbot dann nicht tangiert, wenn alle Träger allgemein von den Gesetzen betroffen werden. Aber wenn wegen dieses neutralen Merkmals rechtlich eine Benachteiligung erfolgt, wenn also eine bestimmte Rasse oder Schwangere ausschließlich von Gesetzen betroffen wird, dann kommt eine nach Art. 3 Abs. 3 GG verbotene Diskriminierung in Betracht.[522]

Dasselbe gilt auch für die Steuervergünstigung. Die Steuervergünstigung ist ein steuerliches Privileg und daher verfassungswidrig, soweit sie an eines der in

---

518 Vgl. BVerfGE 13, 21 (29); BVerfGE 63, 119 (128); BVerfGE 89, 15 (24), st. Rspr. Vgl. für die Literatur *Osterloh, Lerke/Nußberger, Angelika*, in: Sachs, Michael (Hrsg.), Grundgesetz, Kommentar, 7. Aufl. 2014, Art. 3 Rdnr. 104 ff; *Heun, Werner*, Gleichheit, in: Dreier, Horst (Hrsg.), Grundgesetzkommentar, Band I, 3. Aufl. 2013, Art. 3 Rdnr. 32.

519 Vgl. BVerfGE 91, 93 (115).

520 Vgl. *Heun, Werner*, Gleichheit, in: Dreier, Horst (Hrsg.), Grundgesetzkommentar, Band I, 3. Aufl. 2013, Art. 3 Rdnr. 32.

521 Vgl. nur: *Starck, Christian*, in: Mangoldt, Hermann von/Klein, Friedrich/Starck, Christian (Hrsg.), Grundgesetz, Kommentar, Band I, 6. Aufl. 2010, Art. 3 Rdnr. 395.

522 Vgl. *Rüfner, Wolfgang*, in: Kahl, Wolfgang/Waldhoff, Christian/Walter, Christian (Hrsg.), Bonner Kommentar, Loseblatt-Kommentar, Juli 2015, Art. 3 Rdnr. 564. Die sonstigen Fälle der indirekten Diskriminierung sind nach dem allgemeinen Gleichheitssatz zu lösen.

Art. 3 Abs. 3 GG genannten Merkmale anknüpft. Ein solches steuerliches Privileg liegt immer dann vor, wenn es um den Ausgleich von Benachteiligungen durch Kompensation geht.[523] Grundsätzlich ist dieses Privileg nach Art. 3 Abs. 3 S. 1 GG unzulässig.[524] Allerdings sind nicht alle Steuervergünstigungen in Bezug auf ein nach Art. 3 Abs. 3 GG vorgeschriebenes Merkmal verboten, wenn sie beispielsweise den nach § 52 Abs. 2 AO genannten gemeinnützigen Zweck verfolgen. Gemäß § 5 Nr. 9 i.V.m. § 52 Abs. 2 Satz 1 Nr. 1 AO sind solche Körperschaften, die sich der Förderung der Religion oder des Heimatgedankens verpflichtet haben, von der Körperschaftsteuer befreit. Solche Vergünstigungen sind dann zulässig, wenn sie allen entsprechenden Gruppen einheitlich gewährt werden.[525] Daher sind die Steuervergünstigungen unzulässig, die nur im Zusammenhang mit einer bestimmten Sprache, Herkunft, Religion usw. gewährt werden. Steuervergünstigungen sind hingegen zulässig, die generell Sprachen, Heimat oder Religion fördern und allen entsprechenden Vereinen gewährt werden.[526]

2. Freiheitsrechte

Vergünstigungen beziehen sich auf staatliche Leistungen, die die Grundrechte des Grundgesetzes beeinträchtigen könnten.[527] Daher wird im Folgenden erörtert, ob Vergünstigungen überhaupt als Eingriff in die Freiheitsrechte des nichtbegünstigten Dritten betrachtet werden können.

a) Verletzung durch höhere Steuerbelastung

Die Steuer wird allen Steuerpflichtigen voraussetzungslos vom Staat auferlegt, um die Staatsaufgaben erfüllen zu können. Die Steuer ist eine Gemeinlast, die alle Inländer trifft.[528] Bei Steuerbelastung beziehen sich Anknüpfungspunkte im Rahmen des Steuerrechts weder auf den Zweck der Besteuerung, den staatlichen Haushalt mit Finanzmitteln auszustatten, noch auf die Grenze der Verwendung des Steueraufkommens.[529] So fließen die Steueraufkommen in den allgemeinen Haushalt und fördern alle Staatsausgaben. Mit dem Haushaltsrecht entscheidet sich der Gesetzgeber für die Verwendung des Steueraufkommens und den Anteil der Ausgaben in verschiedenen Bereichen. Dementsprechend unterscheidet sich Steuerrecht vom

523 *Jochum, Georg*, Die Steuervergünstigung, 2006, S. 324.

524 Vgl. *Boysen, Sigrid*, in: Münch, Ingo von/Kunig, Philip (Hrsg.), Grundgesetz, Kommentar, Band I, 6. Aufl. 2012, Art. 3 Rdnr. 126.

525 Vgl. *Starck, Christian*, in: Mangoldt, Hermann von/Klein, Friedrich/Starck, Christian (Hrsg.), Grundgesetz, Kommentar, Band I, 6. Aufl. 2010, Art. 3 Rdnr. 391.

526 *Jochum, Georg*, Die Steuervergünstigung, 2006, S. 325.

527 Vgl. *Jarass, Hans Dieter*, in: Jarass, Hans Dieter/Pieroth, Bodo, Grundgesetz, Kommentar, 13. Aufl. 2014, Vorbem. vor Art. 1 Rdnr. 2.

528 Vgl. BVerfGE 84, 239 (268 f.).

529 Vgl. BVerfGE 84, 239 (268 f.).

Haushaltsrecht im Rechtssystem.[530] Steuervergünstigungen sind ausgabenersetzende Einnahmenverzichte des Staates und somit im Haushaltsrecht von großer Bedeutung. Sie sind damit in eine Verwendung des Steueraufkommens einzuordnen.

Die Frage, dass der Staat zur Finanzierung seiner Verschonungssubventionen die Nichtbegünstigten höher und somit ungleich steuerlich belastet, ist nicht bedenklich. Denn die Ausgaben und Einnahmen eines Staates sind getrennt. Die Funktion der Steuereinnahmen ist, die staatlichen Ausgaben zu fördern. Gerade sind die Nichtbegünstigten von diesem Finanzierungszweck der Steuer betroffen. Bei Steuervergünstigungen handelt es sich um Ausgaben, nicht um Einnahmen. So ist die rechtliche Lage der Nichtbegünstigten nicht anders zu bewerten als bei direkten Ausgaben.

b) Verletzung der Wettbewerbsfreiheit des Nichtbegünstigten

aa) Wettbewerbsfreiheit als grundrechtlich geschütztes Recht

Dass eine Subvention an einen Wirtschaftsteilnehmer für den anderen nichtbegünstigten Konkurrenten zur Beeinträchtigung seiner Grundrechte führen könnte, ist grundsätzlich anerkannt.[531] Fraglich ist nur, welchem Grundrecht die Wettbewerbsfreiheit zuzuordnen ist. In rechtswissenschaftlicher Literatur[532] wird die Wettbewerbsfreiheit überwiegend der Berufsfreiheit des Art. 12 GG zugeordnet, während die Rechtsprechung[533] die Wettbewerbsfreiheit hingegen überwiegend als Form der wirtschaftlichen Handlungsfreiheit im Rahmen des Art. 2 Abs. 1 GG betrachtet. Diese grundrechtliche Zuordnung hat aber in der Praxis nur geringe Bedeutung.[534] Die hier vorzunehmende Untersuchung vertieft daher die grundrechtliche Zuordnung

---

530 Vgl. *Kirchhof, Paul*, Steueranspruch und Informationseingriff, in: Lang, Joachim (Hrsg.), Die Steuerrechtsordnung in der Diskussion, Festschrift für Klaus Tipke, 1995, S. 27 (28).

531 Vgl. *Kämmerer, Jörn Axel*, Subventionen, in: Isensee, Josef/Kirchhof, Paul (Hrsg.), Handbuch des Staatsrechts, Band V, 3. Aufl. 2007, § 124 Rdnr. 45.

532 Vgl. *Schulte, Martin*, Informales Verwaltungshandeln als Mittel staatlicher Umwelt- und Gesundheitspflege, DVBl. 1988, S. 512 (515); *Roth, Andreas*, Verwaltungshandeln mit Drittbetroffenheit und Gesetzesvorbehalt, 1991, S. 197; *Erichsen, Hans-Uwe*, Allgemeine Handlungsfreiheit, in: Isensee, Josef/Kirchhof, Paul (Hrsg.), Handbuch des Staatsrechts, Band VI, 2. Aufl. 2001, § 152 Rdnr. 62; *Starck, Christian*, in: Mangoldt, Hermann von/Klein, Friedrich/Starck, Christian (Hrsg.), Grundgesetz, Kommentar, Band I, 6. Aufl. 2010, Art. 2 Rdnr. 75.

533 Vgl. BVerfGE 91, 207 (221); BVerfGE 89, 48 (61); BVerfGE 75, 108 (154); anders: BVerfGE 86, 28 (37).

534 *Jochum, Georg*, Die Steuervergünstigung, 2006, S. 313. Egal, ob die durch Subventionen entstehenden Beeinträchtigungen der Wettbewerbsfreiheit als Berufsausübungsregelungen oder als die Beschränkungen der allgemeinen Handlungsfreiheit gewertet werden, deren Voraussetzungen gleich streng sind. Dementsprechend hat das BVerfG eine Entscheidung auch offen gelassenen, vgl. *Degenhart, Christoph*, Die allgemeine Handlungsfreiheit des Art. 2 I GG, JuS 1990, S. 161 (165) m. w. N.

nicht weiter. Jedenfalls kann hier festgehalten werden, dass die Wettbewerbsfreiheit mindestens eine vom Grundgesetz geschützte Rechtsposition ist.

bb) Eingriff durch Begünstigung eines Dritten

Für die Frage, ob die steuerliche Begünstigung eines Dritten in die Wettbewerbsfreiheit des Nichtbegünstigten eingreift, ist zunächst relevant, den Schutzbereich der Wettbewerbsfreiheit exakt zu bezeichnen. Der Schutzzweck der Wettbewerbsfreiheit enthält alle erlaubten unternehmerischen Betätigungen, die die Wettbewerbsgesetze einhalten.[535] Dies besagt, dass die freien wirtschaftlichen Betätigungen im Sinne der Wettbewerbsfreiheit nur im Rahmen der die Gesetze gestaltenden Marktordnung geschützt werden. Das Steuerrecht bildet insgesamt Voraussetzungen für die wirtschaftliche Betätigung der Marktteilnehmer.[536] So wird die Wettbewerbsfreiheit dann wirksam, wenn sie die durch das Steuerrecht gezogene Grenze nicht überschreitet. Wettbewerbsfreiheit als Recht auf freie wirtschaftliche Betätigung wird nämlich nur durch rechtlichen Schutz und rechtliche Vorgaben erst möglich.[537] Rechtsvorgaben und Wettbewerbsfreiheit bedingen einander und schaffen so die Funktionsfähigkeit des Marktsystems.[538] Dementsprechend soll das Grundrecht der Wettbewerbsfreiheit als ein normativ geprägtes Grundrecht betrachtet werden, ähnlich dem Eigentum.[539]

Die Frage, ob ein Eingriff in die Wettbewerbsfreiheit durch steuerliche Vergünstigungen vorliegt, ist vielmehr dadurch zu beantworten, ob die konkrete Wettbewerbsposition des Unternehmens durch die Begünstigung benachteiligt wird.[540] Diese Benachteiligung liegt dann vor, wenn ein Unternehmen im Vergleich zu einem anderen Unternehmen, das auf demselben Markt tätig ist und ein Privileg durch die staatliche Maßnahme erhält, einen Nachteil erfährt. Bei Steuervergünstigungen ist ein Eingriff in die Wettbewerbsfreiheit möglicherweise vorhanden, wenn sich eine solche Begünstigung nur auf einen Teil der Marktteilnehmer bezieht. Dementsprechend liegt ein Eingriff durch die Wettbewerbsfreiheit dann vor, wenn die Begünstigung eine negative Auswirkung auf Konkurrenten auf demselben relevanten Markt[541] hervorruft.

---

535 Vgl. BVerwGE 71, 183 (189).

536 *Jochum, Georg*, Die Steuervergünstigung, 2006, S. 316.

537 Vgl. *Mestmäcker, Ernst-Joachim*, in: Immenga, Ulrich/Mestmäcker, Ernst-Joachim (Hrsg.), Wettbewerbsrecht, Kommentar, Band II/Teil 1, 5. Aufl. 2012, Einleitung, Rdnr. 1 f.

538 Vgl. dazu ausführlich: *Hopmann, Erich*, Wirtschaftsordnung und Wettbewerb, 1988, S. 130.

539 Für das Eigentum: *Bryde, Brun-Otto*, Eigentum und Erbrecht, in: Münch, Ingo von/Kunig, Philip (Hrsg.), Grundgesetz, Kommentar, Band I, 6. Aufl. 2012, Art. 14 Rdnr. 44; *Depenheuer, Otto*, in: Mangoldt, Hermann von/Klein Friedrich/Starck, Christian (Hrsg.), Grundgesetz, Kommentar, Band I, 6. Aufl. 2010, Art. 14 Rdnr. 30.

540 *Jochum, Georg*, Die Steuervergünstigung, 2006, S. 316.

541 Vgl. zur Bedeutung des relevanten Marktes für den Wettbewerb: *Baum, Herbert*, Der relevante Markt als Problem der Wettbewerbspolitik, WuW 1980, S. 401;

cc) Verletzung der Wettbewerbsfreiheit

Ein durch Steuervergünstigungen hervorgebrachter Eingriff in die Wettbewerbsfreiheit eines Konkurrenten kann gerechtfertigt werden, wenn er sich an den Schranken des Grundrechts hält. Wie oben erwähnt, ist die Wettbewerbsfreiheit als grundrechtlich geschütztes Recht entweder der Berufsfreiheit des Art. 12 GG oder einem Teil der allgemeinen Handlungsfreiheit des Art. 2 Abs. 1 GG zugeordnet. Abgesehen von der grundrechtlichen Zuordnung ist ein solcher Rechtfertigungsgrund ein vom Gesetzgeber verfolgter Gemeinwohlzweck, der dem Maßstab der Verhältnismäßigkeit als allgemeiner Schranke der Grundrechtsbeschränkung unterliegt.[542]

Falls die Wettbewerbsfreiheit in Art. 12 GG geschützt ist, stellt sich der Eingriff als Eingriff in die Berufsausübungsfreiheit dar.[543] Die Berufsausübung kann in Gesetzen ausgestaltet werden, wenn vernünftige Erwägungen des Gemeinwohls es zweckmäßig erscheinen lassen.[544] Der Gesetzgeber hat hierbei einen umfassenden Beurteilungsspielraum, in dem er auf arbeits-, wirtschafts- und sozialpolitische Ziele abstellen kann.[545]

Neben der Berufsausübung des Art. 12 GG kann die Wettbewerbsfreiheit auch durch Art. 2 Abs. 1 GG gewährleistet werden, wobei sich die Einschränkung auf den Schutz eines Gemeinschaftsgutes beziehen muss.[546] Dies bedeutet, dass bei Steuervergünstigungen der interventionistische Lenkungszweck einen Gemeinwohlzweck darstellen muss, wobei der Gesetzgeber auch einen sehr weiten Spielraum hat. Außerdem ist der Grundsatz der Verhältnismäßigkeit zu berücksichtigen. Die Steuervergünstigung muss im Zusammenhang mit dem verfolgten Zweck geeignet[547], erforderlich und angemessen[548] sein. Dies ist im Einzelnen für die konkrete Steuervergünstigung zu beurteilen. Im Rahmen der hier vorzunehmenden allgemeinen

Leistner, Matthias/Facius, Daniel, in: Loschelder, Michael/Erdmann, Willi (Hrsg.), Handbuch des Wettbewerbsrechts, 4. Aufl. 2010, § 114 Rdnr. 12, nach überwiegender Auffassung ist dies mindestens dann der Fall, wenn eine bestimmte Erheblichkeitsschwelle überschritten ist, wenn also die Subvention eine „erhebliche Lenkungsintensität“ hat oder zu einer „einigermaßen erheblichen Beeinträchtigung“ führt, oder, deutlich zurückhaltender, wenn die Wettbewerbsfreiheit „in unerträglichem Maße“ eingeschränkt wird.

542 Zur Verhältnismäßigkeit als allgemeine Schranke der Grundrechtsbeschränkung nur: *Kunig, Philip*, in: Münch, Ingo von/Kunig, Philip, GG, Band 1, Art. 2 Rdnr. 24.

543 *Degenhart, Christoph*, Die allgemeine Handlungsfreiheit des Art. 2 I GG, JuS 1990, S. 161 (165).

544 Vgl. BVerfGE 7, 377 (405).

545 *Badura, Peter*, Wirtschaftsverfassung und Wirtschaftsverwaltung, 4. Aufl. 2011, Rdnr. 274.

546 Vgl. *Starck, Christian*, in: Mangoldt, Hermann von/Klein, Friedrich/Starck, Christian (Hrsg.), Grundgesetz, Kommentar, Band I, 6. Aufl. 2010, Art. 2 Rdnr. 31.

547 Vgl. BVerfGE 55, 159 (165 f.).

548 Vgl. *Jarass, Hans Dieter*, in: Jarass, Hans Dieter/Pieroth, Bodo, Grundgesetz, Kommentar, 13. Aufl. 2014, Vorbem. vor Art. 2 Rdnr. 17.

Untersuchung sind die Grenzen der Beeinträchtigung beispielsweise, dass die Begünstigung des Konkurrenten keine erdrosselnde Wirkung[549] hat bzw. noch ein angemessener Spielraum zur Entfaltung der Unternehmerinitiative[550] verbleibt.

Schließlich ist festzuhalten, dass Steuervergünstigungen als Berufsausübungsregelungen oder Eingriffe in die allgemeine Handlungsfreiheit des Nichtbegünstigten eine relativ winzige Eingriffsintensität haben und daher nur selten an der Verhältnismäßigkeit scheitern dürften.[551]

3. Zwischenergebnis

Insgesamt wird hier festgestellt, dass die grundrechtlichen Grenzen der Gewährung von Steuervergünstigungen grundsätzlich fast nicht vorhanden sind. Allerdings könnte eine Steuervergünstigung gegen den Grundsatz der Gleichheit des Grundgesetzes verstoßen, wenn die Steuervergünstigung keine folgerichtige und gleichheitsgerechte Umsetzung der vom Gesetzgeber bestimmten Begünstigung darstellt. Eine Steuervergünstigung könnte außerdem auch verfassungswidrig sein, wenn sie gegen ein Differenzierungsmerkmal der besonderen Gleichheitsgarantien (Art. 3 Abs. 2, Abs. 3 GG) verstößt. Neben dem Gleichheitssatz könnte die Gewährung von Steuervergünstigungen Freiheitsrechte der Nichtbegünstigten verletzten, soweit die Wettbewerbsfreiheit von Marktteilnehmern ein verfassungsrechtlich geschütztes Grundrecht ist.

II. Grenze des Abbaus von Steuervergünstigungen

1. Freiheitsrechte – Verletzung des Art. 14 Abs. 1 GG

Bei einer lenkenden Steuervergünstigung muss sich der Steuerpflichtige für den Erhalt der steuerlichen Subvention in einer bestimmten Weise verhalten. Die steuerliche Belastung wird daher an die Regelsteuerbelastung angepasst. Insofern können Freiheitsrechte durch Aufhebung der Steuersubvention dann beeinträchtigt werden, wenn die Vermögensdisposition betroffen wird. Auch andere Grundrechte als schutzwürdiger Rechtsbestand wie etwa die allgemeine Handlungsfreiheit oder die Berufsfreiheit können durch die Aufhebung beeinträchtigt werden. Dies ist

549 Vgl. BVerfGE 86, 28 (40). Die Erdrosselungswirkung erachtet das Gericht hier als Eingriffsvoraussetzung. Vgl. *Pietzcker, Jost*, „Grundrechtsbetroffenheit" in der verwaltungsrechtlichen Dogmatik, in: Püttner, Günter (Hrsg.), Festschrift für Otto Bachof, 1984, S. 131 (142).

550 Vgl. BVerfGE 65, 196 (210); BVerfGE 50, 290 (366).

551 Vgl. *Breuer, Rüdiger*, Staatliche Berufsregelung und Wirtschaftslenkung, in: Isensee, Josef/Kirchhof, Paul (Hrsg.), Handbuch des Staatsrechts, Band VIII, 3. Aufl. 2010, § 171 Rdnr. 33 ff.

allerdings eine Frage des Vertrauensschutzes[552] im Sinne des Rechtsstaates, welcher im Folgenden behandelt wird. Es stellt sich hier zunächst die Untersuchung, ob die steuerbegünstigte Vermögensdisposition grundrechtlich vor der Aufhebung der Steuervergünstigung geschützt ist.

Gemäß Art. 14 Abs. 1 S. 1 GG wird Eigentum geschützt. Dieser Eigentumsschutz in Verbindung mit einer Steuervergünstigung bedeutet, dass die steuerliche Vergünstigung dem Steuerpflichtigen einen Vermögensvorteil (Erwerb oder Besitz eines Gegenstandes) bringt. Dieser Vorteil ist aber im Eigentumsrecht nicht geschützt.[553] Im Falle der Aufhebung der Steuervergünstigung wird nicht die Zuordnung der Vermögensdisposition zu seinem Inhaber berührt, sondern allenfalls der Tauschwert.[554] Allerdings werden die vom Staat bewirkten Minderungen des Tausch- oder Marktwertes eines Eigentumsgutes nicht von Art. 14 GG gewährleistet.[555] Art. 14 GG garantiert vielmehr den neben dem Tauschwert zugleich vorhandenen Gebrauchswert eines Eigentumsgutes, d. h. dass die gegenständliche, Bestands- und Nutzungsgarantie vereinigende Eigentümerfreiheit nicht verletzt wird.[556] Eine solche Verletzung der Eigentümerfreiheit taucht aber bei der Aufhebung einer Steuervergünstigung in der Regel nicht auf, da die Aufhebung der Steuervergünstigung die Abweichung von der Belastungsgleichheit beseitigen kann.[557] Eine Eigentumsbeeinträchtigung kann daher nur dann angenommen werden, wenn die Abschaffung der Steuervergünstigung eine verfassungswidrige Belastung, wie etwa zugleich Entfall des Gebrauchswertes des betroffenen Vermögensgegenstandes, zur Folge hat. Ansonsten kommt nur das rechtsstaatliche Vertrauensschutzprinzip als eine Grenze der Aufhebung in Betracht.

2. Vertrauensschutz

Bei der Aufhebung von Steuervergünstigungen muss das rechtsstaatliche Prinzip des Vertrauensschutzes als Grenze in Betracht gezogen werden. Diese Anforderung

---

552 Vgl. *Kirchhof, Paul*, Rückwirkung von Steuergesetzen, StuW 2000, S. 221 (227). Er weist darauf hin, dass neben Vertrauensschutz ein Eingriff in diese Grundrechte unmöglich ist.

553 *Jochum, Georg*, Die Steuervergünstigung, 2006, S. 333.

554 Vgl. *Isensee, Josef*, Vertrauensschutz für Steuervorteile. Ein Folgeproblem der Wirtschaftslenkung durch Steuer am Beispiel des § 3a EStG, in: Kirchhof, Paul/Offerhaus, Klaus/Schöberle, Horst (Hrsg.), Steuerrecht – Verfassungsrecht – Finanzpolitik, Festschrift für Franz Klein, 1994, S. 611 (620).

555 Vgl. BVerfGE 105, 17 (30); *Bryde, Brun-Otto*, Eigentum und Erbrecht, in: Münch, Ingo von/Kunig, Philip (Hrsg.), Grundgesetz, Kommentar, Band I, 6. Aufl. 2012, Art. 14 Rdnr. 24; *Wieland, Joachim*, Eigentum, Erbrecht, Enteignung, in: Dreier, Horst (Hrsg.), Grundgesetz, Kommentar, Band I, 3. Aufl. 2013, Art. 14 Rdnr. 60.

556 Vgl. *Wendt, Rudolf*, in: Sachs, Michael (Hrsg.), Grundgesetz, Kommentar, 7. Aufl. 2014, Art. 14 Rdnr. 41.

557 *Jochum, Georg*, Die Steuervergünstigung, 2006, S. 334.

ist aber nicht im Grundgesetz formuliert.[558] Ein ausdrückliches Verbot findet sich im Art. 103 Abs. 2 GG, wonach Gesetze mit Wirkung für die Vergangenheit aufzuheben oder zu ändern sind. Dies gilt aber nur für das Strafrecht.[559] Dennoch ist in der Literatur allgemein anerkannt, dass ein Rückwirkungsverbot auch ein steuerrechtliches Prinzip darstellt, welches sich aus den Prinzipien der Rechtssicherheit, des Vertrauensschutzes sowie dem Rechtsstaatsprinzip ergibt.[560] In dieser Hinsicht ist das Rückwirkungsverbot jedenfalls betroffen, wenn in der Vergangenheit liegende, abgeschlossene Tatbestände durch das Gesetz einer anderen rechtlichen Bewertung unterworfen werden, wobei es bei der Bewertung auf die Zeitpunkte der laufenden Tatbestände ankommt. Im Hinblick auf den Zeitablauf ist in zwei Richtungen zu unterscheiden: Einerseits stellt sich die Frage, ob eine Steuervergünstigung rückwirkend für die Vergangenheit aufgehoben werden kann. Andererseits stellt sich die Frage, inwieweit eine Steuervergünstigung für die Zukunft aufgehoben werden kann, wenn dadurch in der Vergangenheit durch den Steuerpflichtigen organisierte Dispositionen betroffen sind. Diese Fragen werden unter der Berücksichtigung der verfassungsrechtlichen Rückwirkung behandelt.

a) Verfassungsrechtliche Grundlage eines Rückwirkungsverbots

Das Bundesverfassungsgericht hat das Rückwirkungsverbot in echte und unechte Rückwirkung unterteilt.[561] Echte Rückwirkung bedeutet, dass ein Gesetz nachträglich in abgewickelte, der Vergangenheit angehörende Tatbestände eingreift. Im Rechtsstaat muss ein Zustand geschaffen werden, in dem der Steuerpflichtige grundsätzlich bis zum Zeitpunkt der Verkündung einer steuerrechtlichen Neuordnung darauf vertrauen kann, dass Einkünfte, die ihm bis dahin zugeflossen sind, nicht nachträglich einer strengeren steuerlichen Belastung unterworfen werden, als bis dahin geltend.[562] So ist eine Änderung von Steuergesetzen grundsätzlich[563] dann

558 Vgl. *Kimminich, Otto*, Die Rückwirkung von Gesetzen, JZ 1962, S. 518 (520); *Kunig, Philip*, Das Rechtsstaatsprinzip, 1986, S. 417 f.; *Tipke, Klaus/Lang, Joachim*, Steuerrecht, 17. Aufl. 2002, § 4 Rdnr. 170.

559 Vgl. *Sommermann, Karl-Peter*, in: Mangoldt, Hermann von/Klein, Friedrich/Starck, Christian (Hrsg.), Grundgesetz, Kommentar, Band II, 6. Aufl. 2010, Art. 20 Rdnr. 294.

560 Vgl. *Spindler, Wolfgang*, Vertrauensschutz im Steuerrecht, DStR 2001, S. 725; *Tipke, Klaus*, Die Steuerrechtsordnung, Band I, 2. Aufl. 2000, S. 174.

561 BVerfGE 105, 17 (37), st. Rspr.

562 Vgl. BVerfGE 72, 200 (254).

563 Einige aufgezählte Ausnahmen: *Spindler, Wolfgang*, Verfassungsrechtliche Grenzen einer Rückwirkung von Steuergesetzen, DStR 1998, S. 953 (955); *Lang, Joachim*, Verfassungsrechtliche Zulässigkeit rückwirkender Steuergesetze, WPg 1998, S. 163 (165). Das Bundesverfassungsgericht unterstreicht aber, dass es sich nicht um einen abschließenden Katalog handle, vgl. BVerfGE 72, 200 (258 ff.).

unzulässig, wenn rückwirkend eine Steuer erhöht oder eine Steuer auferlegt wird.[564] Dies gilt auch für die Gesetze, die eine steuerliche Vergünstigung aufheben.[565]

Falls ein Gesetz sich auf gegenwärtige, noch nicht abgeschlossene Sachverhalte und Rechtsbeziehungen für die Zukunft auswirkt und damit die Rechtsposition nachträglich im Ganzen entwertet, ist von unechter Rückwirkung[566] oder tatbestandlicher Rückanknüpfung[567], so das Bundesverfassungsgericht, die Rede. Eine derartige Rückwirkung ist nach der Rechtsprechung des Bundesverfassungsgerichts grundsätzlich zulässig. Allerdings kann aus Gründen des Vertrauensschutzes je nach Lage der Verhältnisse im Einzelfall die Regelungsbefugnis beschränkt sein.[568]

b) Stimmen der Literatur

Der Unterschied zwischen echter und unechter Rückwirkung nach der Rechtsprechung des Bundesverfassungsgerichts wurde und wird in der Literatur immer wieder kritisiert.[569] Denn das Vertrauen des Bürgers in die Beständigkeit der Rechtsordnung sei einheitlich und unteilbar.[570] Unwichtig sei, ob die ungünstige Rechtsfolge an vergangene, gegenwärtige oder zukünftige Tatbestände geknüpft werde. Ausschlaggebend sei vielmehr, ob in einen von Verfassungs wegen schutzwürdigen Vertrauenstatbestand in unzulässiger Weise eingegriffen werde. Einem einheitlichen Rückwirkungsbegriff wird daher in der Literatur überwiegend zugestimmt.[571] Darüber hinaus wäre es nach der herrschenden Meinung richtig, dass

---

564 Vgl. BVerfGE 97, 67 (78).

565 Vgl. BVerfGE 38, 61 (83); BVerfGE 30, 367 (386).

566 Frühere Rechtsprechung: BVerfGE 30, 392 (404); BVerfGE 11, 139 (146).

567 Spätere Rechtsprechung, grundlegend: BVerfGE 72, 200 (242).

568 Vgl. BVerfGE 30, 392 (402); *Tipke, Klaus*, Die Steuerrechtsordnung, Band I, 2. Aufl. 2000, S. 152 m. w. N.

569 Vgl. *Arndt, Hans-Wolfgang/Schumacher, Andreas*, Echte Fortschritte bei der unechten Rückwirkung? NJW 1998, S. 1538; *Friauf, Karl Heinrich*, Gesetzesankündigung und rückwirkende Gesetzgebung im Steuer- und Wirtschaftsrecht, BB 1972, S. 669 (674); *Hahn, Hartmut*, Zur Rückwirkung im Steuerrecht, 1987, S. 24; *Lang, Joachim*, Verfassungsrechtliche Zulässigkeit rückwirkender Steuergesetze, WPg 1998, S. 163 (166 ff.); *Pieroth, Bodo*, Die neuere Rechtsprechung des Bundesverfassungsgerichts zum Grundsatz des Vertrauensschutzes, JZ 1984, S. 971 (973); *Muckel, Stefan*, Die Rückwirkung von Gesetzen in der neueren Rechtsprechung des Bundesverfassungsgerichts, JA 1994, S. 13 (14); *ders.*, Kriterien des verfassungsrechtlichen Vertrauensschutzes bei Gesetzesänderungen, 1989, S. 71 ff.; *Schmidt, Rolf*, Abbau der einkommensteuerlichen Förderung von Handelsschiffen verfassungsgemäß, DB 1998, S. 1199 (1203 f.); *Schaumburg, Heide*, Rückwirkung und Planungssicherheit im Steuerrecht, DB 2000, S. 1884 (1888).

570 *Jochum, Georg*, Die Steuervergünstigung, 2006, S. 339.

571 Vgl. *Muckel, Stefan*, Kriterien des verfassungsrechtlichen Vertrauensschutzes bei Gesetzesänderungen, 1989, S. 75; *Hahn, Hartmut*, Zur Rückwirkung im Steuerrecht, 1987, S. 24; *Kirchhof, Paul*, Rückwirkung von Steuergesetzen, StuW 2000, S. 221 (224).

bezüglich der Zulässigkeit einer Rückwirkung auf zwei Zeitpunkte abgestellt wird. Zum einen Zeitpunkt ist die Disposition in Bezug auf die Gesetzesänderung wirtschaftlich und rechtsverbindlich abgeschlossen. Zum anderen Zeitpunkt entfällt der Vertrauensschutz angesichts gesetzgeberischer Maßnahmen. Eine Rückwirkung im Sinne des allgemeinen Rückwirkungsverbots liegt daher dann vor, wenn ein Gesetz Rechtsfolgen für Vertrauensbetätigungen ändert, und führt dazu, dass solche Betätigungen vor dem endgültigen Gesetzesbeschluss als abgeschlossen zu betrachten seien. In diesen Fällen muss Vertrauensschutz gewährt werden. Allerdings kann Vertrauensschutz aus bedeutenden Gründen, wie Allgemeinwohl, ausnahmsweise abgelehnt werden.[572]

c) Stellungnahme

Obwohl sich Steuervergünstigungen in umverteilend und lenkend unterscheiden, geht es im Rahmen der vorliegenden Untersuchung nicht um die umverteilenden Steuervergünstigungen. Denn Steuerentlastungen beziehen sich im Energiesteuer- und dem Stromsteuergesetz vielmehr auf eine lenkende Steuervergünstigung. Im Folgenden ist in erster Linie zu erörtern, inwieweit eine nachträgliche Aufhebung von Steuervergünstigungen auf materiell-rechtliche Grenzen stößt. Eine solche Grenze kann erst dann bestehen, wenn die Aufhebung einer Steuervergünstigung eine grundrechtliche Position des Begünstigten beeinträchtigt.

aa) Eingriff in bereits abgeschlossene Besteuerungsvorgänge

Falls ein Gesetz, durch welches eine Steuersubvention abgeschafft wird, in bereits abgeschlossene Besteuerungsvorgänge eingreift, ist eine solche Rückwirkung von Gesetzen unzulässig. Ausnahmsweise ist es zulässig, wenn die damals geltende Rechtslage kein Vertrauen in den Fortbestand begründen konnte, weil sie entweder unklar oder verfassungswidrig und daher nichtig war.

bb) Eingriff in laufende Besteuerungsvorgänge

Wenn, anders als bei der Aufhebung einer umverteilenden Steuervergünstigung, eine lenkende Steuervergünstigung im Laufe der Besteuerungsperiode vom Gesetzgeber im Nachhinein für den Steuerpflichtigen abgeschafft wird, so entsteht eine Frage des Wegfalls des Vertrauensschutzes.[573] Der Steuerpflichtige vertraut auf die vom Staat gewährte Steuervergünstigung und organisiert somit eine Investition, wodurch der

---

572 Vgl. *Tipke, Klaus/Lang, Joachim*, Steuerrecht, 17. Aufl. 2002, § 4 Rdnr. 178.

573 Vgl. *Tipke, Klaus*, Die Steuerrechtsordnung, Band I, 2. Aufl. 2000, S. 166 f.; *Vogel, Klaus*, Rechtssicherheit und Rückwirkung zwischen Vernunftrecht und Verfassungsrecht, JZ 1988, S. 833 (838); *Kirchhof, Paul*, Kontinuität und Vertrauensschutz bei Änderung der Rechtsprechung, DStR 1989, S. 263 (268); *Hey, Johanna*, Abbau von Direktsubventionen und Steuervergünstigungen – verfassungsrechtliche terra incognita, StuW 1998, S. 298 (313).

vom Staat angestrebte Lenkungszweck erfüllt wird. Das private Gewinnstreben wird also vom Staat als Maßnahme verwendet, um wirtschaftspolitische oder soziale Ziele zu verwirklichen.[574] Dies führt zu einer verstärkten Vertrauensposition des Steuerpflichtigen.

In diesem Fall ist nicht das Vertrauen des Einzelnen auf den Fortbestand der gesetzlichen Regelung mit der Bedeutung des gesetzgeberischen Anliegens für das Gemeinwohl abzuwägen.[575] Vielmehr ist zu überlegen, ob spezifische Gründe es rechtfertigen können, den Betroffenen eine Entwertung ihrer vergangenen Disposition zuzumuten oder ob der Regelungszweck des Gesetzes auch dann erreicht werden kann, wenn für die allmählich auslaufenden Fälle übergangsweise Vertrauensschutz gewährt wird.[576] Das Ergebnis dieser Abwägung hängt wesentlich davon ab, inwieweit die die Steuervergünstigung tragende Regelungsgrundlage noch besteht.[577]

Darüber hinaus ist hinsichtlich dem für die Abwägung maßgeblichen Zeitpunkt bei Steuersubventionen auf die Disposition abzustellen.[578] Dementsprechend versteht man unter einer schutzwürdigen Disposition, dass sich der Steuerpflichtige in einer Weise verhalten hat, dass er seine Entscheidung, das durch die Steuervergünstigung gemachte Angebot anzunehmen, nicht mehr schlechterdings zurücknehmen kann.[579] Falls der Steuerpflichtige zum Zeitpunkt der Disposition bereits die Erkenntnis hatte, dass der Förderzweck nicht mehr besteht und war das Gesetzgebungsverfahren zur Änderung bereits eingeleitet, so ist die Disposition nicht mehr geschützt. Es ist aber darauf zu achten, dass das Gesetzgebungsverfahren bereits eingeleitet sein muss. Nur bloße Ankündigungen oder Rechtsansichten der Bundesregierung genügen nicht, eine besondere Vertrauensgrundlage zu schaffen.[580]

Schließlich kann im Hinblick auf die Praxis festgestellt werden, dass der Gesetzgeber dazu neigt, solche Fälle freundlicher zu behandeln, als die gesetzlichen Anforderungen es verlangen. Die bisherigen Regelungen für Altfälle sind meistens befristet gültig, Steuervergünstigungen werden nur schrittweise aufgehoben oder Härtefälle besonders berücksichtigt.[581]

---

574 BVerfGE 105, 17 (38).

575 Vgl. grundlegend BVerfGE 25, 142 (154); st. Rspr.

576 Vgl. *Friauf, Karl Heinrich*, Steuerrechtsänderungen und Altinvestitionen, StbJb. 1986/87, S. 279 (290).

577 *Jochum, Georg*, Die Steuervergünstigung, 2006, S. 346.

578 BFH vom 3.11.1982, BStBl. II 1983, S. 259 (265 f.); *Hahn, Hartmut*, Zur Rückwirkung im Steuerrecht, 1987, S. 72 f.

579 *Jochum, Georg*, Die Steuervergünstigung, 2006, S. 347.

580 BVerfGE 97, 67 (83).

581 Vgl. *Tipke, Klaus*, Die Steuerrechtsordnung, Band I, 2. Aufl. 2000, S. 195.

3. *Zwischenergebnis*

Insgesamt lässt sich festhalten, dass die Verfassung nur wenige Grenzen zum Abbau von Steuervergünstigungen gesetzt hat. So berührt die Aufhebung von Steuervergünstigungen grundsätzlich nicht die Grundrechte. Grundrechtseingriffe sind in der Regel verfassungsrechtlich gerechtfertigt, es sei denn, die Aufhebung der Steuervergünstigung hat eine verfassungswidrige Belastung zur Folge.

Neben Grundrechten dient noch der Vertrauensschutz als Grenze bei der Rückwirkung von Gesetzen, die bereits abgeschlossene oder laufende Besteuerungsvorgänge zu einem späteren Zeitpunkt neu regeln. Die Rückwirkung auf die abgeschlossenen Besteuerungsvorgänge ist in der Regel unzulässig. Im Vergleich dazu besteht bei einer Rückwirkung auf laufende Besteuerungsvorgänge ein besonderer Vertrauensschutz, wenn es sich um die Aufhebung von Steuersubventionen handelt, bei denen der Steuerpflichtige auf die vom Staat gewährte Steuervergünstigung vertraut und damit über sein Vermögen in der vom Staat beabsichtigten Weise disponiert hat. Dieses Vertrauen ist schutzwürdig, sodass der Gesetzgeber für die im Laufe der Besteuerung durchgeführten Dispositionen eine Übergangsregelung schaffen muss. Demgegenüber ist eine Disposition nicht schutzwürdig, wenn der Förderzweck der Steuervergünstigung entfallen oder ein Gesetzgebungsverfahren zur Änderung eingeleitet worden ist.

5. Kapitel: Steuerentlastungen

A. Vorbemerkung

Geht man davon aus, dass Verbrauchsteuern ausschließlich den inländischen Konsum und damit den Ge- oder Verbrauch von speziellen Gütern steuerlich belasten sollen und darauf angelegt sind, auf den Endabnehmer abgewälzt zu werden, stellt sich die Frage, ob der Gesetzgeber durch Schaffung von Entlastungsregelungen besondere Vorkehrungen für die Fälle zu treffen hat, in denen das angestrebte Belastungsziel nicht mehr erreicht werden kann oder von vornherein nicht erreicht werden soll. Neben den allgemein geltenden Grundsätzen im Verbrauchsteuerrecht, die eine Entlastung verbrauchsteuerpflichtiger Waren beim Verbringen in andere Mitgliedstaaten bzw. bei Aufnahme in ein Steuerlager normieren, sieht das Energie- und das Stromsteuerrecht eine Reihe von Sonderregelungen zur Steuerentlastung von Energieerzeugnissen vor.[582] Es sind der Erlass, die Erstattung sowie die Vergütung zu beschreiben, wie sie in § 45 EnergiesteuerG zum Ausdruck kommen.

Allerdings werden die Vorschriften der Steuerentlastung vom Gesetzgeber nicht systematisch gestaltet, sondern aus verschiedenen politischen Gründen gebildet. Dabei ist das Verhältnis zwischen dem entlastenden Instrument und der Zielerreichung dieses Gesetzes aus verbrauchsteuerrechtlicher Sicht immer spannend. So ist

582 *Bongartz, Matthias/Schröer-Schallenberg, Sabine*, Verbrauchsteuerrecht, 2. Aufl. 2011, Rdnr. H 141.

der Anreiz gegeben, die Entlastungsvorschriften in dem Energiesteuergesetz und dem Stromsteuergesetz zu erörtern.

B. Steuerentlastungen im Energiesteuergesetz und im Stromsteuergesetz

I. Energiesteuergesetz

1. Überblick

Der Verbrauch von Energieerzeugnissen im Steuergebiet wird grundsätzlich besteuert. Allerdings wird nicht jede Art des Verbrauchs besteuert, sondern – insbesondere bedingt durch das System der Steuerbefreiungen – im Prinzip nur die Verwendung als Kraft- oder Heizstoff durch die Energiesteuer belastet.[583] Es würde daher der Zielsetzung der Energiesteuer entsprechen, wenn in den Fällen, in denen versteuerte Energieerzeugnisse das Steuergebiet verlassen, tatsächlich zu steuerfreien Zwecken verwendet werden oder den Status als unter Steueraussetzung stehend zurückerlangen, die Versteuerung rückgängig gemacht würde.[584] Gleiches gilt angesichts der Ausgestaltung der Energiesteuer als indirekte Steuer für die Fälle, in denen die vom Gesetzgeber geplante Abwälzung auf den Endverbraucher misslingt.[585]

Die Steuerentlastung wird in § 45 EnergieStG durch Erlass, Erstattung oder Vergütung der Energiesteuer geregelt. Der Erlass bezieht sich auf eine entstandene, aber noch nicht entrichtete Steuer. Bei Rückzahlung bereits entrichteter Beträge erfolgt hingegen eine Erstattung und Vergütung. Im Fall der Erstattung wird an den Steuerschuldner zurückgezahlt,[586] während die Vergütung hingegen einem Dritten geleistet wird. Der Dritte ist eine Person, die hinsichtlich des betreffenden Energieerzeugnisses nicht in einem Steuerschuldverhältnis stand, auf die die Steuerlast aber (über den Kaufpreis) abgewälzt wurde.[587]

2. Steuerentlastung beim Verbringen aus dem Steuergebiet

Das Energiesteuergesetz erfasst in § 46 Abs. 1 Satz 1 vier Sachgruppen, die zu einer Steuerentlastung führen. Erstens werden Energieerzeugnisse nach § 4 EnergieStG zu gewerblichen Zwecken oder im Rahmen des Versandhandels in einen anderen Mitgliedstaat verbracht. Zweitens wird Kohle aus dem Steuergebiet verbracht oder ausgeführt. Drittens wird Erdgas aus dem Steuergebiet verbracht oder ausgeführt. Viertens werden andere als die vorstehend aufgeführten Energieerzeugnisse aus dem Steuergebiet verbracht oder ausgeführt.

---

583 *Soyk, Stefan*, Energie- und Stromsteuerrecht, 3. Aufl. 2013, S. 320.

584 *Peters, Martin*, Das Verbrauchsteuerrecht, 1989, S. 222 f.

585 *Soyk, Stefan*, Energie- und Stromsteuerrecht, 3. Aufl. 2013, S. 320.

586 *Friedrich, Klaus*, in: Friedrich, Klaus/Meißner, Cornelius (Hrsg.), § 45 EnergieStG, Rdnr. 3.

587 *Soyk, Stefan*, Energie- und Stromsteuerrecht, 3. Aufl. 2013, S. 321.

3. *Steuerentlastung im Steuergebiet*

Innerhalb des Steuergebiets kommt eine Steuerentlastung für die versteuerten Energieerzeugnisse in Betracht, die in ein Steuerlager oder – sofern es sich um Kohle oder Erdgas handelt – in einen Kohlebetrieb aufgenommen bzw. in das Leitungsnetz eingespeist wurden (z. B. § 47 Abs. 1 Nr. 1 und 5).

Ferner kommt eine Steuerentlastung für versteuerte Energieerzeugnisse in Betracht, die zu bestimmten begünstigten Zwecken verwendet wurden. Beispiele sind die in begüngstigte Anlagen verwendeten Energieerzeugnisse des § 49 EnergieStG, die Biokraftstoffe des § 50 EnergieStG, oder die für bestimmte Prozesse und Verfahren verwendeten Energieerzeugnisse des § 51 EnergieStG. Solche Prozesse und Verfahren sind mineralogische Verfahren, Metallerzeugung und –bearbeitung, chemische Reduktionsverfahren sowie thermische Abfall- oder Abluftbehandlung. Die Voraussetzungen der Steuerentlastung für die zu bestimmten begünstigten Zwecken verwendeten Energieerzeugnisse werden von Zollverwaltung und Finanzgerichten[588] aber sehr restriktiv ausgelegt, so dass die vom Gesetzgeber vorgesehenen Zwecke nicht verwirklicht werden. Diese restriktiven Auslegungen werden vom EuGH[589] beanstandet.

Eine weitere, aber auch spezielle Art der Steuerentlastung für versteuerte Energieerzeugnisse ist die Steuerentlastung bei Zahlungsausfall nach § 60 EnergieStG. Diese Regelung ist in dem deutschen Verbrauchsteuersystem einzigartig und führt zu Kritik in der Literatur.[590]

II. *Stromsteuergesetz*

Im Vergleich zum Energiesteuergesetz werden Steuerentlastungen im Rahmen des Stromsteuergesetzes viel übersichtlicher ausgestaltet: Es gibt lediglich wenige entsprechende Tatbestände.[591] Die bekannten Möglichkeiten der Steuerentlastungen in anderen Verbrauchsteuergesetzen, wie etwa beim Verbringen in ein Steuerlager oder in andere EU-Mitgliedstaaten, werden im Stromsteuergsetz nicht vorgesehen. Steuerlager gibt es im Stromsteuerrecht nicht, und die „Ausfuhr" bzw. das „Verbringen" in andere Mitgliedstaaten sind steuerrechtlich unwichtig. In diesen Fällen kommt es mangels eines entsprechenden Steuerentlastungstatbestandes ohnedies nicht zur Steuerentlastung.[592]

Steuerentlastung für bestimmte Prozesse und Verfahren sind in § 9a StromStG vorgesehen. Diese Vorschrift ist mit § 51 EnergieStG parallel zu sehen. Eine

---

588 BFH, Urteil vom 28.10.2008, VII R 6/08, ZfZ 2009, S. 77 (79); FG Hamburg, Urteil vom 11.9.2013, 4 K 133/12; *Bongartz, Matthias*, „Dual use" im Energiesteuerrecht, ZfZ 2009, S. 57 (61).

589 EuGH, Urteil vom 29.4.2004 C-240/01, ZfZ 2004, S. 231; vom 2.10.2014, C 426/12, ZfZ 2014, S. 308.

590 Siehe unten.

591 *Soyk, Stefan*, Energie- und Stromsteuerrecht, 3. Aufl. 2013, S. 416.

592 *Soyk, Stefan*, Energie- und Stromsteuerrecht, 3. Aufl. 2013, S. 416.

Steuerentlastung kommt nur für Unternehmen des Produzierenden Gewerbes in Betracht. Die Verwendung von Strom bei mineralogischen Verfahren, Metallerzeugung und –bearbeitung sowie chemischen Reduktionsverfahren wird auch von der Stromsteuer entlastet.

In § 9b StromStG wird die bei weitem bedeutendste Entlastungsmöglichkeit im Rahmen des Stromsteuergesetzes vorgesehen. Danach wird für gemäß § 3 StromStG versteuerten Strom, den ein Unternehmen des Produzierenden Gewerbes oder der Land- und Forstwirtschaft für betriebliche Zwecke entnommen hat, eine Steuerentlastung gewährt.

§ 10 StromStG ist eine Parallele zu § 55 EnergieStG (sog. „Spitzenausgleich") zu sehen. Danach wird eine Steuerentlastung für Unternehmen des Produzierenden Gewerbes gewährt. Diese Vorgabe bezweckt, die betreffenden Unternehmen von der Steuerbelastung zu befreien, die die ökologische Steuerreform mit sich gebracht hat. Dieser Bereich ist aber noch im Begriff der Veränderung.[593] Künftig soll die Entlastung an die Einhaltung von Stromeffizienzkriterien geknüpft werden.

C. Innensystematischer Widerspruch des § 60 EnergieStG

I. Rechtliche Ausgangslage und Regelungsbedarf

Bei den verbrauchsfähigen und versteuerbaren Gütern wird (bei Unmöglichkeit der Steuerüberwälzung auf den Endverbraucher) das eigentliche Belastungsziel nicht erreicht, wenn es dem Steuerschuldner aufgrund der Zahlungsunfähigkeit seines Abnehmers nicht gelingt, seine Kaufpreisforderung zu realisieren. Bereits 1973 wiesen Vertreter der Mineralölwirtschaft auf dem Deutschen Steuerkongress darauf hin, dass es wünschenswert wäre, die Kürzung der Mineralölsteuer in den Fällen zuzulassen, in denen sie beispielsweise aufgrund Konkurses des Abnehmers nicht auf den Steuerträger überwälzt werden könne.[594] Das Solidaritätsgesetz[595], mit dem ab dem 1. Januar 1992 ein Solidaritätszuschlag auf die Einkommensteuer eingeführt und die Mineralölsteuer erhöht wurde, führte aber zum Durchbruch der Vorschläge der Mineralölwirtschaft. In Abweichung vom ursprünglichen Referentenentwurf empfahl der Finanzausschuss des Deutschen Bundestages, in das

---

593 BR-Drucks. 458/12.

594 Demgegenüber befürchtete die Finanzverwaltung hohe Steuerausfälle und trat den Forderungen der Mineralölwirtschaft mit der Erklärung entgegen, dass eine Verlagerung des Steuerrisikos auf die Allgemeinheit nicht gerechtfertigt sei und dem Wesen der Verbrauchsteuer widersprechen würde, siehe *Schmidt, Bernhard,* Diskussionsbericht, in: Steuer-Kongress-Report 1973, Arbeitskreis III: Die Verbrauchsteuern aus nationaler Sicht und im Rahmen der Harmonisierung, 1973, S. 363 (389).

595 Gesetz zur Einführung eines befristeten Solidaritätszuschlags und zur Änderung von Verbrauchsteuer- und anderen Gesetzen (Solidaritätsgesetz) vom 24.6.1991, BGBl. 1991 I, S. 1318 ff.

Mineralölsteuergesetz eine Verordnungsermächtigung zur Regelung der Erstattung oder Vergütung bei Forderungsausfällen im Handel mit versteuerten Mineralölen aufzunehmen.[596] Dabei wurde die Einführung der Entlastungsregelung mit dem Wesen der Mineralölsteuer als Verbrauchsteuer begründet. Mit Wirkung zum 1. Juli 1991 trat die auf die Ermächtigung in § 11 Abs. 3 MinöStG a. F. gestützte Entlastungsregelung des § 39 b MinöStDV a. F. in Kraft und ersetzte für den Bereich der Mineralölsteuer die bis dahin geltende Billigkeitsregelung in Teil C Abs. 3 Nr. 4 der Billigkeitsrichtlinien von 1974.[597]

Im Rahmen der Ökosteuerreform wurde die Entlastungsregelung der Mineralölsteuer beibehalten. Sie wurde seit 2006 ohne Inhaltsveränderung in § 60 EnergieStG aufgenommen. Als einziges nationales[598] Verbrauchsteuergesetz enthält das EnergieStG in § 60 für bestimmte Energieerzeugnisse eine Entlastungsregelung bei Zahlungsausfall des Warenkäufers.[599] Gemäß § 60 EnergieStG wird die Steuerentlastung für bestimmte versteuerte Energieerzeugnisse dem Verkäufer nur auf Antrag, dass ihm die im Verkaufspreis enthaltene Steuer erstattet oder vergütet wird, gewährt.[600] Diese Steuerentlastung kommt nur bei den in § 2 Abs. 1 Nr. 1–4 EnergieStG aufgezählten Energieerzeugnissen wie Benzin, mittelschwere Öle, Gasöle in Betracht. Die üblichen Erzeugnisse, die der Energiesteuer unterliegen (wie Heizöle, Schmieröle, Erdgas, Flüssiggase, Kohle, Petrolkoks), unterliegen nicht dem

596 Beschlussempfehlung und Bericht des Finanzausschusses, BT-Drucks. 12/561, S. 16.

597 Erläuterungen zu § 39 b MinöStDV in ZfZ 1991, S. 392 f.

598 Soweit befinden sich keine Entlastungsregelungen bei Zahlungsausfällen in den Verbrauchsteuergesetzen der anderen Mitgliedsstaaten, vgl. *Hey, Johanna/Hoffsümmer, Philipp*, Steuerentlastung bei Zahlungsausfall im Rahmen der Strom- und Erdgasbesteuerung, UVR 2007, S. 55 (57).

599 In Tabaksteuergesetz (TabStG), Kaffeesteuergesetz (KaffeeStG), Biersteuergesetz (BierStG), Branntweinmonopolgesetz (BranntwMonG), Gesetz zur Besteuerung von Schaumwein und Zwischenerzeugnissen (SchaumwZwStG) wird beim Zahlungsausfallrisiko der Steuerschuldner belastet. Denn die Kernregelungen dieser besonderen Verbrauchsteuergesetze sind so uralt, dass unwahrscheinlich ist, dass der damalige Gesetzgeber bei seinen Überlegungen zur Ausgestaltung der Gesetze die Situation des Zahlungsausfalls mitbedacht hat.

600 Der Inhalt des § 60 EnergieStG wurde aus der Mineralölsteuer-Durchführungsverordnung (§ 53 MinöStV) übernommem und bleibt inhaltsgleich. Obwohl der Gesetzgeber wollte eine sachgerechte Verteilung des Risikos eines Steuerausfalls zwischen Steuergläubiger und Steuerschuldner vorsehen, wurde diese Vorschrift unter Druck der Interessengemeinschaft Mittelständischer Mineralölverbände eingeführt. Diese Interessengemeinschaft sah durch Zahlungsausfälle die wirtschaftliche Existenz von Mineralölhändlern ernsthaft gefährdet. Existenzgefährdet waren besonders die sog. Zwischenhändler, bei denen ein Erlass der MinöSt nach § 227 AO mangels eines Steuerschuldverhältnisses nicht möglich ist. Vgl. auch *Khazzoum, Bassam/Kulda, Carsten/Reuter, Ralf*, Energie und Steuern – Energie- und Stromsteuerrecht in der Praxis, 2011, § 3 Rdnr. 416.

Geltungsbereich des § 60 EnergieStG.[601] Aus verbrauchsteuerlicher Perspektive kann man nun davon ausgehen, dass die Normierung eines Entlastungsanspruches bei Unmöglichkeit der Abwälzung der Verbrauchsteuer mit dem inneren Systemgedanken der Verbrauchsbesteuerung in Einklang steht, so ist kein überzeugender Grund ersichtlich, warum dieser Schutz nur den Schuldnern der Energiesteuer zugute kommen soll. Das Wesensmerkmal der Belastung des Endverbrauchers von Waren als geeigneten Verbrauchsteuergegenstand ist allen Verbrauchsteuern gemeinsam.[602] Weder die Beschaffenheit des Steuergegenstandes Energiezeugnisse noch die besonderen Handelsstrukturen rechtfertigen eine differenzierte Betrachtung der unterschiedlichen Verbrauchsteuerarten und eine ungleiche Behandlung der Steuerschuldner.[603] Die Ungleichbehandlung der Steuerschuldner veranlasst, die Vorschrift des § 60 EnergieStG unter dem Blickwinkel des Gleichheitssatzes nach Art. 3 Abs. 1 GG näher zu untersuchen.[604]

Bemerkenswert ist, dass nur bei den in § 60 EnergieStG geregelten Erzeugnissen bei Zahlungsausfall des Verbrauchers eine Steuerentlastung gewährt wird. Für die Lieferung von Erdgas sowie Strom ist eine solche Regelung nicht vorgesehen.

Eine andere Problematik der Steuerentlastung nach § 60 EnergieStG fällt unter den Steuererlass des § 227 AO. Spezielle Erlassvorschriften sind im EnergieStG und StromStG nicht zu finden. § 227 AO gilt für die Unbilligkeit der Erhebung der Steuer im Einzelfall, wobei zwischen sachlichen und persönlichen Billigkeitsgründen unterschieden wird.[605] Sachliche Billigkeitsgründe setzten voraus, dass „nach dem erklärten oder mutmaßlichen Willen des Gesetzgebers angenommen

---

601 Eine analoge Anwendung von § 60 EnergieStG auf ausgefallene Stromsteuer und Energiesteuer auf Erdgas muss ausgeschlossen werden. Es gibt bei § 60 EnergieStG keine planwidrige Regelungslücke, da in den Anwendungsbereich bewusst nur die in § 2 Abs. 1 Nr. 1–4 EnergieStG aufgezählten Energieerzeugnisse einbezogen wurden.

602 *Beermann, Albert*, in: Klein, Franz (Hrsg.), Lexikon des Rechts, Steuer- und Finanzrecht, 1993, S. 474 (Ergänzbares Lexikon des Rechts, Steuer- und Finanzrecht, Fach 6, Nr. 6/1400, Loseblatt, Ergänzungslieferung Mai 2000 und März 2010) und BVerfGE 6, 247 (256 f.).

603 *Jatzke, Harald*, Das System des deutschen Verbrauchsteuerrechts, 1997, S. 259.

604 *Jatzke, Harald*, Das neue Verbrauchsteuerrecht im EG-Binnenmarkt, BB 1993, S. 41 (45) und *ders.*, Das neue Verbrauchsteuerrecht in der Bundesrepublik Deutschland, IFSt-Schrift Nr. 322 (1993), S. 103.

605 Von Art. 235–242 ZK wird § 227 AO abgesehen. Diesbezüglich ist ein Erlass aus sachlichen Billigkeitsgründen für die auf importierte Güter zu erhebenden Verbrauchsteuern nicht anwendbar, vgl. BFHE 189, 218 (222); *Deimel, Klaus*, in: Hübschmann, Walter/Hepp, Ernst/Spitaler, Armin (Hrsg.), Abgabenordnung – Finanzgerichtsordnung, Loseblatt-Kommentar, 234. Lieferungen, 2015, vor Art. 235–242 ZK Rdnr. 13.

werden kann, dass er die im Billigkeitswege zu entscheidende Frage – hätte er sie geregelt – im Sinne der beabsichtigten Billigkeitsmaßnahme entschieden hätte".[606] Wird ein Sachverhalt entgegen dem vom Steuergesetz verfolgten Zweckes besteuert, liegt Unbilligkeit nach Ansicht des BFH vor.[607] Persönliche Billigkeitsgründe sind dann gegeben, wenn die Erhebung einer Steuer die wirtschaftliche Existenz des Unternehmers ernsthaft gefährdet (sog. Erlassbedürftigkeit).[608] Dabei muss die wirtschaftliche Notlage durch die Steuerfestsetzung selbst verursacht worden sein.[609] Allerdings kann man von dem Energieversorgungsunternehmen nicht fordern, dass es auf den Erlass der ausgefallenen Stromsteuer und Energiesteuer bis zu dem Zeitpunkt wartet, in dem die Beendigung ihres Geschäftsbetriebes droht. Dies gilt besonders für den Fall, in dem die Steuerpflicht der Energieversorgungsunternehmen den Staat insofern entlastet, als er die Steuer nicht bei den eigentlich intendierten Steuerträgern der Energiesteuern, den Verbrauchern, erheben muss.[610]

Ein sachlicher Billigkeitsgrund besteht nach der Auffassung der Rechtsprechung[611] und Literatur[612] nicht, wenn die Überwälzung der Verbrauchsteuer an den Verbrauchern scheitert. Denn der Vorgang des Überwälzens verwirkliche sich im kaufmännischen Bereich außerhalb des Besteuerungstatbestandes. Zu überzeugen vermag diese auf die Tatbestandstechnik der Verbrauchsteuer gestützte Argumentation nicht, da die Kostenbelastung des Energieversorgungsunternehmens durch die Energie- oder Stromsteuer gerade nicht Folge einer kaufmännischen Entschließung ist, sondern vom Gesetzgeber angeordnet wird.[613]

Die Anwendung eines Erlasses gemäß § 227 AO gerät aber in praktische Schwierigkeiten. Nur für bereits gezahlte Steuern kann der Erlass gemäß § 227 AO dem

---

606 *Loose, Matthias*, in: Tipke, Klaus/Kruse, Heinrich Wilhelm (Hrsg.), Abgabenordnung – Finanzgerichtsordnung, Loseblatt-Kommentar, 141. Lieferungen, 2015, § 227 AO, Rdnr. 40, mit Nachweisen aus der Rspr.

607 BFH vom 8.3.2001, V R 61/97, BStBl. 2004 II, S. 373 (374) m. w. N.

608 BFHE 149, 126 (130); AEAO-Zoll zu § 227 Rdnr. 8.

609 BFHE 116, 87 (89).

610 Erst durch das Tätigwerden für den Staat als „Steuereinsammler" werden die EVU mit ausgefallenen Verbrauchsteuern belastet. Aus diesem Grunde ist es zu berücksichtigen, dass die EVU nicht oder nur geeignet mit Verbrauchsteuern belastet werden.

611 BFHE 115, 2 (4 f.).

612 *Goll, Rüdiger von*, in: Hübschmann, Walter/Hepp, Ernst/Spitaler, Armin (Hrsg.), Abgabenordnung – Finanzgerichtsordnung, Loseblatt-Kommentar, 234. Lieferungen, 2015, § 227 AO Rdnr. 142; a. A.: *Neumayer, Jochen/Pannen, Volker*, Mineralölsteuervergütung bei Zahlungsausfall des Warenempfängers, ZfZ 1997, S. 218 (219 f.).

613 Von einem sachlichen Billigkeitsgrund könnte man möglicherweise zum Ergebnis haben, wenn von einer Einführung einer allgemeinen Entlastungsregelung in das StromStG und EergieStG genommen wird, da es an Praktikabilität Abstand fehlt, vgl. *Hey, Johanna/Hoffsümmer, Philipp*, Steuerentlastung bei Zahlungsausfall im Rahmen der Strom- und Erdgasbesteuerung, UVR 2007, S. 55 (57 f.).

Steuerpflichtigen gewährt werden, sofern deren Einziehung im Zeitpunkt der Erfüllung unbillig war.[614] Demnach ist für die Beurteilung, ob Billigkeitsgründe vorliegen, auf den Zeitpunkt der Abführung der Steuer durch das Energieversorgungsunternehmen an die Zollverwaltung abzustellen. Bei Zahlungsausfällen kann jedoch im Zeitpunkt der Abführung der Energie- oder Stromsteuer noch nicht beurteilt werden, ob diese ausfallen und somit den Steuerschuldner wirtschaftlich belasten werden.[615] Darüber hinaus ist die Bestimmung des Zeitpunkts, in dem die Grenze zur persönlichen Unzumutbarkeit überschritten wird, kaum möglich. Da Zahlungsausfälle ständig vorkommen, ist der Zeitpunkt der Erlassbedürftigkeit nicht zu bestimmen.[616]

II. Abweichung vom Lenkungszweck

Energie- und Stromsteuer als Ökosteuer haben die Aufgabe, die in Art. 20a GG verfassungsrechtlich verankerte Staatsaufgabe des Umweltschutzes zu fördern.[617] Der Gesetzgeber belastet den Strom- und Energieverbrauch steuerlich, wodurch Verbraucher einen Anlass haben, Strom und Energie einzusparen und somit umweltschonendes Verhalten an den Tag zu legen. Die Besteuerung von Strom und Erdgas verfolgt damit Lenkungszwecke.[618] Auch in der sog. Ökosteuer-Entscheidung[619] des Bundesverfassungsgerichts wurde der Lenkungszweck der Ökosteuer hervorgehoben. Der Senat hielt die Belastung durch Ökosteuern aufgrund des Gemeinwohlinteresses Umweltschutz für gerechtfertigt.[620] Allerdings müsse der Lenkungszweck in der gesetzlichen Ausgestaltung konsequent und gleichheitsgerecht umgesetzt werden.

---

614 BFHE 149, 126 (131); BFHE 120, 212 (217); *Rüsken, Reinhart*, in: Klein, Franz (Hrsg.), Abgabenordnung, Kommentar, 12. Aufl. 2014, § 227 AO Rdnr. 7; *Loose, Matthias*, in: Tipke, Klaus/Kruse, Heinrich Wilhelm (Hrsg.), Abgabenordnung – Finanzgerichtsordnung, Loseblatt-Kommentar, 141. Lieferungen, 2015, § 227 AO Rdnr. 114.

615 *Hey, Johanna/Hoffsümmer, Philipp*, Steuerentlastung bei Zahlungsausfall im Rahmen der Strom- und Erdgasbesteuerung, UVR 2007, S. 55 (58).

616 *Hey, Johanna/Hoffsümmer, Philipp*, Steuerentlastung bei Zahlungsausfall im Rahmen der Strom- und Erdgasbesteuerung, UVR 2007, S. 55 (58).

617 Zu den Umweltsteuern und deren Verhaltenslenkung: *Hey, Johanna*, Rechtliche Zulässigkeit von Umweltabgaben unter dem Vorbehalt ihrer ökologischen und ökonomischen Wirksamkeit, StuW 1998, S. 32 ff. Auch der europäische Richtliniengeber verweist auf das durch die Energiesteuern verfolgte Ziel des Umweltschutzes, z.B. RL 2003/96/EG des Rates, ABl. EU L 283/51, Rdnr. 6 und 12. Ferner ist die Beachtung der Erfordernisse des Umweltschutzes in Art. 6 EGV primärrechtlich verankert.

618 BT-Drucks. 14/40, S. 9; *Hidien, Jürgen*, Neue Steuern braucht das Land?, BB 1999, S. 341.

619 BVerfGE 110, 274.

620 BVerfGE 110, 274 (296 f.).

Der mit Energie- oder Stromsteuer verfolgte Zweck der Verhaltenslenkung kann nicht erreicht werden, wenn der Verbraucher als Warenempfänger von Energieerzeugnissen die Kosten nicht entrichtet. Die abstrakte Überwälzbarkeit reicht für eine konsequente Verwirklichung des ökologischen Lenkungszwecks nicht aus, da sich das wirtschaftlich belastete Energieversorgungsunternehmen nicht mit einem sparsamen Energieverbrauch befassen kann. Insoweit ist der Lenkungszweck misslungen. Der Verhaltensanreiz der durch die Energie- und Stromsteuer erhöhten Energiekosten ist nicht zur Zielerreichung geeignet. Damit entfällt insofern aber auch die ökologische Rechtfertigung der Energie- und Stromsteuer.[621]

III. Verstoß gegen den allgemeinen Gleichheitssatz des Art. 3 Abs. 1 GG

1. Folgerichtigkeit

Im Steuerrecht kommen im Rahmen der Prüfung des allgemeinen Gleichheitssatzes vor allem dem Leistungsfähigkeitsprinzip und dem Gebot der Folgerichtigkeit besondere Bedeutung zu.[622] Aus dem aus Art. 3 GG abgeleiteten Gebot der Folgerichtigkeit folgt unter anderem, dass der Gesetzgeber das selbst verfasste Gesetzessystem innerhalb der Rechtsordnung nicht ohne ausreichenden Grund verlassen darf.[623] Wenn der Gesetzgeber das gewählte System durchbricht, liegt ein Verstoß gegen den allgemeinen Gleichheitssatz vor.[624] Eine Abweichung vom Gesetzessystem durch den Gesetzgeber ist nur dann zulässig, wenn zureichende Gründe vorhanden sind.[625]

Bei der Energie- und Stromsteuer handelt es sich um Verbrauchsteuern i.S.d. Art. 106 Abs. 2 Nr. 2 GG.[626] Anknüpfungspunkt der Besteuerung ist die Disposition der Einkommen beim Verbraucher.[627] Außerdem sind Energie- und Stromsteuer wie alle Verbrauchsteuern als indirekte Steuern ausgestaltet, wobei der Unternehmer trotz der tatsächlichen Belastung des Endverbrauchers Schuldner der Steuer ist. Er

---

621 *Hey, Johanna/Hoffsümmer, Philipp*, Steuerentlastung bei Zahlungsausfall im Rahmen der Strom- und Erdgasbesteuerung, UVR 2007 Nr. 2, S. 55 (60).

622 BVerfGE 110, 412 (433).

623 Siehe hierzu BVerfG vom 21.6.2006, 2 BvL 2/99, DStR 2006, S. 1316 (1317) m.w.N.; *Kirchhof, Paul*, Steuergleichheit, StuW 1984, S. 297 (301).

624 *Jarass, Hand Dieter*, in: Jarass, Hans Dieter/Pieroth, Bodo (Hrsg.), Grundgesetz, Kommentar, 13. Aufl. 2014, Art. 3 GG Rdnr. 29; *Kannengießer, Christoph*, in: Schmidt-Bleibtreu, Bruno/Klein, Franz/Hofmann, Hans/Henneke, Hans-Günter (Hrsg.), Grundgesetz, Kommentar, 13. Aufl. 2014, Art. 3 GG Rdnr. 52.

625 BVerfGE 85, 238 (247); BVerfGE 25, 236 (251). .

626 So § 1 Abs. 1 Satz 3 StromStG; a. A.: *Arndt, Hans-Wolfgang*, Rechtsfragen einer deutschen CO_2-/Energiesteuer entwickelt am Beispiel des DIW-Vorschlages, 1995, S. 62 f., der lehnt die Stromsteuer mit der Eigenschaft einer Verbrauchsteuer ab, insbesondere weil es ihr an Abwälzungsmöglichkeit (nur teilweise) fehlt. Ferner vgl. *Herdegen, Matthias/Schön, Wolfgang*, Ökologische Steuerreform, Verfassungsrecht und Verkehrsgewerbe, 2000, S. 28.

627 *Tipke, Klaus*, Steuerrechtsordnung, Band II, 2003, S. 963.

wird aus Praktikabilitätsgründen als Steuereinsammler für den Staat tätigt.[628] Die Herstellung der steuerlichen Belastung des Endverbrauchers soll durch Überwälzung der Steuer auf diesen erfolgen. Wenn die Abwälzung der Steuerbelastung an den Endverbraucher nicht erfolgreich ist, halten das Bundesverfassungsgericht[629] und der BFH[630] dafür, dass das Risiko der Abwälzbarkeit nicht im steuerrechtlichen, sondern im Allgemeinen kaufmännischen Bereich vorliegt. Trotz der Aussagen von Bundesverfassungsgericht und BFH ist aber für die Rechtfertigung der konkreten Belastung immer der Belastungsgrund der Verbrauchsteuer zu denken.[631] Der Belastungsgrund der konsumtiven Einkommensverwendung wird nicht berührt, wenn die rein steuertechnische Ausgestaltung in der Form, dass die Höhe der Steuer abhängig von der gelieferten Menge und nicht vom gezahlten Entgelt ist.[632]

Es ist selbstverständlich, die Energielieferung des Energieversorgungsunternehmens zu besteuern, wenn die Energie- oder Stromsteuer bei Zahlungsausfall eines Verbrauchers dem Energieversorgungsunternehmen nicht erstattet wird. Die konsumtive Einkommensverwendung des Verbrauchers als Belastungsgrund ist in diesem Fall durchbrochen. Denn die wirtschaftliche Belastung tritt nicht, wie vom Gesetzgeber geplant, beim Verbraucher, sondern beim Unternehmer ein. In solchen Fällen wirken Energie- und Stromsteuer – sofern eine Steuererstattung nicht erfolgt – folglich wie Unternehmenssteuern.[633] Als solche lassen sie sich aber nicht rechtfertigen, da sie die Energieversorgungsunternehmen sowohl im Verhältnis zum Gewinn als auch zum Umsatz in höchstem Maße unterschiedlich, nämlich abhängig von der Zahlungsbereitschaft der Kunden, belasten.[634]

2. *Benachteiligung*

Aus dem Fehlen einer Entlastungsregelung folgt nicht nur eine Verletzung des Folgerichtigkeitsgebots, sondern auch eine Benachteiligung der Energieversorgungsunternehmen gegenüber anderen Steuerpflichtigen, die bei Zahlungsausfall keine Verantwortung für die in Kosten implizite Steuer tragen müssen. Diese Benachteiligung wird aus verschiedenen Betrachtungswinkeln nachgewiesen.

---

628 Vgl. zur Umsatzsteuer *Stadie, Holger*, in: Rau, Günter/Dürrwächter, Erich (Hrsg.), Umsatzsteuer, Loseblatt-Kommentar, Stand: Dezember 2015, S. 164. Ergänzung, Einführung zum Umsatzsteuergesetz, Rdnr. 172 f.; *Trzaskalik, Christoph*, Die Steuererhebungspflichten Privater, in: Friauf, Karl Heinrich (Hrsg.), Steuerrecht und Verfassungsrecht, DStJG 12 (1989), S. 157 (158).

629 BVerfGE 27, 375 (384).

630 BFHE 141, 369 (375); BFHE 115, 2, (4 f.).

631 *Hey, Johanna/Hoffsümmer, Philipp*, Steuerentlastung bei Zahlungsausfall im Rahmen der Strom- und Erdgasbesteuerung, UVR 2007, Nr. 2, S. 55 (59).

632 *Hey, Johanna/Hoffsümmer, Philipp*, Steuerentlastung bei Zahlungsausfall im Rahmen der Strom- und Erdgasbesteuerung, UVR 2007, Nr. 2, S. 55 (59).

633 *Tipke, Klaus*, Steuerrechtsordnung, Band II, 2. Aufl. 2003, S. 972.

634 *Hey, Johanna/Hoffsümmer, Philipp*, Steuerentlastung bei Zahlungsausfall im Rahmen der Strom- und Erdgasbesteuerung, UVR 2007, Nr. 2, S. 55 (60).

a) Aus historischer Perspektive

Aus historischer Perspektive ist bezüglich der Entlastungsregelung des § 60 EnergieStG im Vergleich mit der früheren Rechtslage des sog. „Kohlepfennigs" nicht ersichtlich, aus welchem Grund der Gesetzgeber die gegenwärtige Richtung von seinem bisherigen Regelungskonzept geändert hat.

Wirft man einen Blick auf die Vorgängergesetze des StromStG – das Dritte[635] und Vierte[636] Verstromungsgesetz[637] – , folgt, dass die dort bestimmte Verstromungsabgabe nach einem Prozentsatz der erzielten Gewinne, die aus der Lieferung von Elektrizität an den Endverbraucher sind, errechnet wurde.[638] Als Schuldner der Verstromungsabgabe musste das Energieversorgungsunternehmen die Verstromungsabgabe, deren Bemessungsgrundlage an die erzielten Gewinne anknüpft, bei Forderungsausfällen nicht tragen. Denn es sind in diesen Fällen in der Tat keine Gewinne erzielt worden.

Selbst wenn man dem Gesetzgeber bei der Veränderung von Gesetzen einen weiten Ermessenspielraum zubilligt,[639] überträgt der Gesetzgeber im StromStG noch willkürlich das Steuerausfallrisiko auf den Steuerschuldner.[640] Eine solche Änderung der Besteuerungstechnik verstößt nicht gegen Art. 3 Abs. 1 GG. Allerdings führt die unterschiedliche Tatbestandstechnik meistens zu einer ungerechtfertigten Steuertragung – insbesondere eine Schlechterstellung – bei Forderungsausfällen,[641] wobei dieser einer besonderen Rechtfertigung bedarf. Ein Rechtfertigungsgrund der Veränderung, wie z.B. das dem Grunde nach anzuerkennende Bedürfnis nach Typisierung, erscheint aber nicht offensichtlich. Auch bei der ursprünglich getroffenen Belastungsentscheidung, mit der das Steuerausfallrisiko dem Staat zugewiesen wurde, hat der Gesetzgeber einen klaren und überzeugenden Grund nicht aufgegeben.[642]

---

635 BGBl. 1980 I, S. 2137.

636 BGBl. 1994 I, S. 1618.

637 So auch *Gröpl, Christoph*, Vom „Kohlepfennig" zur Stromsteuer. Was hat sich geändert? – Vergleichende Betrachtung unter kompetenz-, finanzverfassungs- und haushaltsrechtlichen Gesichtspunkten, DÖV 2001, S. 199 ff., der vergleicht „Kohlepfennig" und Stromsteuer und kommt somit zu dem Schluss, dass der Übergang zur Stromsteuer grundsätzlich keine Änderungen bezüglich der Belastung der Verbraucher mit sich gebracht hat.

638 § 8 Abs. 3 Nr. 1 Drittes VerstromungsG und § 4 Abs. 3 Nr. 1 Viertes VerstromungsG.

639 BVerfGE 53, 224 (253).

640 *Hey, Johanna/Hoffsümmer, Philipp*, Steuerentlastung bei Zahlungsausfall im Rahmen der Strom- und Erdgasbesteuerung, UVR 2007, S. 55 (61).

641 *Hey, Johanna/Hoffsümmer, Philipp*, Steuerentlastung bei Zahlungsausfall im Rahmen der Strom- und Erdgasbesteuerung, UVR 2007, S. 55 (61).

642 *Hey, Johanna/Hoffsümmer, Philipp*, Steuerentlastung bei Zahlungsausfall im Rahmen der Strom- und Erdgasbesteuerung, UVR 2007, S. 55 (61).

b) Aus umsatzsteuerlicher Perspektive

Bei der zu den Verbrauchsteuern gehörenden Umsatzsteuer wies der Gesetzgeber das Risiko des Zahlungsausfalls komplett dem Steuergläubiger zu. Wenn der umsatzsteuerpflichtige Empfänger die Steuerleistung mit seiner Zahlung ganz oder teilweise ausfällt, mindert sich die Bemessungsgrundlage und damit auch die Höhe der Umsatzsteuer.[643] Die Folge ist, dass der Unternehmer im Hinblick auf die Umsatzsteuer das Ausfallrisiko nicht tragen muss, da sein Vorsteuerabzug unabhängig von dem Ausfall der Forderung für seinen Ausgangsumsatz bestehen bleibt.[644]

Der Gesetzgeber hat aber aus dem besteuerungstechnischen Grund die Bemessungsgrundlage der Energiesteuern verändert, die abweichend von der Umsatzsteuer ist. Diese Schlechterstellung der Energiesteuerschuldner im Vergleich zum Umsatzsteuerschuldner unter dem Verbrauchsteuersystem muss besonders gerechtfertigt werden. Die vom Gesetzgeber gewählte Besteuerungstechnik bei der Überbringung von Strom bzw. Erdgas ist freilich nicht unvermeidbar, wie bereits der Vergleich mit der Verstromungsabgabe gezeigt hat. Überdies ist das Energieversorgungsunternehmen unabhängig von der Bonität des Vertragspartners zur Lieferung verpflichtet, so dass es das Ausfallrisiko bei Energiesteuer weit weniger beherrschen kann als bei der Umsatzsteuer. Der bloße Hinweis auf die Besteuerungstechnik als Rechtfertigungsgrund ist nicht überzeugend. Im Vergleich zum Umsatzsteuerrecht entspricht deshalb die Schlechterstellung der Energieversorgungsunternehmen bei der Übernahme des Zahlungsausfallrisikos im Energiesteuer- und Stromsteuerrecht dem im Art. 3 Abs. 1 GG geforderten Gleichheitssatz nicht.[645]

c) Aus wettbewerblicher Perspektive

Wie oben erwähnt wird nur bei den in § 60 EnergieStG geregelten Erzeugnissen eine Steuerentlastung bei Zahlungsausfall des Verbrauchers gewährt. Lieferungen von Strom und Erdgas bei Zahlungsausfall werden hingegen nicht steuerlich begünstigt. Dies führt dazu, dass inländische Energieversorgungsunternehmen Stromsteuer bei Zahlungsausfall tragen müssen, während ausländische Energieversorgungsunternehmen steuerlich nicht belastet sind. Denn gemäß § 7 StromStG ist der Letztverbraucher der Steuerschuldner, wenn Strom aus einem Gebiet außerhalb des Steuergebietes geliefert wird.[646] In diesen Fällen trägt das ausländische

643 *Hundt-Eßwein, Hans Ulrich*, in: *Mann, Peter/Burhoff, Armin/Stöcker, Ernst-Erhard*, UStG Kommentar, 2006, § 17 UStG Rdnr. 4.

644 *Hey, Johanna/Hoffsümmer, Philipp*, Steuerentlastung bei Zahlungsausfall im Rahmen der Strom- und Erdgasbesteuerung, UVR 2007, S. 55 (61).

645 Sowohl Umsatzsteuer, Stromsteuer als auch Energiesteuer auf Erdgaslieferungen sind grundsätzlich gleichartig, hierzu *Hidien, Jürgen*, Neue Steuern braucht das Land?, BB 1999, S. 341.

646 Siehe *Kaeser, Christian/Weinsheimer, Michael*, Europarechtswidrige Benachteiligung ausländischer Stromanbieter durch das Stromsteuergesetz, DB 1999, S. 2383 (2384). Die Frage, ob der bezogene Strom schon im Ausland versteuert

Energieversorgungsunternehmen keine Steuerbelastung und es trifft somit dieses kein Steuerausfallrisiko. Offensichtlich ist, dass bei Zahlungsausfall des Verbrauchers das ausländische Energieversorgungsunternehmen im Vergleich zum inländischen Energieversorgungsunternehmen, das den Strom innerhalb des Steuergebietes liefert, wirtschaftliche Vorteile hat, obwohl beide miteinander in Konkurrenz stehen.[647] Das gleiche gilt auch für die Lieferung von Erdgas aus dem Ausland, wobei der Verbraucher nach § 38 Abs. 2 Nr. 2 EnergieStG die Steuerschuld übernehmen muss.

Im Schrifttum[648] wird eine solche unterschiedliche Behandlung bei Forderungsausfällen als üblich kritisiert, wenn der Gesetzgeber nur die mit den Regelungen der § 7 StromStG und § 38 Abs. 2 Nr. 2 EnergieStG beabsichtigte Betrugsvermeidung oder die Verwirklichung des Bestimmungslandsprinzips erreichen will. Selbst wenn bei Zahlungsausfällen die inländischen Energieversorgungsunternehmen mit Lieferungen von Strom und Erdgas eine Erstattung bedürften, wird die Erreichung dieser Ziele nicht beeinträchtigt. So ist die Rechtfertigung vom Gesetzgeber für die erscheinende Wettbewerbsverzerrung undeutlich.[649]

3. *Zwischenergebnis*

Das EnergieStG und das StromStG sind im Rahmen der geltenden Fassungen nicht verfassungmäßig, besonders wenn die Energieversorgungsunternehmen beim Risiko des Zahlungsausfalls als steuerliche Belastungsträger vorgesehen sind. Dass der Staat aus Finanzverwaltungsgründen den Unternehmen zum Steuersammler werden

wurde, ist hier nicht wichtig, vgl. *Soyk, Stefan*, Energie- und Stromsteuerrecht, 3. Aufl. 2013, S. 402 Rdnr. 22. Die Einfuhr von Strom aus dem Ausland muss aber erlaubt werden, § 4 Abs. 1 StromStG. Siehe ebenso *Bloehs, Joachim*, Verstößt das Erhebungsverfahren der deutschen Stromsteuer gegen EU-Recht?, BB 1999, S. 1845 (1846).

647 Zu diesen Ungleichbehandlung: *Bloehs, Joachim*, Verstößt das Erhebungsverfahren der deutschen Stromsteuer gegen EU-Recht?, BB 1999, S. 1845 ff., dort ist er der Meinung, dass durch die Steuerschuldnerschaft der Letztverbraucher ausländische Stromversorger diskriminiert werden.

648 *Hey, Johanna/Hoffsümmer, Philipp*, Steuerentlastung bei Zahlungsausfall im Rahmen der Strom- und Erdgasbesteuerung, UVR 2007, S. 55 (61).

649 Schutz auch vor Wettbewerbsverzerrungen in Art. 3 GG, vgl. dazu BVerfGE 21, 12 (27 f.). Inländer werden von Wettbewerbsverzerrungen geschützt, die sich durch eine gegenüber Ausländern ungünstige Behandlung ergeben, wenn sich deren Tätigkeit auf das Inland bezieht (sog. Inländerdiskriminierung). Ein wichtiger Vergleichsfall kann nur vorliegen, wenn die Zuständigkeit dem Bund zugewiesen wird; siehe hierzu *Liebholz, Gerhard/Rinck, Hans-Justus (Hrsg.)*, Grundgesetz, Rechtsprechung des Bundesverfassungsgerichts, Loseblatt-Kommentar, 68. Ergänzungslieferung, Stand: Juli 2015, Art. 3 GG Rdnr. 4; *Osterloh, Lerke/Nußberger, Angelika*, in: Sachs, Michael (Hrsg.), Grundgesetz, Kommentar, 7. Aufl. 2014, Art. 3 GG Rdnr. 71P.

lässt, ist verfassungsrechtlich akzeptierbar. Die Tatsache, dass Energieversorgungsunternehmen als Steuerschuldner bei Zahlungsausfällen fungieren, widerspricht aber dem allgemeinen Gleichheitssatz.

IV. Vorschlag zur Ausgestaltung einer gerechten Entlastungsregelung

Im Hinblick auf die Verbrauchsteuersystematik muss die Entlastungsregelung der Energiesteuer als besondere Verbrauchsteuer mit der Umsatzsteuer konform sein. Der Begriff der Uneinbringlichkeit der Umsatzsteuer sollte auch im EnergieStG sowie im StromStG verwendet werden. Nach *Hey/Hoffsümmer*[650] könnte eine Erstattungsregelung so gestaltet werden, dass die Lieferer die Steuer zu begleichen hätten, soweit das vereinbarte Entgelt für die Lieferung von Strom und Erdgas uneinbringlich werde. Die Berichtigungen seien in dem Monat vorzunehmen, in dem das Entgelt uneinbringlich geworden sei. Wenn der Lieferer Steueranmeldungen jedes Jahr abgebe, müsste die Berichtigung in dieser Zeit erfolgen. Wenn das Entgelt im Nachhinein eingenommen werde, sei der Steuerbetrag erneut zu berichtigen. Ein solcher Entlastungstatbestand ist mit dem Umsatzsteuerrecht und dem allgemeinen Gleichheitssatz des Art. 3 Abs. 1 GG in Einklang. Im Vergleich zum § 60 EnergieStG füge dieser Vorschlag keinen Selbstbehalt im Entlastungstatbestand ein und stelle an die Erstattung weniger Anforderungen.

Mit diesem vorgeschlagenen Entlastungstatbestand würden auch die folgenden Risiken nicht bestehen. Zum einen ist das Risiko von Wettbewerbsverzerrungen im Hinblick auf andere Produkte, die besonderen Verbrauchsteuern ohne entsprechende Entlastungsregelung unterliegen, nicht vorhanden, da es insoweit an einem Konkurrenzverhältnis zur Lieferung von Strom und Erdgas fehlt. Zum anderen existiert das Risiko nicht, dass die Energieversorgungsunternehmen die Begleichung ihrer Außenstände nicht mehr betreiben und den Staat durch die Berichtigung von Energie- und Stromsteuer schädigen. Denn die Energieversorgungsunternehmen verfolgen weiterhin in erster Linie eigene Interessen mit der Eintreibung der Forderungen.

Außerdem ist ein Antrag auf Steuererlass nach § 227 AO aufgrund Verwaltungserleichterungen entbehrlich. Der Grund liegt darin, dass die Erstattungsregelungen dieselben Voraussetzungen wie eine Änderung der Bemessungsgrundlage bei Zahlungsausfall in der Umsatzsteuer haben. So ist eine separate Überprüfung insoweit nicht erforderlich, ob die Stromsteuer bzw. Energiesteuer auf Erdgas zu Recht entlastet werden.[651]

Schließlich müssen die betroffenen Unionsvorgaben auch in Betracht gezogen werden. Allerdings ist eine Entlastungsregelung in den Unionsvorgaben nicht

---

650 *Hey, Johanna/Hoffsümmer, Philipp*, Steuerentlastung bei Zahlungsausfall im Rahmen der Strom- und Erdgasbesteuerung, UVR 2007, S. 55 (63).

651 Umsatzsteuer steht Finanzbehörde zu; Energie- und Stromsteuer stehen Hauptzollämter zu. Dieses Problem der Zuständigkeiten ist hier aber nicht wichtig und kann durch Gesetzveränderungen beseitigt werden.

geregelt. Weder die Richtlinien des Rates zur Harmonisierung der Struktur der Verbrauchsteuer auf Mineralöle noch auch auf andere Energieerzeugnisse und elektrischen Strom[652] enthalten Regelungen zur Steuerentlastung bei Zahlungsausfall. Insoweit haben Mitgliedstaaten einen großen Spielraum zur Entscheidung.

V. Zwischenergebnis

Es lässt sich feststellen, dass die gültige Entlastungsvorschrift des § 60 EnergieStG mit dem allgemeinen Gleichheitssatz des Art. 3 GG nicht in Einklang steht. Aus umsatzsteuerlicher und verfassungsrechtlicher Perspektive können die Entlastungstatbestände im EnergieStG und dem StromStG so ausgestaltet werden, dass die Interessen des Staates an einer gesicherten und praktischen Durchführung des Verbrauchsteueranspruchs, die Verfassung und das Europarecht sowie die von Verfassung gewährleisteten Rechte der Energieversorgungsunternehmen berücksichtigt werden.

D. Bewertung der steuerlichen Entlastungsnormen im Energiesteuergesetz und im Stromsteuergesetz

Erkennt man Steuerentlastungen als Steuervergünstigungen an, berührt dies den Schutzbereich des Gleichheitssatzes, was der Rechtfertigung bedarf; denn wenn eine einzelne Person oder Gruppe im Hinblick auf die Steuerlasten begünstigt wird, führt dies zu einer Mehrbelastung anderer Personen oder Gruppen.

Eine Rechtfertigung von Steuervergünstigungen kann unter Berufung auf das Gemeinwohlprinzip, das Bedürfnisprinzip oder das Verdienstprinzip erfolgen.[653] Die Steuerentlastungen im Sinne des Energiesteuergesetzes und des Stromsteuergesetzes verstoßen aber gegen diese Prinzipien. Lassen sich die Steuervergünstigungen nicht gemeinwohlbezogen rechtfertigen, ist der Gleichheitssatz verletzt.[654] Selbst wenn Umweltschutz als hochrangiger Gemeinwohlwert[655] anerkannt ist, sind die steuerlichen Entlastungen nicht zu rechtfertigen. Denn der Umweltschutz als hochrangiger Gemeinwohlwert rechtfertigt Steuer*belastungen*, aber nicht Steuer*entlastungen*. Bei Steuerentlastungen sind vom Gesetzgeber vielmehr die staatliche Wirtschaftslage und die Wettbewerbsfähigkeit der betroffenen deutschen Unternehmen zu berücksichtigen. Wenn die steuerliche Behandlung mit bloßen Verschonungseffekten gerechtfertigt wird, folgt, dass der Gesetzgeber im Energiesteuerrecht

652 RL 92/81/EWG des Rates vom 19.10.1992, ABl. L 316,12; RL 92/82/EWG des Rates vom 19.10.1992, ABl. L 316, 19; RL 2003/96/EG des Rates vom 27.10.2003, ABl. EU 283/51.

653 Siehe oben 3. Kapitel.

654 BVerfGE 93, 121 (148).

655 Dazu näher: *Lang, Joachim*, Veriwrklichung von Umweltschutzzwecken im Steuerrecht, in: Kirchhof, Paul (Hrsg.), Umweltschutz im Abgaben- und Steuerrecht, DStJG 15 (1993), S. 115 (157 f.).

und im Stromsteuerrecht von den ausgeprägten Lenkungszwecken abweicht. Dies führt zu einer Systemverletzung im Rahmen des Energiesteuerrechts und des Stromsteuerrechts.

Ferner kommt das Bedürfnisprinzip zur Rechtfertigung der Steuerentlastungen in Betracht. Das Bedürfnisprinzip berücksichtigt die wirtschaftliche Bedürftigkeit mit einer Steuerentlastung, vor allem durch Normen zur steuerlichen Freistellung des Existenzminimums. Die Steuerentlastung durch eine Bedürfnisnorm berücksichtigt die steuerliche Leistungs*un*fähigkeit. Die Entlastungsberechtigten im Sinne des Energiesteuerrechts und des Stromsteuerrechts sind aber nicht Einzelpersonen oder Endverbraucher, sondern Unternehmen, die sich bezüglich der Steuerlasten in einem besseren Leistungszustand befinden als Einzelpersonen. Die wirtschaftliche Belastung der betreffenden Unternehmen durch Energiesteuern und Stromsteuern bezieht sich nicht auf ein Existenzminimum, allenfalls betrifft es deren Wettbewerbsfähigkeit. Der wirkliche Steuerzahler, also der Endverbraucher, fällt nicht in den Kreis der von Steuerentlastungen Begünstigten, sondern nur das Unternehmen, vor allem das Produzierende Gewerbe. Aus diesen Gründen sind die Steuerentlastungen des Energiesteuergesetzes und des Stromsteuergesetzes nicht gerechtfertigt.

Schließlich will das Verdienstprinzip ein bestimmtes, dem Allgemeininteresse dienendes Verhalten belohnen. Dementsprechend wird der Steuerentlastung für Biokraftstoffe in § 50 EnergieStG zugestimmt. Die Verschonung der Biokraftstoffe von Energiesteuern entspricht dem Lenkungszweck des Umweltschutzes und fördert auch die Verwendung von „sauberen" Energieerzeugnissen. Die übrigen Entlastungsnormen im Energiesteuergesetz und im Stromsteuergesetz stimmen nicht mit dem Verdienstprinzip überein und sollen daher entfallen. Im Hinblick auf sowohl den gesetzgeberischen Lenkungszweck (z.B. Umweltschutz und Energiesparen) als auch auf die stabile Wettbewerbsfähigkeit der deutschen Marktteilnehmer kann eine Steuerermäßigung für die betreffenden Unternehmen berücksichtigt werden. Mit einem niedrigen Steuersatz werden alle – sowohl Unternehmen als auch Einzelpersonen – ohne Ausnahme besteuert und es wird die Wirtschaftslage und die Wettbewerbsfähigkeit Deutschlands nicht erheblich beeinträchtigt. Unter besonderer Berücksichtigung der Diplomaten wird die Steuerentlastung für Diplomatenbenzin und –dieselkraftstoff in § 59 EnergieStG beibehalten, denn die Menge des von Diplomaten verbrauchten Benzins und der Dieselkraftstoffe ist im Verhältnis zum gesamten Energieverbrauch gering.

Es ist festzuhalten, dass der Großteil der Entlastungsnormen im Energiesteuergesetz und im Stromsteuergesetz aufgehoben werden sollten. Nur §§ 50 und 59 EnergieStG können beibehalten werden.

3. Teil: Einführung der Energiesteuer in Taiwan

Im Vergleich zu Deutschland, wo umweltmotivierte Steuern schon 1999 eingeführt wurden, ließen sich diese erst 2006 in Taiwan in die Diskussion einbringen.

Nach intensiven Verhandlungen wurde der erste Gesetzentwurf zur Einführung der Energiesteuern in Taiwan am 10. Mai 2006[656] dem Parlament vorgelegt. Die Ziele waren die Senkung des Energieverbrauchs, die Sicherung der Energieverworung, die Verringerung der Treibhausgasemissionen und die Förderung der ergänzenden Energienen.[657]

In der Folgezeit gab es noch weitere Vorschläge[658] mit der Gesetzesbezeichnung „Energiesteuer“ oder „CO_2-Steuer“ von den Abgeordneten verschiedener Parteien. Der letzte Entwurf vom 19. April 2012[659] war aufgrund seiner inhaltlichen Vereinfachung ein ungeeigneter Untersuchungsgegenstand.

Vor diesem Hintergrund beleuchtet diese Arbeit den Gesetzentwurf zu fossilen Energiesteuern vom 17. März 2011[660]. Weitere Primärziele waren die Steigerung der Effizienz der fossilen Energien, die Verringerung der Treibhausemissionen, die Aufwertung der Industrie und Förderung von „sauberen“ Energien.

Der Anwendungsbereich gilt für alle fossilen Energien, die im Inland produziert oder vom Ausland eingeführt werden. Zu den fossilen Energien zählen Benzin, Dieselkraftstoff, Petroleum, Luftfahrtbetriebsstoffe, Heizöl, Flüssiggas, Erdgas sowie Kohle.

A. Steuerbegriff und Lenkungszweck

I. Steuerbegriff im taiwanesischen Steuersystem

Die Verfassung Taiwans definiert den Begriff der Steuer nicht. Sie unterteilt diese aber in Staats- und Kommunalsteuern.[661] Die Begriffe der Staats- oder Kommunalsteuern werden von der Verfassung ebenfalls nicht definiert. Zwar ist die Steuergesetzgebungskompetenz und die Steuererhebungskompetenz von der Verfassung

656 Drucksache des Parlaments 6/3 vom 10.5.2006, Nr. 1789/6919, S. 383. In demselben Jahr trat das Energiesteuergesetz statt des Mineralölsteuergesetzes in Deutschland in Kraft, um den unionsrechtlichen Vorgaben zu entsprechen.

657 Drucksache des Parlaments 6/3 vom 10.5.2006, Nr. 1789/6919, S. 385.

658 Drucksache des Parlaments 6/4 vom 26.12.2006, Nr. 1789/6919, S. 123 ff.; Drucksache des Parlaments 6/5 vom 2.5.2007, Nr. 1798/7446, S. 124 ff.; Drucksache des Parlaments 7/1 vom 21.5.2008, Nr. 1798/8140, S. 106 ff.

659 Drucksache des Parlaments 8/1 vom 19.4.2012, Nr. 1798/13232, S. Abg. 435 ff.

660 Drucksache des Parlaments 7/7 vom 17.3.2011, Nr. 1798/10286, S. Abg. 71 ff.

661 Art. 107 Nr. 7 Verfassung der Republik China. Diese verfassungsrechtliche Vorgabe dient nur der Verteilung der Gesetzgebungskompetenz und der Verwaltungskompetenz.

geregelt, allerdings erfolgt damit keine Konkretisierung des verfassungsrechtlichen Steuerbegriffs.

In § 24 Budgetgesetz von Taiwan wird bestimmt, dass die von der Regierung erhobenen Steuern und Gebühren sowie andere auferlegte Abgaben im Rahmen des von diesem Gesetz geregelten Budgetprozesses beschlossen werden müssen, außer wenn das Gesetz etwas anderes bestimmt.

Der Begriff der Steuer wird unterschiedlich definiert. Nach Ansicht von *Ming Chen*[662] sind Steuern Geldleistungen bzw. sachliche Leistungen mit Geldwert, die den Bürgern ohne unmittelbare Gegenleistung von der zentralen Regierung oder den kommunalen Regierungen nach gesetzlichen Vorgaben zwangsweise erhoben werden, um den Finanzbedarf für Staatsaufgaben zu decken und andere Verwaltungszwecke zu erreichen. Daraus geht hervor, dass die Einnahmeerzielung nicht der einzige Zweck einer Steuer ist, sondern Verwaltungszwecke auch Ziele einer Steuer sein können.

Andere Stimmen in der taiwanesischen Literatur[663] vertreten eine andere Definition und argumentieren unter Bezugnahme auf den in § 3 AO Deutschlands formulierten Steuerbegriff. Diese Definition besagt, dass Steuern Geldleistungen sind, die keine Gegenleistung für eine staatliche Leistung darstellen und von einem öffentlich-rechtlichen Gemeinwesen zur Erzielung von Einnahmen einschließlich zur Erfüllung der Staatsaufgaben allen auferlegt werden, bei denen der Tatbestand zutrifft, an den das Gesetz die Leistungspflicht knüpft; die Erzielung von Einnahmen kann Nebenzweck sein. Diese Beschreibung gibt die herrschende Meinung[664] des verfassungsrechtlichen Steuerbegriffs Taiwans wieder.

Das Steuergesetz trat erst nach der Verfassung in Kraft. Es wird deshalb argumentiert, dass der Gesetzgeber den verfassungsrechtlichen Steuerbegriff in das Steuergesetz übernommen hat.[665] Allerdings ist fraglich, ob der verfassungsrechtliche Steuerbegriff wirklich mit dem einfachgesetzlichen Steuerbegriff identisch ist. Bei einer Normenkontrolle des einfachgesetzlichen Steuerbegriffs wäre aber jedenfalls die verfassungsrechtliche Definition der Steuer entscheidend.[666]

Mit dem Problem der Verfassungsgebung steht das Problem der legalen Verfassungsänderung in engem Zusammenhang. Der Verfassungsgeber kann in der Verfassung selbst eine Instanz vorsehen, die in einem gesetzlich bestimmten, also legalen Verfahren eine Verfassungsänderung vornehmen kann. Diese in der Verfassung bestimmte Instanz, der Verfassungsgesetzgeber (zu unterscheiden vom

---

662 *Chen, Ming*, Verfassungsrechtliche Steuer und die Grenze zur Besteuerung, Chengchi Law Review, Nr. 24 (Dezember 1981), S. 33 (39).

663 *Chen, Ching-Hsiou*, Allgemeiner Teil des Steuerrechts, 8. Aufl. 2014, S. 64; so auch *Huang, Mao-Zong*, Steuerrecht, 1991, S. 4 ff.

664 *Gee, Keh-Shang*, Grundlegende Fragen im Steuerrecht – Finanzverfassung, 2. Aufl. 2005, S. 97.

665 *Gee, Keh-Shang*, Grundlegende Fragen im Steuerrecht – Finanzverfassung, 2. Aufl. 2005, S. 97.

666 Art. 78 Verfassung Taiwans, § 4 Abs. 1 Nr. 2 Verfassungsgerichtsordnung.

Verfassungsgeber), ist *pouvoirs constitués.* Zumeist sind für solche „Verfassungsrevisionen" erschwerte Gesetzgebungsverfahren, insbesondere qualifizierte (erhöhte) Mehrheiten vorausgesetzt, wie es in Art. 12 des Ergänzungsartikels der Verfassung Taiwans der Fall ist. Welche Verfassungsnormen in welchem Ausmaß einer legalen Abänderung zugänglich gemacht und welche ihr entzogen sind, welche „Bestandskraft" also die einzelnen Verfassungsnormen haben, hängt davon ab, welches Gewicht der Verfassungsgeber den verschiedenen Normen beimisst.[667] Da legale Verfassungsänderungen erschwerte Gesetzgebungsverfahren, insbesondere qualifizierte Mehrheiten erfordern, erhalten auch die abänderbaren Verfassungsnormen eine erhöhte Bestandsgarantie. Ist der verfassungsrechtliche Steuerbegriff aber von der einfachgesetzlichen Definition abhängig, könnte es dazu kommen, dass der verfassungsrechtliche Begriff durch Änderung des einfachen Gesetzes abgewandelt würde. Damit würde die Höchstrangigkeit der Verfassung (Art. 171, 172 Verfassung von Taiwan) in Frage gestellt.

Die Auslegung und Analyse der Frage, in welchem Verhältnis die verschiedenen Normen zueinander stehen, erfolgt mit Hilfe der sog. systematischen Auslegung.[668] Der einfachgesetzliche Steuerbegriff dient nur als Ausgangspunkt und Hilfsmittel zur Auslegung des verfassungsrechtlichen Begriffs. Ein Verfassungsbegriff muss sich aus der Verfassung selbst systematisch und schlüssig erklären lassen.[669] Je nach dem Zweck und der spezifischen Gerechtigkeitsaufgabe der auszulegenden Norm kann ein und dasselbe Wort in verschiedenen Verfassungsnormen Unterschiedliches bedeuten.[670] Man spricht hier von einer Funktionsgebundenheit der Rechtsbegriffe. Die Worte der Verfassungsnormen weisen oft einen beträchtlichen Beurteilungsspielraum auf, innerhalb dessen der Bedeutungsinhalt der Verfassungsnormen näher zu konkretisieren ist.[671] Es wird daher in der Literatur[672] vertreten, dass Steuern Geldleistungen (im Unterschied von Dienst- und Sachleistungen) sind, bei denen es aber nicht um eine Gegenleistung für die staatlichen Leistungen geht, und nur von Staat oder Kommunen auferlegt werden, um den staatlichen Finanzbedarf zu decken. Diese Definition der taiwanesischen Steuer ist mit § 3 Abs. 1 der AO Deutschlands vergleichbar. Es ist nun zu hinterfragen, ob eine Steuer mit außerfiskalischem Zweck verfassungskonform ist und sich dem Steuerrechtssystem Taiwans einfügt.

---

667 *Maunz, Theodor/Zippelius, Reinhold,* Deutsches Staatsrecht, 29. Aufl. 1994, § 6 III, S. 40.

668 *Gee, Keh-Shang,* Grundlegende Fragen im Steuerrecht – Finanzverfassung, 2. Aufl. 2005, S. 97. BVerfGE 28, 261; 55, 300.

669 *Gee, Keh-Shang,* Grundlegende Fragen im Steuerrecht – Finanzverfassung, 2. Aufl. 2005, S. 99.

670 BVerfGE 6, 38.

671 *Maunz, Theodor/Zippelius, Reinhold,* Deutsches Staatsrecht, 29. Aufl. 1994, § 7 I, S. 45.

672 *Gee, Keh-Shang,* Grundlegende Fragen im Steuerrecht – Finanzverfassung, 2. Aufl. 2005, S. 101.

II. Steuer mit Lenkungszweck

Da der deutsche Steuerbegriff ins taiwanesische Steuerrechtssystem übernommen wurde, muss bei der Diskussion der Frage der Rechtmäßigkeit von Steuern mit außerfiskalischem Zweck auf das deutsche Recht zurückgegriffen werden. Der auf *Otto Mayer* zurückgehende Steuerbegriff der RAO[673] brachte nicht hinreichend zum Ausdruck, dass Steuern einen wirtschaftslenkenden Charakter haben können. Insoweit bedurfte der historische Steuerbegriff der Ergänzung. Der verfassungsrechtliche deutsche Steuerbegriff hat auch der Notwendigkeit Rechnung zu tragen, „dass die Steuer in der modernen Industriegesellschaft zwangsläufig auch zum zentralen Lenkungsinstrument aktiver staatlicher Wirtschafts- und Gesellschaftspolitik geworden ist“[674].

In der Literatur[675] wird auf Art. 143 der Verfassung von Taiwan als Beispiel einer Steuer mit außerfiskalischem Zweck verwiesen. Art. 143 Abs. 1 S. 3 Verfassung von Taiwan lautet: „Privater Landbesitz ist seinem Wert entsprechend zu besteuern“. In Art. 143 Abs. 3 Verfassung von Taiwan heißt es: „Steigerungen im Werte des Bodens, die nicht durch Arbeit oder Kapitalinvestitionen herbeigeführt sind, sind vom Staate mit der Bodenmehrwertsteuer einzuziehen und fließen dem allgemeinen Nutzen des Volkes zu“.[676] Die Sozialpolitik wurde somit in dieser Verfassungsnorm berücksichtigt. Darüber hinaus sind neben der Wirtschaft- und Sozialpolitik auch der Umweltschutz, die Förderung der Sozialfürsorge Leitsätze der Staatsaufgaben. Der Staat sei verpflichtet, seine Aufgaben zu erfüllen, wobei Steuern als Instrumente der Förderung der Politik dienen. Der Steuergesetzgeber müsste also die vom Verfassungsgeber vorgegebene Politik im Steuerrecht konkretisieren. Der verfassungsrechtliche Steuerbegriff müsste somit einen wirtschafts- oder sozialpolitischen Zweck neben dem Einnahmezweck enthalten.[677]

Dieser Argumentation ist zwar zuzustimmen, die Begründung ist aber bedenklich. Ein bestimmtes Instrument (z.B. Steuer) wird aus mehreren Varianten ausgewählt, wenn es geeignet ist, einen bestimmten politischen Zweck zu fördern. Ein politischer Zweck steht mit dem Instrument in einem engen Zusammenhang, allerdings muss sich das Instrument als solches von dem politischen Zweck unterscheiden. Der Begriff eines Instruments muss vom Wesen her erörtert werden. Für die Beantwortung der Frage, ob mangels verfassungsrechtlicher Definition eine Steuer einen politischen Zweck (z.B. Lenkungszweck) enthalten kann, ist entscheidend, ob eine solche Steuer zur Durchbrechung des der Verfassung zugrundeliegenden

673 *Kruse, Heinrich Wilhelm*, Lehrbuch des Steuerrechts, Band I., 1991, S. 29 f.

674 So BVerfGE 67, 256 (282).

675 *Gee, Keh-Shang*, Grundlegende Fragen im Steuerrecht – Finanzverfassung, 2. Aufl. 2005, S. 100.

676 *Bünger, Karl*, Die Verfassung der chinesischen Nationalregierung von 1947, ZaöRV 1950/51, S. 808 (833).

677 *Gee, Keh-Shang*, Grundlegende Fragen im Steuerrecht – Finanzverfassung, 2. Aufl. 2005, S. 106.

Steuerrechtssystems führt. Eine Steuer ist nur dann verfassungsmäßig, wenn sie sich im Rahmen des vom Verfassungsgeber gestalteten Steuerrechtssystems aufhält. Steuern mit sowohl einem Einnahmezweck als auch der Verhaltenslenkung sind beispielsweise Luxussteuern von Wohnungen. Wenn der Eigentümer eine Wohnung, die nicht zu Zwecken des persönlichen Lebensbedarfes auf einem eigenen abgestellt wird, innerhalb von zwei Jahren verkauft, wird der Verkehr der Wohnung besteuert. Dieses kurzfristige Eigentum und die Veräußerung der Wohnung haben zur Folge, dass die Immobilienpreise außergewöhnlich hoch sind. Um die Immmobilienpreise zu normalisieren und den Immobilienmarkt zu stärken, sieht der Gesetzgeber also diese Luxussteuer vor. Aus den gleichen Gründen sind Wohnungen zwecks privaten Lebensbedarfes mit einem niedrigeren Steuersatz als zur Vermietung besteuert. Auch mit Tabak- und Alkoholsteuern verfolgt der Gesetzgeber den Zweck, das bürgerliche Gesundheitswesen zu bewahren und den Tabak- und Alkoholkonsum zu reduzieren.

Solche Steuern bilden einen Teil des Steuerrechtssystems, womit dem Fiskus Einnahmen zufließen und zugleich eine bestimmte Politik verfolgt wird. Diese immanent unterschiedlichen Ziele kollidieren nicht miteinander. Steuern mit mehreren Zwecken sind zulässig, soweit sie dem Steuerstaatsprinzip[678] entsprechen. Denn das Steuerstaatsprinzip ist ein unantastbares Kennzeichen eines modernen Staats und darf nicht durchbrochen werden. Daher darf der Gesetzgeber dem Lebensverhältnis nach eine neue Steuer nur im Rahmen des Steuerstaats erheben.

Es ist festzuhalten, dass eine Steuer mit Lenkungszweck in Taiwan zulässig ist. Die Einführung einer Energiesteuer ist in Taiwan ein vorstellbares Instrument zum Umweltschutz. Damit die Energiesteuer dem verfassungsrechtlichen Steuerbegriff entspricht, muss sie an das Leistungsfähigkeitsprinzip anknüpfen.

B. Auswahl der Umweltabgaben

Das in Taiwan gültige Abgabenrechtssystem unterscheidet wie in Deutschland zwischen Steuern, Gebühren, Beiträgen sowie Sonderabgaben. Die Frage einer adäquaten Staatsfinanzierung zwischen Steuer- und Gebührenlösung gewinnt mit Blick auf Umweltabgabe einige spezifische Akzente. Im Vordergrund steht hier zunächst weniger das Problem, ob Umweltabgaben als Steuern, Gebühren oder in sonstiger Abgabenform Gestalt annehmen sollen und hierüber möglicherweise auch das System öffentlicher Einnahmen – und damit die Staatlichkeit selbst – nachhaltigen Änderungen unterworfen sein könnte.[679] Vielmehr wird der Problemkreis von der Vorfrage überlagert, ob hoheitliche Abgaben im Dienste des Umweltschutzes

678 Das Steuerstaatsprinzip ist ein Begriff aus der staatsrechtlichen Diskussion in Deutschland, der die besondere Bedeutung der Steuern für die staatliche Einnahmeerzielung verdeutlicht.

679 *Gawel, Erik*, Das Rechtskleid für Umweltabgaben – Abgabengestützte Umweltlenkung zwischen Steuer- und Gebührenlösung, in: Sacksofsky, Ute/Wieland, Joachim (Hrsg.), Vom Steuerstaat zum Gebührenstaat, 2000, S. 108.

überhaupt rechtskonform in das System öffentlicher Einnahmen integriert werden können. Dies ist das Hauptthema bei der Einführung einer Umwelt- oder Energieabgabe in Taiwan und wird im Folgenden erörtert.

I. Vorzugslasten

Bei Beiträgen steht der Grundgedanke der Äquivalenz im Vordergrund. Darunter wird die Beteiligung der Interessenten an den Kosten einer öffentlichen Einrichtung verstanden. Das maßgebliche Abgrenzungsmerkmal zur Steuer ist die staatliche Gegenleistung. Der Beitrag unterscheidet sich von der Gebühr dadurch, dass diese wegen der persönlichen Nutzbarkeit einer öffentlichen Einrichtung erhoben wird, wobei es unerheblich ist, ob der beitragspflichtige Vorteil auch wirklich wahrgenommen wird. Beiträge werden also aufgrund der Einräumung einer Gegenleistung im hier vertretenen Sinne erhoben. Auch für sie ergibt sich der enge Anwendungsbereich im Umweltschutz aus dem Erfordernis einer echten Gegenleistug und Kostenäquivalenz.[680]

In rechtswissenschaftlichen Schriften beschreiben Gebühren das Entgelt für eine staatliche Leistung, die das Erfordernis einer finanziellen Aufwendung des Staates rechtfertigen. Dieses Entgelt wird entweder für eine besondere, d. h. individuell zurechenbare staatliche Leistung der Verwaltung (insbesondere Amtshandlungen) als sog. Verwaltungsgebühr erhoben, oder für die Inanspruchnahme von öffentlichen Einrichtungen oder Anlagen als sog. Benutzungsgebühr (§ 6 Gebührengesetz von Taiwan). Die Bemessung der Gebühren richtet sich nach dem Kostendeckungs- bzw. dem Äquivalenzprinzip. Wird die Gebühr auf die Kostenverursachung durch den Abgabepflichtigen gestützt, will der Gesetzgeber sicherstellen, dass der Einzelne auch individuell für die Kosten verantwortlich ist.[681] Diese individuelle Zurechenbarkeit soll die Abgrenzung zur Steuer ermöglichen. Als kostenverursachender Tatbestand soll jede Staatstätigkeit gelten, auch das Unterlassen.[682]

Gegen diesen doppelgliedrigen Gebührenbegriff spricht, dass die Gebühr als Sonderlast mit dieser rein formalen Abgrenzung der Rechtfertigungsidee nicht gerecht wird. Man beruft sich hinsichtlich der formalen Abgrenzung ausdrücklich auf *Dieter Wilke*, der für diesen Gebührenbegriff feststellt, dass diejenigen Leistungen als individuell zurechenbar gelten und damit dem Gebührentatbestand zugänglich

680 *Balmes, Frank Rainer*, Verfassugsmäßigkeit und rechtiche Systematisierung von Umweltsteuern, 1997, S. 72.

681 *Vogel, Klaus*, Vorteil und Verantwortlichkeit, der doppelgliedrige Gebührenbegriff des Grundgesetzes, in: Faller, Hans Joachim/Kirchhof, Paul/Träger, Ernst (Hrsg.), Verantwortlichkeit und Freiheit, die Verfassung als wertbestimmte Ordnung, Festschrift für Willi Geiger zum 80. Geburtstag, 1989, S. 518 (533).

682 *Balmes, Frank Rainer*, Verfassungsmäßigkeit und rechtliche Systematisierung von Umweltsteuern, 1997, S. 58.

sind, die der Gesetzgeber individuell zurechnet.[683] Im Ergebnis heißt das aber, dass der Gesetzgeber willkürlich einen Regelungsgegenstand als staatliche Leistung bezeichnen darf und nachfolgend die Kosten des daraus entstehenden Vorteils einer bestimmten Gruppe von Abgabepflichtigen zurechnet. Solche formalen und der Dispositionsbefugnis des Gesetzgebers unterliegenden Abgrenzungsmerkmale sind aber nicht geeignet, der Schutzfunktion der Finanzverfassung gerecht zu werden.[684] Daher ist auf eine materielle, inhaltliche Abgrenzung der Abgaben voneinander abzustellen; der Gesichtspunkt der Äquivalenz der Gegenleistung ist ein Garant dieser Abgabenfunktion.

Allerdings folgt daraus aus finanzwissenschaftlicher Sicht kaum Wesentliches für die Zulässigkeit einer echten Umweltlenkungsabgabe im Gewand der Gebühr.[685] Das Spannungsverhältnis zwischen einer rein finanzwirtschaftlichen Rechengröße und einem offenen ressourcenlenkenden Kostenpreis[686] könnte auch mit der Anerkennung „lenkender Gebührenabsichten" weder geklärt noch gar aufgehoben werden. Noch bevor aber überhaupt Streitfragen der Gebührenhöhe und Gebührenumlage erörtert werden, muss die Gebührenrechtfertigung selbst geklärt sein, was wiederum bei lenkenden *Umwelt*-Gebühren keineswegs selbstverständlich ist. Will man dem Lenkungsanliegen der Umweltabgabe in Gestalt einer Gebühr Rechnung tragen, so bedarf es zur rechtlichen Abgabenrechtfertigung zunächst der Identifizierung einer gebührenfähigen staatlichen Leistung.

Dazu lässt sich die Frage stellen, ob Energieversorgung eine staatliche Leistung darstellt. Dabei wird Bezug auf die Eigenschaft der Energieversorgungsunternehmen genommen. Die Unternehmen für Energieversorgung in Taiwan sind unter anderem *Chinese Petroleum Corporation (Taiwan)* sowie *Taiwan Power Company*, die als privatrechtliche Gesellschaften vom Ministerium für ökonomische Angelegenheiten gegründet wurden. Nach der Klarstellung des Verfassungsgerichts sind staatlich betriebliche Unternehmen private juristische Personen. Diese Energieversorgungsunternehmen liefern Mineralöl oder Strom an die Bürger und ziehen Entgelt von den Mineralöl- oder Stromempfängern ein. Die Berechnung der Höhe des Entgelts ist marktwirtschaftlich und profitorientiert, wobei der Kostendeckungs- bzw.

683 *Vogel, Klaus*, Vorteil und Verantwortlichkeit, der doppelgliedrige Gebührenbegriff des Grundgesetzes, in: Faller, Hans Joachim/Kirchhof, Paul/Träger, Ernst (Hrsg.), Verantwortlichkeit und Freiheit, die Verfassung als wertbestimmte Ordnung, Festschrift für Willi Geiger zum 80. Geburtstag, 1989, S. 518 (526).

684 *Balmes, Frank Rainer*, Verfassugsmäßigkeit und rechtiche Systematisierung von Umweltsteuern, 1997, S. 59.

685 *Gawel, Erik*, Das Rechtskleid für Umweltabgaben – Abgabengestützte Umweltlenkung zwischen Steuer- und Geböhrenlösung, in: Sacksofsky, Ute/Wieland, Joachim (Hrsg.), Vom Steuerstaat zum Gebührenstaat, 2000, S. 108 (127).

686 *Budäus, Dietrich*, Finanzierungspotential einer kostendeckenden Gebührenpolitik öffentlicher Einrichtungen aufgrund von Spielräumen bei der Kostenerfassung und -bewertung, VerwArch. 69 (1987), S. 361 (364).

der Äquivalenzgedanke keine Rolle spielt.[687] Der Vertrag zur Energieversorgung zwischen den Unternehmen und den Bürgern fällt in den zivilrechtlichen Bereich. Diese Energieversorgung ist somit keine staatliche Leistung. Falls die Energie- oder Stromversorgung als staatliche Leistung betrachtet würde, ließe sich das Kostendeckungs- bzw. das Äquivalenzprinzip in den Vordergrund stellen, wobei der Staat nur die Energiepreise mit Bezug auf die Kostendeckung der Energieversorgung berechnen dürfte. In dieser Konstellation liegt der Berechnung nicht der Profit, sondern nur der Aufwand zugrunde. Dies kann das Ziel des Umweltschutzes und des Energiesparens nicht fördern, da die zahlungsfähigen Menschen nach Belieben die „Umweltgüter" kaufen könnten. Daher ist eine Erhebung einer umweltmotivierten Abgabe in Form von Vorzugslasten ungeeignet.

Eine Erweiterung des Gebührenbegriffes, auch aus Umweltschutzerwägungen, ist abzulehnen. Dies gilt sowohl für den Benutzungsgebührenbegriff als auch für die Anerkennung der Verleihungsgebühr als dritten Gebührentyp.

Wo die betriebswirtschaftliche Kostendeckung der Umweltvorzugslast aufhört, schlägt die Umweltabgabe in eine Ökosteuer um. Das Gebührenerfindungsrecht des Gesetzgebers endet aber dort, wo Staatsleistungen nicht entgeltbedürftig und nicht entgeltfähig sind,[688] wo der Gebührenpflichtige „durch Gebühren"[689] belastet wird.

Nach dieser Abgrenzung der lenkenden Vorzugslasten von den Umweltsteuern sollen nun die Umweltsonderabgaben von den Umweltsteuern abgegrenzt werden.

II. Sonderabgaben

Im finanzwissenschaftlichen Bereich existiert kein ähnlicher Begriff wie der der Sonderabgaben.[690] Bleibt im finanzwissenschaftlichen System öffentlicher Zwangseinnahmen gerade der Steuer die Funktion als Auffangtatbestand aller nichtentgeltlich begründbaren Geldleistungspflichten,[691] wird im rechtswissenschaftlichen Bereich auch für die Steuer eine strenge Konzeption eingefordert, wonach keineswegs alle voraussetzungslosen Abgaben automatisch als Steuern zu klassifizieren sind. Daher mag „das Finanzrecht aus verfassungsrechtlichen Gründen die von der

687 Das Problem liegt darin, dass die Energie- oder Strompreise in Taiwan durch die Wirtschaftspolitik absichtlich gedrückt werden. Der Gewinn von Energie- oder Stromversorgungsunternehmen ist somit gemindert und kann zum Defizit führen.

688 *Hendler, Reinhard,* Umweltabgaben und Steuerstaatsdoktrin, AöR 115 (1990), S. 577 (588).

689 *Bergmann, Eckehard/Ewringmann, Dieter,* Öko-Steuern: Entwicklung, Ansatzpunkte und Bewertung, in: Nutzinger, Hans/Zahrnt, Angelika (Hrsg.), Öko-Steuern. Umweltsteuern und -abgaben in der Diskussion, 1989, S. 43.

690 *Gawel, Erik,* Das Rechtskleid für Umweltabgaben – Abgabengestützte Umweltlenkung zwischen Steuer- und Gebührenlösung, in: Sacksofsky, Ute/Wieland, Joachim (Hrsg.), Vom Steuerstaat zum Gebührenstaat, 2000, S. 108 (133).

691 So spricht *Haller, Heinz,* Die Steuern – Grundlinien eines rationalen Systems öffentlicher Abgaben, 3. Aufl. 1981, S. 363.

Finanzwissenschaft verfolgte Tendenz zur Novellierung der Unterschiede zwischen Steuern, Gebühren und Beiträgen" beklagen;[692] eine leistungs- und kostenfähige Klassifikationsalternative wird von juristischer Seite gerade nicht geboten, was die bisher erfolglose Anstrengung des übermäßigen juristischen Schrifttums zu dieser Frage beeindruckend belegt.[693] Derweil hat es nicht an Versuchen gemangelt, den Umweltabgaben immerhin im Reich der „Sonderabgaben" ihren Platz zu bahnen.[694] Sah es längere Zeit so aus, als habe damit die Diskussion zumindest eine Richtung gefunden, so haben doch die mageren, zum Teil widersprüchlichen und sich immer weiter ausdifferenzierenden Ergebnisse dieser „Sonderlehre", aber auch die Wiederbelebung der Gebührendiskussion durch die Anerkennung dieses Gebührenmodells in der Luftverschmutzungsabgabe-Entscheidung des Verfassungsgerichts von Taiwan (Nr. 426) die Debatte wieder gänzlich neu entfacht. Das Problem besteht wohl infolge eines „Ideenmangel" der Juristen – die unterbreiteten Vorschläge sind durchaus beachtlich und zeugen von erstaunlicher Mühewaltung – als vielmehr in der mangelnden Übereinstimmung einer tragfähigen (und ökonomisch konzeptkonformen) Lösung.[695] Solange sich die Rechtswissenschaft dem Hauptproblem der Umweltabgaben-Problematik, ihrer materiellen Rechtfertigung jenseits der traditionellen Formenlehre nicht stellen mag,[696] ist sie wohl zu einer endlosen Perpetuierung des rechtsdogmatisch auch unbefriedigenden wie rechtspolitisch unergiebigen Formenstreits gebrandmarkt. Die Ökonomik als Wissenschaft von der rationalen Bewältigung sozialer Knappheitslagen wird der Rechtsdogmatik jedenfalls nicht weiter helfen können, von der weiteren Anmahnung „kostenwahrer Preise" im Umweltgebrauch durch administrierte Abgabenentgelte künftig abzusehen. Daher sind Sonderabgaben kein geeignetes Instrument bei Einführung einer Umwelt- oder Energieabgabe zu Gunsten des Umweltschutzes in Taiwan.

III. Steuern

Auf der Insel Taiwan mit der Fläche von 36.000 km² ist die Umweltverschmutzung in der Regel nicht auf eine Region begrenzt, sondern flächendeckend. Des

---

692 So etwa *Voigt, Rüdiger*, Umweltabgaben im Spannungsfeld zwischen Wirtschaftslenkung und Kostenzurechnung, DVBl. 1980, S. 985 (988).

693 *Gawel, Erik*, Das Rechtskleid für Umweltabgaben – Abgabengestützte Umweltlenkung zwischen Steuer- und Geböhrenlösung, in: Sacksofsky, Ute/Wieland, Joachim (Hrsg.), Vom Steuerstaat zum Gebührenstaat, 2000, S. 108 (136).

694 So etwa *Wang, Fu-Ching*, Erhebungsgerechtigkeit der CO_2-Sonderabgaben durch Kommunen, The Taiwan Law Review, Nr. 220 (September 2013), S. 22 (28). Er hat versucht, den kommualen CO_2-Abgaben im Gewand einer Sonderabgabe einen verfassugsrechtlichen Schutzraum zu zimmern.

695 *Gawel, Erik*, Das Rechtskleid für Umweltabgaben – Abgabengestützte Umweltlenkung zwischen Steuer- und Gebührenlösung, in: Sacksofsky, Ute/Wieland, Joachim (Hrsg.), Vom Steuerstaat zum Gebührenstaat, 2000, S. 108 (136).

696 So ist etwa nach *Tipke, Klaus*, Die Steuerrechtsordnung, 1993, S. 1069.

Weiteren sind fossile Energien und Strom allgemeine und notwendige Lebensgüter der modernen Zeit. Im Vergleich zu Vorzugslasten und Sonderabgaben kann besser durch fossile Energiesteuern das Ziel der Verringerung der CO_2-Emissionen und des Energiesparens erreicht werden.

C. Steuerkompetenz zwischen Staat und Kommunen

In Taiwan besteht das Aufkommen von Abgaben für Kommunen aus Kommunalsteuern und Anteilen von Staatssteuern, ferner erfolgt eine Finanzierung durch die zentrale Regierung. Nach § 12 des Gesetzes zur Teilung der finanziellen Einnahmen und Ausgaben stellen die Kommunalsteuern unter anderem Wohnungs-, Grund- und Grundmehrwertsteuern dar. Darüber hinaus können Kommunen nach kommunaler Abgabenordnung eine neue Kommunalsteuer einführen. Im Vergleich zu Deutschland wird die konkrete Finanzverteilung zwischen zentraler und kommunaler Regierung in Taiwan nicht durch die Verfassung, sondern durch das einfache Gesetz bestimmt.

Allerdings ist der sowohl vertikale als auch horizontale Finanzausgleich in Taiwan sehr problematisch. Die Kommunen dürsten ständig nach Aufkommen und sind von der Finanzierung seitens der zentralen Regierung abhängig. Vor diesem Hintergrund haben die Kommunen Yunlin, Hualien und Kaohsiung Kommunalgesetzentwürfe zur CO_2-Steuer vorgelegt, in denen die CO_2 ausstoßenden Unternehmen nach den CO_2-Emissionen besteuert werden. Das nicht geäußerte Hauptziel war es, den kommunalen Finanzbedarf zu decken.[697] Die Entwürfe wurden von dem Ministerium für ökonomische Angelegenheiten abgelehnt, da das Sachgebiet Umwelt der Zentralregierung zusteht und somit die Kommunen in diesem Bereich keine Gesetzgebungskompetenz haben. Daher wurde das Problem der Knappheit von Einnahmequellen der Kommunen nicht gelöst.

Nach der kommunalen Abgabenordnung haben Kommunen die steuerliche Gesetzgebungshoheit; sie können entweder Sonder-, Zuschlagsteuern bzw. Steuern auf bestimmte Zeit erheben oder den Steuersatz der bestehenden Kommunalsteuer erhöhen. Allerdings ist diese steuergesetzgeberische Befugnis von Kommunen in der Praxis schwierig durchzuführen. Die Einführung einer neuen Kommunalsteuer ist wegen besonderer Voraussetzungen sowie hinsichtlich Frist und Steuersatz beschränkt, so dass die Kommunen eine neue Steuer nicht nach eigenem Finanzbedarf jeder Zeit einführen können. Darüber hinaus stehen die Bürgermeister und die kommunalen Abgeordneten unter großem Druck im Wahlkampf, in dem sie in der Regel nicht der Einführung einer neuen Steuer zuneigen.[698] Schließlich haben alle Bürger die Freizügigkeit, sich vor allem auf dem Lande anzusiedeln. Dabei kann die Bevölkerung einen Bezirk mit weniger Steuerbelastung als Wohnort wählen, da

697 *Liao, Ching-Fu*, The Study on Collecting Carbon Tax by Local Self-Government – The Kaohsiung City Carbon Tax Law an Example, in: Science and Technology Law Journal, Nr. 3 (Juni 2010), S. 97 (104).

698 *Chang, Yeong-Ming*, Die Grenze der Steuerhoheit des Staates, 2010, S. 49.

die Anfahrt zu den Städten nicht weit ist.[699] Bei der Schwierigkeit der Einführung einer neuen Kommunalsteuer lässt sich der Vorschlag vertreten, dass die fossilen Energiesteuern als Staatssteuern aufzufassen sind und deren Erträge den Kommunen zugewiesen werden.

D. Steuerbegünstigung

I. Steuerbefreiung

Die in § 6 Abs. 1 Entwurf zur fossilen Energiesteuer erfolgende Steuerbefreiung sieht vor, dass die Energiesteuern entfallen, wenn die zu versteuernden fossilen Energieerzeugnisse als Industrierohstoffe, zur Ausfuhr ins Ausland, für nicht zum Verkauf berechtigte Ausstellungen oder für das Militärwesen verwendet werden. Die Voraussetzungen, der Anwendungsbereich, die einzureichenden Unterlagen sowie das weitere Antragverfahren werden von dem Ministerium für Finanzen einschließlich den betroffenen zuständigen Behörden gemeinsam bestimmt.

Aus verschiedenen wirtschaftlichen und politischen Gründen in Deutschland umfasst die Steuerbegünstigung bei Energie- und Stromsteuern die Steuerbefreiung, die Steuerermäßigung sowie die Steuerentlastung. Der Kerngedanke ist, die internationale Wettbewerbsfähigkeit der deutschen (besonders energieintensiven) Unternehmen zu bewahren.

Im Vergleich zu deutschen Überlegungen werden fossile Energieerzeugnisse in Taiwan steuerbefreit, wenn sie nicht als Industriestoffe oder im Inland verwendet werden. Bei einer solchen Überlegung wird der wirtschaftlichen Wettbewerbsfähigkeit der betroffenen Unternehmen keine Berücksichtigung geschenkt, sondern der Verwendungszweck der Energien vorgezogen. Es ist daher fraglich, ob die in § 1 des Entwurfs verfolgten Ziele – Steuersystemreform, Ausgestaltung der Steuerneutralität, Stärkung der Wettbewerbsfähigkeit – erreicht werden können. Im Folgenden werden die Fragen des Entwurfs über Steuerbegünstigung erörtert und Vorschläge gegeben.

1. Zuständigkeit

Wenn die fossilen Energieerzeugnissen für die in § 6[700] des Entwurfs genannten Verwendungszwecke verwendet werden, sind die zuständigen Behörden berechtigt, die Voraussetzungen für Steuerbefreiungen zu bestimmen. Die Zuständigkeit von Behörden für die fossilen Energieerzeugnisse ist aber im Entwurf unklar, da die unterschiedlichen Angelegenheiten den verschiedenen Behörden zustehen. Es lässt

699 *Chang, Yeong-Ming*, Die Grenze der Steuerhoheit des Staates, 2010, S. 50.

700 § 6 Abs. 1 Entwurf zu fossilen Energiesteuern Taiwans: Die zu versteuernden fossilen Energieerzeugnisse werden von Energiesteuern befreit, wenn sie 1) als Industriestoffe verwendet werden; oder 2) ins Ausland ausgeführt werden; oder 3) für nicht verkäufliche Ausstellungen verwendet werden; oder 4) für das Militärwesen verwendet werden.

sich daher die Frage stellen, welches Kriterium für die Zuständigkeit einer Behörde entscheidend ist sowie welcher Behörde die vier aufgezählten Konstellationen des § 6 des Entwurfs zustehen. Im Vergleich zu dem im gleichen Normsatz beschriebenen Wortlaut des „Ministeriums für Finanzen" ist der Terminus der „zuständigen Behörde" undeutlich. Dies könnte dazu führen, dass die Befugnis zwischen verschiedenen fachlichen Behörden zur Entscheidung der Voraussetzungen für Steuerbefreiungen in Konfusion gerät und somit gegen den Willen des Gesetzgebers verstößt. Um diese potenziellen Probleme zu vermeiden, muss die Zuständigkeit der Behörden deutlich festgelegt werden.

Die Steuerbefreiung betrifft den Steueranspruch des Staates. Aus bestimmten Gründen verzichtet der Staat von Gesetzes wegen von vornherein auf seinen steuerlichen Anspruch gegenüber dem ursprünglich zu besteuernden Steuerpflichtigen. Dieser Verzicht auf den steuerlichen Anspruch seitens des Staates wirkt sich auf die Einnahme des Fiskus aus und wird somit den Angelegenheiten des Gesetzesvorbehaltes zugeordnet. Nur der Gesetzgeber ist befugt, die Voraussetzungen für die Entstehung und das Erlöschen des Steuerschuldverhältnisses zu bestimmen. Unzulässig ist, dass der Gesetzgeber die materiellen Voraussetzungen unter Anforderung des Gesetzesvorbehaltes unterlässt und seine Befugnis einer Behörde übertragen lässt. Diese Vorgabe im Entwurf führt dazu, dass die Behörden als Organ der Exekutive die Rolle des Gesetzgebers spielen und demzufolge über die Voraussetzungen für die befreite Steuerschuld allein entscheiden können. Andererseits handelt es sich bei der Steuerbefreiung um die steuerlichen Rechte und Pflichten von Steuerbürgern. Die Bestimmungen der steuerlichen Rechte und Pflichten dürfen nicht durch Verwaltungsvorschriften gestaltet, sondern ausschließlich durch Rechtsvorschriften normiert werden. Behörden dürfen unter Anderem nähere Einzelheiten zur Auslegung, Umsetzung oder zum Vollzug von Rechtsvorschriften sowie zur Ermessensausübung regeln und somit dem jeweiligen Bearbeiter detaillierte Verfahrens- und Bearbeitungshinweise geben. Im Gegensatz zu Rechtsvorschriften haben Verwaltungsvorschriften keine unmittelbare Außenwirkung. Allerdings verstößt die im Entwurf niedergelegte Vorschrift gegen die Gewaltenteilung. Vorschläge hierbei sind, dass der Gesetzgeber selbst über die materiellen Voraussetzungen für Steuerbefreiung entscheiden darf und die zuständigen Behörden nur unter anderem Antragsunterlagen und -fristen regeln dürfen.

2. Verwendung für das Militärwesen

Gemäß § 6 Abs. 1 Nr. 4 Entwurf eines Gesetzes zu fossilen Energiesteuern sind die Energien für die unmittelbare Verwendung im Rahmen des Militärwesens von der Besteuerung befreit. Der Grund liegt darin, dass § 3 Nr. 5 Gesetz zu Warensteuern als vergleichbare Vorschrift im Entwurf übernommen wird. Diese Vorschrift wurde historisch von § 14 Abs. 1 Nr. 5 Gesetzänderung zu Warensteuern vom 25. Juli 1972 erstmals in die Gruppe der Steuerbefreiung eingefügt. Die Verwendung der Öle für militärische Zwecke und der Gazen für Offiziersuniformen waren in erster Linie in Büchern geführt und dann als Einnahmen und Ausgaben im Haushalt am

Jahresende nachgetragen, deren Bilanz in der Tat gleich der steuerfreien Behandlung war. Um das betroffene Verfahren zu vereinfachen sind die militärischen Güter steuerfrei.[701] Allerdings ist es mit dieser historischen Begründung noch unklar, warum heute die Energien für militärische Zwecke von Energiesteuern befreit werden müssen. Zu dieser Frage wird vertreten[702], dass der Träger der Energiesteuern und der Berechtigte der Energiesteuererträge identisch seien – nämlich der Staat. Um das Finanzverfahren zu vereinfachen, seien die Energien für militärische Zwecke steuerfrei.

Die in § 1 des Entwurfs verfolgten Ziele sind die Senkung des Energieverbrauchs, die Steigerung der Effizienz der fossilen Energien, die Verringerung von Treibhausemissionen, die Aufwertung der Industrie und die Förderung der sauberen Energien. Durch die steuerfreie Behandlung für militärische Energien werden die vom Gesetzgeber verfolgten Ziele aber nicht erreicht. Bei staatlichem „Verzicht" auf seinen Steueranspruch braucht der Gesetzgeber eine besondere Rechtfertigung, die an einen Sachzusammenhang knüpft. Die Rechtfertigung der Steuerbefreiung für militärische Energien könnte von der Eigenschaft der Energiesteuern als Verbrauchsteuern ausgehen. Die Besteuerung einer Verbrauchsteuer richtet sich nach dem Konsum der vom Gesetzgeber bestimmten Güter. Durch ein mehrstufiges Verkaufsverfahren lässt sich die Verbrauchsteuer auf den Endverbraucher abwälzen. Anders als alltägliche Waren sind die Energien für militärische Zwecke nicht auf dem Wirtschaftsmarkt vertreten, sodass keine Verbraucherschöpfung und Einkommensdisposition auftauchen und daher die Eigenschaft der Verbrauchsteuer nicht zutrifft. Aus diesem Grund ist es zutreffend, dass die Energien für militärische Zwecke nicht besteuert werden.

Darüber hinaus wird im Schrifttum[703] die Frage gestellt, dass die von Energiesteuern betreiten Steuerbeiträge an welche Steuerbefreiungsberechtigten – entweder eine Militäreinheit oder energieproduzierende Unternehmen – zurückgegeben werden müssen. Diese Frage ist aber zu Unrecht gestellt, da sich der Begriff der Steuerbefreiung von der Steuererstattung unterscheiden muss. Die Steuerbefreiung schließt die Steuerpflicht völlig von den steuerbaren Voraussetzungen von vornherein aus. Das Steuerschuldverhältnis hat von Anfang an nicht bestanden. Die ursprüngliche Steuer der zu zahlenden Steuerschuldner ist im Hinblick auf die steuerbefreiten Vorgaben von der Steuerbelastung befreit. Hingegen beschreibt

701 http://lis.ly.gov.tw/lghtml/lawstat/reason2/0151761072 500. htm.

702 *Lin, Tsai-Chen*, Gegenstände der Energiesteuer, in: Modern Public Finance, Nr. 30 (Juni 2013), S. 53 (58). Dazu stellt er einen Zweifel dar, dass die Steuereinnahmen für den bestimmen Zweck reduziert würden, wenn die Energiesteuern als Zwecksteuern betrachtet würden. So vertritt er den restriktiven Standpunkt, dass die Steuerbefreiung nur dann gerechtfertigt werden könnte, wenn die Energien für die Armee bei Staatsverteidigung verwendet würden.

703 *Lin, Tsai-Chen*, Gegenstände der Energiesteuer, in: Modern Public Finance, Nr. 30 (Juni 2013), S. 53 (59).

Steuererstattung, dass nach dem Bestand des Steuerschuldverhältnisses die bezahlte Steuer dem Steuerpflichtigen ganz oder teilweise erstattet wird. Der Unterschied zwischen Steuerbefreiung und -erstattung ist, ob die Steuer bereits entrichtet werden muss. Nach der im Entwurf geregelten Vorschrift der Steuerbefreiung muss der Steuerpflichtige keine Steuer bezahlen. Die oben genannte Frage stammt von der Finanzverwaltung in Taiwan, da sich die Behörden nicht völlig an den Begriff der Steuerbefreiung halten können. Diese halten die Steuerbefreiung für das Ergebnis der Steuererstattung. Tatsächlich ist die Steuerbelastung der Steuerpflichtigen bei Steuerbefreiung und -erstattung nicht gleich. Bei der Steuererstattung ist die Vermögensdisposition der Steuerpflichtigen von der Besteuerung bis zur Erstattung begrenzt. Die entrichtete Steuer wird erst dann erstattet, wenn der Steuerpflichtige die Steuer ordentlich bezahlt und alle erforderlichen Unterlagen vorgelegt hat. Im Vergleich dazu ist bei Steuerbefreiung des Steuerpflichtigen der Aufwand an Energie, Geld, Kraft, Zeit usw. viel geringer. Dass ungeachtet der gesetzlichen Vorgabe die Steuerverwaltung die Steuerbefreiung in der Weise der Steuererstattung behandelt, ist gesetzeswidrig.

3. Lebensnotwendige Güter

In der im Entwurf vorausgesetzten Aufzählung von Steuerbefreiungen mangelt es an lebensnotwendigen Gütern[704], obwohl es sich um das Existenzminimum des Steuerbürgers handelt. Der Staat muss dem Bürger den minimalen Lebensstandard gewähren. Um das Existenzminimum des Bürgers zu sichern, müssen die Energieerzeugnisse, die als erforderliche Lebensgüter dienen, steuerbefreit werden. Wie oben erwähnt haben Steuerbefreiung und Steuererstattung die unterschiedliche Wirtschaftsbelastung für den Steuerpflichtigen zur Folge. So muss die Verwendung der Energieerzeugnisse für den existenzsichernden Zweck nicht der Steuererstattung, sondern der Steuerbefreiung zugeordnet werden.

II. Steuerermäßigung

Das deutsche Energiesteuergesetz (EnergieStG) hält spezielle steuerliche Ausnahmeregelungen bereit, die zu einer Befreiung oder zu einer Entlastung von der Energiesteuer führen. Das Energiesteuergesetz kennt darüber hinaus eine Vielzahl von Verwendungen, bei denen Energieerzeugnisse hinsichtlich der Steuer ermäßigt eingesetzt werden können. In § 2 Abs. 2 EnergieStG ist bis zum 31. Dezember 2018 ein reduzierter Steuersatz für Erdgas, gasförmige Kohlenwasserstoffe und Flüssiggase,

704 *Fann, Wen-Ching*, Kommentierung zum Entwurf der Energiesteuern, in: The Taiwan Law Review, Nr. 174 (November 2009), S. 88 (96 f.). Außerdem vertritt er die Auffassung, dass die erneuerbaren Energien und Biodiesel steuerfrei sein sollten. Dieser Vorschlag ist geeignet, das Ziel des Gesetzgebers zu erreichen.

die als Kraftstoff verwendet werden, normiert worden. Für Flüssiggase gilt dies jedoch nur, wenn sie unvermischt eingesetzt werden.[705]

Für die in § 2 Abs. 3 EnergieStG genannten Energieerzeugnisse kommt ein reduzierter Steuersatz zur Anwendung, wenn diese zum Verheizen oder zum Antrieb von Gasturbinen und Verbrennungsmotoren in begünstigten Anlagen nach § 3 oder § 3a EnergieStG verwendet oder zu diesen Zwecken abgegeben werden. Klarstellend lässt § 2 Abs. 3 S. 2 EnergieStG auch das Verbringen aus dem Steuergebiet und die Abgabe zu bestimmten steuerfreien Zwecken zu, da in diesen Fällen das fiskalische Interesse nicht tangiert ist. Darüber hinaus können Entlastungstatbestände in Betracht kommen.[706]

Begünstigte Anlagen nach § 3 Abs. 1 S. 1 Nr. 1 EnergieStG sind Anlagen, deren mechanische Energie ausschließlich der Stromerzeugung dient.[707] Diese Regelung ist auf die obligatorische Richtlinienregelung des Art. 14 Abs. 1 Buchst. a RL 2003/96 zurückzuführen. Da die EnergieStRL eine grundsätzliche Besteuerung des Stroms vorgibt, sieht sie für eingesetzte Energieerzeugnisse zur Stromerzeugung eine Steuerbefreiung vor, um eine Doppelbelastung zu vermeiden. Wird der „Output" (elektrischer Strom) besteuert, muss der „Input" (Verbrauch von Energieerzeugnissen) befreit sein. Eine Steuerbefreiung für Energieerzeugnisse, die zur Stromerzeugung eingesetzt werden, existiert im EnergieStG nicht. Stattdessen ist mittlerweile auf Grund mehrerer Gesetzesänderungen für fast alle Energieerzeugnisse, die zur Stromerzeugung eingesetzt werden, ein reduzierter Steuersatz vorgesehen. Die hierdurch verbleibende Steuerbelastung kann in einem zweiten Schritt durch eine Steuerentlastung kompensiert werden, soweit die gesetzlichen Voraussetzungen vorliegen (§ 53 EnergieStG).[708]

Auch das EnergieStG beinhaltet die allgemeine Verbrauchsteuersystematik, dass nicht jede Verwendung zu einer Besteuerung führt. Erfolgt der Ge- und Verbrauch zu steuerfreien Zwecken, entsteht keine Steuer, da sich an die Verwirklichung des Entstehungstatbestandes ein Verfahren der Steuerbefreiung anschließt.[709] Neben der Heizstoffverwendung bildet die Verwendung von Energieerzeugnissen als Kraftstoff oder zur Herstellung von Kraftstoff, einschließlich des Gasturbinenantriebs, den materiellen Kern der Besteuerung von Energieerzeugnissen.[710] Energieerzeugnisse

---

705 *Bongartz, Matthias/Schröer-Schallenberg, Sabine*, Verbrauchsteuerrecht, 2. Aufl. 2011, Rdnr. H 16.

706 *Bongartz, Matthias/Schröer-Schallenberg, Sabine*, Verbrauchsteuerrecht, 2. Aufl. 2011, Rdnr. H 17.

707 Vgl. zu den Anlagentypen und der Funktionsweise Anlage 1 zu VV vom 6.6.2007, III A 1-V 8245/07/0010, V 8245–3.

708 *Bongartz, Matthias/Schröer-Schallenberg, Sabine*, Verbrauchsteuerrecht, 2. Aufl. 2011, Rdnr. H 25.

709 *Bongartz, Matthias/Schröer-Schallenberg, Sabine*, Verbrauchsteuerrecht, 2. Aufl. 2011, Rdnr. H 100.

710 *Bongartz, Matthias/Schröer-Schallenberg, Sabine*, Verbrauchsteuerrecht, 2. Aufl. 2011, Rdnr. H 104.

dürfen steuerfrei als Probe zu Untersuchungszwecken verwendet werden (§ 25 Abs. 2 EnergieStG).[711] Auf dem Betriebsgelände eines Unternehmes, der Energieerzeugnisse herstellt, dürfen zur Aufrechterhaltung des Betriebes Energieerzeugnisse außer Kohle und Erdgas steuerfrei verwendet werden (§ 26 Abs. 1 EnergieStG).[712]

Im Vergleich zu den deutschen Vorgaben ist keine vergleichbare Steuerermäßigung im taiwanesischen Entwurf vorgesehen. Dies führt dazu, dass die Verwendung aller fossiler Energien für unterschiedliche Zwecke im Steuerrecht gleich behandelt wird. Zwischen Energie-, Umweltpolitik sowie Steuereinnahme muss der Gesetzgeber einen Kompromiss suchen. Unter Berücksichtigung der Steuerbegünstigung könnte der Gesetzgeber Rücksicht auf bestimmte Energien mit einem ermäßigten Steuersatz nehmen, so dass ein Anreiz für umweltschonendes Verhalten gegeben würde.

III. Steuererstattung

Die Steuerentlastung im Sinne des Energiesteuergesetzes regelt den Erlass, die Erstattung und die Vergütung einer entstandenen Steuer (§ 45 EnergieStG). Nach der deutschen Steuerrechtssystematik wird von einem Erlass der Steuer gesprochen, wenn eine entstandene Steuer, die noch nicht vom Steuerschuldner entrichtet wurde, diesem erlassen wird. Hat der Steuerschuldner die Steuer bereits entrichtet, wird sie ihm erstattet. Die entstandene Steuer wird dabei demjenigen erlassen und erstattet, mit dem auch das Steuerschuldverhältnis besteht. Davon zu unterscheiden ist die Steuervergütung. Im Fall der Steuervergütung wird die Steuer demjenigen zurückgewährt, der als Nichtsteuerschuldner die Steuer zu tragen hat, weil sie auf ihn abgewälzt wurde. In der Regel ist das dann der Fall, wenn Steuerschuldner und Verwender des Energieerzeugnisses nicht personenidentisch sind.[713]

Im Vergleich zu der deutschen Vorgabe der Steuerentlastung im Energiesteuergesetz, in der der Erlass, die Erstattung und die Vergütung umfasst werden, besteht bei nachträglicher Rückgabe der entstandenen Steuer in Taiwan nur die Möglichkeit der Erstattung. Die Steuererstattung nach der taiwanesischen Steuerrechtssystematik erfolgt nur in Bargeld oder durch Aufrechnung in der Buchführung, während der Erlass des Steuerschuldners und die Vergütung des Nichtsteuerschuldners in Deutschland möglich sind. In § 7 Entwurf zu fossilen Energieerzeugnissen sind deshalb nur die Steuerschuldner die für eine Erstattung Berechtigten; die durch Steuerabwälzung echten Steuerträger sind davon ausgeschlossen. Der Unterschied zwischen den beiden Rechtssystemen besteht darin, dass sich die deutsche Steuererstattung am

---

711 *Bongartz, Matthias/Schröer-Schallenberg, Sabine,* Verbrauchsteuerrecht, 2. Aufl. 2011, Rdnr. H 107.

712 *Bongartz, Matthias/Schröer-Schallenberg, Sabine,* Verbrauchsteuerrecht, 2. Aufl. 2011, Rdnr. H 108.

713 *Möhlenkamp, Karen/Milewski, Knut,* Kommentar zum Energiesteuergesetz und Stromsteuergesetz, 2012, § 45 Rdnr. 2.

Steuerpflichtigen orientiert. Die taiwanesische Steuererstattung hingegen erfolgt durch Bargeld und Buchführung.

Gemäß § 7 Abs. 1 Nr. 1 Entwurf zu fossilen Energiesteuern werden die entrichteten Energiesteuern nach dem Antrag des Steuerpflichtigen mit Unterlagen erstattet oder aufgerechnet, wenn die Energieerzeugnisse ins Ausland geliefert worden sind. Die Voraussetzungen der Lieferung von Energieerzeugnissen ins Ausland sind im Wortlaut sowohl von der Steuerbefreiung als auch von der Steuererstattung geprägt. Mit der Vorschrift tritt das genannte Problem wieder auf, dass der Gesetzgeber steuerliche Befreiung und Erstattung verwechselt hat. Wenn der Gesetzgeber die Steuerbefreiung von der Steuererstattung richtig unterscheidet, sind die ins Ausland gelieferten fossilen Energien nicht einerseits steuerfrei und andererseits erstattet. Die Energien mit dem gleichen Verwendungszweck müssen entweder steuerfrei sein oder nachträglich erstattet werden.

E. Zeitpunkt zur Einführung der Energiesteuer in Taiwan

Der Steuerbegriff ist nicht erfüllt, wenn die Abgabe nur dem Zweck dienen soll, den Betroffenen wirtschaftlich zu „erdrosseln"[714]. So ist die Erdrosselungssteuer im Steuerrecht verboten. Die Verwendung von Energieerzeugnissen und Strom ist in moderner Zeit unverzichtbarer Bestandteil täglichen Lebens. Mit der Einführung der Energiesteuern in Taiwan könnte diese Steuer in absehbarer Zukunft nicht aufgehoben werden und daher diese Steuerbelastung langfristig vorhanden sein. Als rechtsstaatliches Prinzip ist aber der Grundsatz der Verhältnismäßigkeit für jede hoheitliche Gewalt verbindlich. Die Erforderlichkeitsprüfung innerhalb des Verhältnismäßigkeitsprinzips verlangt, dass das mildeste und die Betroffenen am wenigsten belastende Mittel von mehreren zur Verfügung stehenden angewendet werden muss, welches in gleicher (oder sogar effizienterer) Weise geeignet ist, den Zweck zu erreichen. Zum Umweltschutz und dem Energiesparen ist die Steuer ein vom Gesetzgeber denkbares Mittel, wobei aber auch die Gegebenheit des derzeitigen Energie- und Stromwirtschaftsmarkts in Taiwan zu beachten ist. Seit der Liberalisierung der Stromversorgung dürfen private Stromunternehmen Strom produzieren und deren Strom wird von der *Taiwan Power Company* als Staatsunternehmen aufgekauft. Nur dieses Staatsunternehmen schließt Stromversorgungsverträge mit Bürgern ab. Neben Stromversorgung ist die *CPC Corporation (Taiwan)* bei der Energieversorgung das einzige Staatsunternehmen und das größte Energieversorgungsunternehmen, wobei zugleich auch private Unternehmen in geringer Zahl Energien anbieten. Zwar sind die Strom- und Energiepreise in Taiwan viel günstiger, der CO_2-Ausstoß allerdings bedeutend höher als in den Nachbarstaaten. Dennoch ist die Einführung einer Energiesteuer gegenwärtig in Taiwan ungeeignet, da das

714 *Seer, Roman*, in: Tipke, Klaus/Lang, Joachim (Hrsg.), Steuerrecht, 22. Aufl. 2015, § 2 Rdnr. 10, und *Hey, Johanna*, in: Tipke, Klaus/Lang, Joachim (Hrsg.), Steuerrecht, 22. Aufl. 2015, § 3 Rdnr. 184; *Fenner, Anne K.*, Erdrosselnde Abgaben als staatliches Interventionsinstrument, 2004.

Hauptproblem die ungewöhnlich niedrigen Energie- und Strompreise sind. Wenn die Energie- und Strompreise den echten Marktpreisen entsprechen könnten, wäre Umweltschutz ohne Einführung der Energiesteuern die Folge. Daher ist Steuer als ewige Eingriffsmaßnahme kein geeignetes Mittel.

Es lässt sich feststellen, dass die Energiesteuer als umweltmotiviertes Instrument zur Verfolgung verschiedener Ziele in Taiwan verfassungsrechtlich gerechtfertigt werden kann. Unter Berücksichtigung der Energieversorgung, des -marktes sowie der -wirtschaft ist die Energiesteuer zum gegenwärtigen Zeitpunkt ungeeignet. Nur wenn die Energiepreise der Markwirtschaft entsprechen, die Liberalisierung der Energieversorgung feststeht und der Umweltschutz in den Fokus rückt, dann erst kommt die Einführung der Energiesteuer in Taiwan in Betracht.

4. Teil: Schlusswort

Im Laufe der Entwicklung hatten die Energie- und die Stromsteuern verschiedene Bedeutungen und gehörten somit verschiedenen Steuerarten an. Heuzutage werden die Energie- und der Stromsteuern sowohl dem Katalog der Verbrauchsteuern als auch dem Katalog der Lenkungssteuern zugeordnet.

Verbrauchsteuern sind die Steuern, die verwendungsorientiert sind und deren Steuerbelastung auf Endverbraucher abgewälzt wird. Die Rechtsfolgen der tatsächlichen Unmöglichkeit der Steuerabwälzung unterscheiden sich von der rechtlichen Unmöglichkeit der Steuerabwälzung. Bei tatsächlicher Unmöglichkeit der Abwälzung wird das Wesensmerkmal der Verbrauchsteuer nicht berührt. Nach herrschender Meinung ist eine Verbrauchsteuer bei der rechtlichen Unmöglichkeit der Abwälzung keine Verbrauchsteuer mehr, sondern eine neuartige Steuer. Bei der Nachsteuer ist die Erhebung bei Herstellern und Händlern zulässig, bei privaten Endverbrauchern aber unzulässig. Die Besteuerung einer Verbrauchsteuer muss an der persönlichen wirtschaftlichen Leinstungsfähigkeit anknüpfen. Der konkrete Anknüpfungspunkt ist die Einkommensverwendung des Individums. Eine Verbrauchsteuer ist dann verfassungsgemäß, wenn sie sowohl einem Fiskalzweck als auch einem Lenkungszweck dient.

Der Grundgedanke der Steuerentlastung stammt aus dem Bereich der Steuervergünstigung, dabei handelt es sich um einen staatlich gewährter (Finanz-)Vorteil. Von dem verwandeten Begriff der Subvention ist die Steuervergünstigung nur schwer abzugrenzen. Weder die deutsche noch die europäische Rechtsprechung haben bislang eine akzeptable Definition für einen allgemeingültigen Subventionsbegriff gefunden. Dennoch wird als kleinster gemeinsamer Nenner herangezogen, dass es sich um eine aus staatlichen Mitteln gewährte Begünstigung an Private handeln muss.

Bei der Gewährung von Steuervergünstigungen sind grundrechtliche Grenzen fast nicht vorhanden. Allerdings könnte die Gewährung von Steuervergünstigungen Freiheitsrechte der Nichtbegünstigten verletzten, soweit die Wettbewerbsfreiheit von Marktteilnehmern ein verfassungsrechtlich geschütztes Grundrecht ist. Beim Abbau von Steuervergünstigungen werden von der Verfassung nur wenige Grenzen gezogen. So berührt die Aufhebung von Steuervergünstigungen grundsätzlich nicht die Grundrechte. Nur wenn die Aufhebung der Steuervergünstigung eine verfassungswidrige Belastung zur Folge hat, ist der Abbau von Steuervergünstigungen nicht mehr zu rechtfertigen.

Neben Grundrechten kommt auch das Vertrauensschutzprinzip beim Abbau von Steuervergünstigungen zum Zuge. Das Vertrauen ist schutzwürdig, wenn der Steuerpflichtige auf die vom Staat gewährte Steuervergünstigung vertraut und damit über sein Vermögen in der vom Staat beabsichtigten Weise verfügt hat. Dabei ist der Gesetzgeber verantwortlich für die im Laufe der Besteuerung durchgeführten Dispositionen eine Übergangsregelung zu schaffen. Wenn der Förderzweck der

Steuervergünstigung entfallen ist oder ein Gesetzgebungsverfahren zur Änderung eingeleitet worden ist, ist die Disposition nicht schutzwürdig.

Die Steuerentlastungen im Energie- und dem Stromsteuergesetz wurden vom Gesetzgeber aus politischer Rücksichtnahme unsystematisch gestaltet. Insbesondere § 60 EnergieStG nimmt eine Sonderstellung im Verbrauchsteuersystem ein und erscheint daher nicht systemgerecht. Falls ein Warenempfänger für den Kaufpreis leistungsunfähig ist, gewährt der Gesetzgeber aufgrund des § 60 EnergieStG eine Steuerentlastung. Diese Entlastungsvorschrift wird in der Literatur kritisiert, da sie vom allgemeinen Gleichheitssatz des Art. 3 GG abweicht. Aus umsatzsteuerlicher und verfassungsrechtlicher Perspektive können die Entlastungstatbestände im Energiesteuergesetz und im Stromsteuergesetz so ausgestaltet werden, dass die Interessen des Staates an einer gesicherten und praktischen Durchführung des Verbrauchsteueranspruchs sowie die Verfassung, das Europarecht und die von der Verfassung gewährleisteten Rechte der Energieversorgungsunternehmen berücksichtigt werden. Darüber hinaus entsprechen die meisten anderen Entlastungsnormen im Rahmen des Energiesteuergesetzes und des Stromsteuergesetzes nicht dem Gleichheitssatz des Art. 3 Abs. 1 GG und werden auch nicht durch anerkannte Prinzipien gerechtfertigt. So müsste der Großteil der Entlastungsnormen aufgehoben und ermäßigt besteuert werden. Nur die §§ 50, 59 EnergieStG können beibehalten werden.

Seit einigen Jahren ist in Taiwan die Einführung einer Energisteuer im Gespräch. Würde eine umweltmotiverte Abgabe in Taiwan eingeführt, könnte durch fossile Energiesteuern – im Vergleich zu Vorzuglasten und Sonderabgaben – der Zweck der Verringerung der CO_2-Emissionen und das Ziel des Energiesparens besser verwirklicht werden. Darüber hinaus muss der Gesetzgeber die Steuerbegünstigung in Betracht ziehen und detailliert vorschreiben. Allerdings ist die Einführung einer Energiesteuer gegenwärtig in Taiwan nicht opportun. Nur wenn die Energiepreise der Markwirtschaft entsprechen, die Liberalisierung der Energieversorgung feststeht und der Umweltschutz in den Fokus rückt, dann erst kommt die Einführung der Energiesteuer in Taiwan in Betracht.

Literaturverzeichnis

Adam Smith, Der Wohlstand der Nationen, 1776.

Andel, Norbert, Subventionen als Instrument des finanzwirtschaftlichen Interventionismus, 1970.

Arnauld, Andreas von, Rechtssicherheit. Perspektivische Annäherungen an eine „idée directrice" des Rechts, 2006.

Arndt, Hans-Wolfgang, Leistungsfähigkeitsgrundsatz und Einkommensteuerrecht, in: Damrau, Jürgen/Frist, Walter/Kraft, Alfons (Hrsg.), Festschrift für Otto Mühl, 1981, S. 17–39.

Arndt, Hans-Wolfgang, Rechtsfragen einer deutschen CO_2-/Energiesteuer entwickelt am Beispiel des DIW-Vorschlages, 1995.

Arndt, Hans-Wolfgang/Schumacher, Andreas, Echte Fortschritte bei der unechten Rückwirkung? NJW 1998, S. 1538–1539.

Babrowski, Udo, Die Steuerbefreiung als Rechtsform der Subvention, 1976.

Bach, Stefan, Wirtschaftliche Auswirkungen und rechtlich-institutionelle Aspekte einer ökologischen Steuerreform, StuW 1995, S. 264–279.

Badura, Peter, Wirtschaftsverfassung und Wirtschaftsverwaltung. Ein exemplarischer Leitfaden, 4. Aufl. 2011.

Balmes, Frank Rainer, Verfassungsmäßigkeit und rechtliche Systematisierung von Umweltsteuern, 1997.

Bareis, Peter, Gebietet das Grundgesetz bei der Ehegattenbesteuerung die Mißachtung ökonomische Wirkungen? – Analyse eines Rechtsgutachtens Klaus Vogels, StuW 2000, S. 81–90.

Bastein, Dörte/Soyk, Stefan, Das Gesetz zum Einstieg in die ökologische Steuerreform, ZfZ 1999, S. 218–229.

Bastein, Dörte/Soyk, Stefan, Fortführung der ökologischen Steuerreform, ZfZ 2000, S. 78–86.

Baum, Herbert, Der relevante Markt als Problem der Wettbewerbspolitik, WuW 1980, S. 401–407.

Beermann, Albert, Verbrauchsteuern, in: Klein, Franz (Hrsg.), Lexikon des Rechts, Steuer- und Finanzrecht, 1986, S. 472–488.

Beermann, Albert, Zur Charakterisierung der Verbrauchsteuern und zur bedingten Steuerschuld, in: Kruse, Heinrich Wilhelm (Hrsg.), Zölle, Verbrauchsteuern, europäisches Marktordnungsrecht, DStJG 11 (1988), S. 283–287.

Bergmann, Eckehard/Ewringmann, Dieter, Öko-Steuern: Entwicklung, Ansatzpunkte und Bewertung, in: Nutzinger, Hans G./Zahrnt, Angelika (Hrsg.), Öko-Steuern. Umweltsteuern und -abgaben in der Diskussion, 1989.

Bethge, Herbert, in: Maunz, Theodor/Schmidt-Bleibtreu, Bruno/Klein, Franz/Bethge, Herbert (Hrsg.), Bundesverfassungsgerichtsgesetz, Loseblatt-Kommentar, 47. Ergänzungslieferung, Stand: August 2015.

Bille, Peter, Energiesteuern im Binnenmarkt, in: Henke, Reginhard (Hrsg.), 10 Jahre Binnenmarkt – EU-Erweiterung – eCustoms, Tagungsband des 15. Europäischen Zollrechtstags des EFA am 26./27. Juni 2003 in Berlin, 2003, S. 73–80.

Birk, Dieter, Das Leistungsfähigkeitsprinzip als Maßstab der Steuernormen – Ein Beitrag zu den Grundfragen des Verhältnisses Steuerrecht und Verfassungsrecht, 1983.

Birk, Dieter, Gleichheit und Gesetzmäßigkeit der Besteuerung, StuW 1989, S. 212–218.

Birk, Dieter, Verfassungsrechtliche Grenzen der Konsumbesteuerung, in: Rose, Manfred (Hrsg.), Konsumorientierte Neuordnung des Steuersystems, 1991, S. 351–366.

Birk, Dieter, Zum Stand der Theoriediskussion in der Steuerrechtswissenschaft, StuW 1983, S. 293–299.

Birk, Dieter/Barth, Rainer, in: Hübschmann, Walter/Hepp, Ernst/Spitaler, Armin (Hrsg.), Abgabenordnung – Finanzgerichtsordnung, Kommentar, 10. Aufl. 1995.

Birk, Dieter/Desens, Marc/Tappe, Henning, Steuerrecht, 18. Aufl. 2015.

Birk, Dieter/Förster, Jutta, Kompetenzrechtliche Grenzen des Gesetzgebers bei der Regelung der Verbrauchsteuer, DB 1985, Beilage Nr. 17, S. 1–12.

Bleckmann, Albert, Ordnungsrahmen für das Recht der Subventionen, in: Teichmann, Arndt (Hrsg.), Verhandlungen des 55. Deutschen Juristentages, Band I (Gutachten), Teil D, 1984.

Bleckmann, Albert, Subventionsrecht, 1978.

Bloehs, Joachim, Verstößt das Erhebungsverfahren der deutschen Stromsteuer gegen EU-Recht?, BB 1999, S. 1845–1849.

Bohling, Wolfgang, Wirtschaftspolitische und wirtschaftsverfassungsrechtliche Probleme staatlicher und kommunaler Subventionen, 1989.

Böhm, Robert/Gelse, Boris, Änderungen des Mineralöl- und des Stromsteuerrechts zum 1. Januar 2003, ZfZ 2003, S. 74–84.

Bongartz, Matthias, „Dual-Use“ im Energiesteuerrecht, ZfZ 2009, S. 57–63.

Bongartz, Matthias, Die Änderungen des Mineralölsteuerrechts durch die ökologische Steuerreform, ZfZ 1999, S. 182–192.

Bongartz, Matthias, in: Bongartz, Matthias/Jatzke, Harald/Schröer-Schallenberg, Sabine (Hrsg.), Energiesteuer, Stromsteuer, Zolltarif, Loseblatt-Kommentar, 11. Ergänzungslieferung, Stand: Mai 2015.

Bongartz, Matthias, Überführung von verbrauchsteuerpflichtigen Waren in ein Zollverfahren, ZfZ 1998, S. 182–188.

Bongartz, Matthias/Schröer-Schallenberg, Sabine, Die Stromsteuer – Verstoß gegen Gemeinschaftsrecht und nationales Verfassungsrecht?, DStG 1999, S. 962–971.

Bongartz, Matthias/Schröer-Schallenbert, Sabine, Verbrauchsteuerrecht, 2. Aufl. 2011.

Borggräfe, Joachim, Die Verbraucher-Nachsteuer bei Mineralöl und Branntwein, DB 1981, S. 1060–1064.

Boysen, Sigrid, in: Münch, Ingo von/Kunig, Philip (Hrsg.), Grundgesetz, Kommentar, Band I (Präambel bis Art. 69), 6. Aufl. 2012.

Breuer, Rüdiger, Staatliche Berufsregelung und Wirtschaftslenkung, in: Isensee, Josef/ Kirchhof, Paul (Hrsg.), Handbuch des Staatsrechts der Bundesrepublik Deutschland, Band VIII (Grundrechte: Wirtschaft, Verfahren, Gleichheit), 3. Aufl. 2010.

Brohm, Winfried, Die Dogmatik des Verwaltungsrechts vor den Gegenwartsaufgaben der Verwaltung, VVDStRL 30 (1972), S. 245–306.

Bryde, Brun-Otto, Eigentum und Erbrecht, in: Münch, Ingo von/Kunig, Philip (Hrsg.), Grundgesetz, Kommentar, Band I (Präambel bis Art. 69), 6. Aufl. 2012.

Budäus, Dietrich, Finanzierungspotential einer kostendeckenden Gebührenpolitik öffentlicher Einrichtungen aufgrund von Spielräumen bei der Kostenerfassung und -bewertung, VerwArch. 69 (1987), S. 361–376.

Bumke, Christian, in: Hoffmann-Riem, Wolfgang/Schmidt-Aßmann, Eberhard/ Voßkuhle, Andreas (Hrsg.), Grundlagen des Verwaltungsrechts, Band II (Informationsordnung. Verwaltungsverfahren. Handlungsformen), 2. Aufl. 2012.

Bünger, Karl, Die Verfassung der chinesischen Nationalregierung von 1947, ZaöRV 1950/51, S. 808–836.

Burger, Josef, Ein Streifzug durch die Mineralölsteuergesetzgebung seit dem Inkrafttreten des Verkehrsfinanzgesetzes vom 6.4.1955, ZfZ 1960, S. 331–336.

Burghart, Axel, in: Leibholz, Gerhard/Rinck, Hans-Justus (Hrsg.), Grundgesetz für die Bundesrepublik Deutschland, Loseblatt-Kommentar, Band III (Art. 70–146), 69. Ergänzungslieferung, Stand: Oktober 2015.

Caesar, Rolf/Goetzke, Hans Jürgen/Mackscheidt, Klaus, Finanzwissenschaftliche Analyse der Tabaksteuerharmonisierung in der Europäischen Gemeinschaft. Finanzwissenschaftliche Forschungsarbeiten, Neue Folge Band 53, 1983.

Caspers, Günter/Dittrich,Gerhard, Das neue Tabaksteuerrecht, ZfZ 1980, S. 134–138.

Chang, Yeong-Ming, Die Grenze der Steuerhoheit des Staats, 2010.

Chen, Ching-Hsiou, Allgemeiner Teil des Steuerrechts, 8. Aufl. 2014.

Chen, Ming, Verfassungsrechtliche Steuer und die Grenze zur Besteuerung, in: Chengchi Law Review, Nr. 24 (Dezember 1981), S. 33–58.

Clasen, Tobias, Steuervergünstigungen von Religionsgemeinschaften, 2014.

Danner, Wolfgang/Theobald, Christian (Hrsg.), Energierecht, Loseblatt-Kommentar, 85. Ergänzungslieferung, Stand: Juni 2015, 85. Aufl. 2015.

Dänzer-Vanotti, Wolfgang, Tabaksteuererhöhung verfassungswidrig?, BB 1989, S. 754–756.

Daumke, Michael, Die Kompetenz des Landesgesetzgebers zur Einführung neuer Steuer, insbesondere von Umweltschutzsteuern, DStR 1992, S. 852–855.

Degenhart, Christoph, Die allgemeine Handlungsfreiheit des Art. 2 I GG, JuS 1990, S. 161–169.

Deimel, Klaus, in: Hübschmann, Walter/Hepp, Ernst/Spitaler, Armin (Hrsg.), Abgabenordnung-Finanzgerichtsordnung, Loseblatt-Kommentar, 234. Ergänzungslieferung, Stand: September 2015.

Depenheuer, Otto, Die Eigentumsgarantie des Artikels 14 Absatz 1 Satz 1, in: Mangoldt, Hermann von/Klein Friedrich/Starck, Christian (Hrsg.), Grundgesetz, Kommentar, Band I (Präambel, Artikel 1 bis 19), 6. Aufl. 2010.

Dickertmann, Dietrich, Erscheinungsformen und Wirkungen von Umweltabgaben aus ökonomischer Sicht, in: Kirchhof, Paul (Hrsg.), Umweltschutz im Abgaben- und Steuerrecht, DStJG 15 (1993), S. 33–65.

Drüen, Klaus-Dieter, Die Bruttobesteuerung von Einkommen als verfassungsrechtliches Vabanquespiel, StuW 2008, S. 3–14.

Ebel, Ernst, Mineralölsteuergesetz nebst Durchführungsbestimmungen, mit Erläuterungen und einer Einführung – Verordnung über den Bezug von Spiritus zu Treibstoffzwecken, mit Erläuterungen und einer Einführung, 1930.

Ebel, Ernst, Neuregelung der Mineralölabgaben, DDZ 1953, S. 153–155, 194–196, 243–245 und 267–269.

Ebel, Ernst, Überblick über die Neuregelung der Mineralölsteuer, DDZ 1951, S. 102–104, 122–124 und 197.

Eckhoff, Rolf, Verfassungswidrigkeit des Arbeitnehmer-Pauschbetrages, DStR 1993, S. 1506–1514.

Ehlers, Dirk, Die Kontrolle von Subventionen, DVBl. 1993, S. 861–868.

Ehlers, Dirk, Eigentumsschutz, Sozialbindung und Enteignung bei der Nutzung von Boden und Umwelt, VVDStRL 51 (1992), S. 211–251.

Eiling, Astrid, Verfassungs- und europarechtliche Vorgaben an die Einführung neuer Verbrauchsteuern. Verprobt am Beispiel der Kernbrennstoffsteuer, 2014.

Elschen, Rainer, Entscheidungsneutralität, Allokationseffizienz und Besteuerung nach der Leistungsfähigkeit – Gibt es ein gemeinsames Fundament der Steuerwissenschaften?, StuW 1991, S. 99–115.

Englisch, Joachim, Folgerichtiges Steuerrecht als Verfassungsgebot, in: Tipke, Klaus/Seer, Roman/Hey, Johanna/Englisch, Joachim (Hrsg.), Festschrift für Joachim Lang, 2010, S. 167–220.

Englisch, Joachim, in: Tipke, Klaus/Lang, Joachim, Steuerrecht, 22. Aufl. 2015.

Englisch, Joachim, Verbrauch- und Aufwandsteuern, in: Kube, Hanno/Mellinghoff, Rudolf/Morgenthaler, Gerd/Palm, Ulrich/Puhl, Thomas/Seiler, Christian (Hrsg.),

Leitgedanken des Rechts. Paul Kirchhof zum 70. Geburtstag, Band II (Staat und Bürger), S. 2081–2091.

Eppe, Franz, Subventionen und staatliche Geschenke. Begriffliche Abgrenzung und verwaltungsrechtliche Bedeutung, 1966.

Erichsen, Hans-Uwe, Allgemeine Handlungsfreiheit, in: Isensee, Josef/Kirchhof, Paul (Hrsg.), Handbuch des Staatsrechts der Bundesrepublik Deutschland, Band VI (Freiheitsrechte), 2. Aufl. 2001.

Fann, Wen-Ching, Die verfassungsrechtlichen Grenzen der Steuervergünstigung, 2008.

Fann, Wen-Ching, Kommentation zum Entwurf der Energiesteuern, in: The Taiwan Law Review, Nr. 174 (November 2009), S. 88–100.

Färber, Gisela, Binnenmarktgerechte Subventionspolitik in der Europäischen Gemeinschaft. Strukturen, Nomen und Defizite, 1995.

Fenner, Anne K., Erdrosselnde Abgaben als staatliches Interventionsinstrument, 2004.

Flaig, Gerhard, Subventionsrecht, in: Klein, Franz (Hrsg.), Öffentliches Finanzrecht, 2. Aufl. 1993.

Förster, Jutta, Die Verbrauchsteuern. Geschichte, Systematik, finanzverfassungsrechtliche Vorgaben, 1989.

Förster, Jutta, Zur Qualifizierung einer Endverbraucher-Nachsteuer und zur Frage der Rückwirkung – Anmerkung zum Beschluss des BVerfG vom 2.5.1985, DB 1985, S. 1569–1572.

Friauf, Karl Heinrich, Gesetzesankündigung und rückwirkende Gesetzgebung im Steuer- und Wirtschaftsrecht, BB 1972, S. 669–678.

Friauf, Karl Heinrich, Steuerrechtsänderungen und Altinvestitionen, StbJb 1986/87, S. 279–295.

Friedrich, Klaus, Das Biokraftstoffquotengesetz, DB 2007, S. 133–135.

Friedrich, Klaus, Die „Ökologische Steuerreform", DB 1999, S. 661–666.

Friedrich, Klaus, Die Fortführung der „Ökologischen Steuerreform", DB 2000, S. 110–113.

Friedrich, Klaus, Gesetzesänderungen bei Energie- und Stromsteuer; neue indirekte Steuern (Luftverkehr, Kernbrennstoff), DStR 2010, S. 2601–2606.

Friedrich, Klaus, in: Friedrich, Klaus/Meißner, Cornelius (Hrsg.), Energiesteuern, Loseblatt-Kommentar, 34. Ergänzungslieferung, 2014.

Friedrich, Klaus/Köthe, Grit, Änderungen des Energie- und Stromsteuerrechts, DStR 2013, S. 65–68.

Gassner, Wolfgang/Lang, Michael, Das Leistungsfähigkeitsprinzip im Einkommen- und Körperschaftsteuerrecht, Verhandlungen des 14. Österreichischen Juristentages, 2000.

Gawel, Erik, Das Rechtskleid für Umweltabgaben – Abgabengestützte Umweltlenkung zwischen Steuer- und Gebührenlösung, in: Sacksofsky, Ute/Wieland, Joachim (Hrsg.), Vom Steuerstaat zum Gebührenstaat, 2000, S. 108–143.

Gawel, Erik, Umweltabgaben zwischen Steuer- und Gebührenlösung, 1999.

Gawel, Erik, Umweltlenkungssteuern und Leistungsfähigkeitsprinzip, StuW 1999, S. 374–381.

Gee, Keh-Shang, Grundlegende Fragen im Steuerrecht – Finanzverfassung, 2. Aufl. 2005.

Goll, Rüdiger von, in: Hübschmann, Walter/Hepp, Ernst/Spitaler, Armin (Hrsg.), Abgabenordnung – Finanzgerichtsordnung, Loseblatt-Kommentar, 235. Ergänzungslieferungen, Stand: Dezember 2015.

Gotterbarm, Franz, Rechtsentwicklung auf dem Gebiet der Mineralölsteuer, insbesondere zur Aufkommenssicherung, DDZ 1981, S. F 38–F 41.

Götz, Volkmar, Recht der Wirtschaftssubventionen, 1966.

Gröbner, Bruno F., Subventionen. Eine kritische Analyse, 1983.

Groels, Jürgen, Allgemeine Steuerlehre, Abgabenordnung, (FGO) – Gerichtliches und außergerichtliches Rechtsbehelfsverfahren, Außenprüfung mit BpO 2000, Verstöße im Steuerrecht, 2001.

Gröpl, Christoph, Vom „Kohlepfennig" zur Stromsteuer – Was hat sich geändert? – Vergleichende Betrachtung unter kompetenz-, finanzverfassungs- und haushaltsrechtlichen Gesichtspunkten, DÖV 2001, S. 199–207.

Groß, Eckhard, Steuervergünstigungen und Steuerbenachteiligungen. Gibt es besondere Regeln für den Gesetzesvollzug?, 1997.

Groß, Erhard, Staatliche Finanzierungshilfen zur Förderung von Investitionen der gewerblichen Wirtschaft im Licht gesamtwirtschaftlicher und unternehmerischer Zielsetzungen, 1977.

Grüne, Michael, Subventionen in der Demokratie, 1997.

Grzeszick, Bernd, in: Maunz, Theodor/Dürig, Günter (Hrsg.), Grundgesetz, Loseblatt-Kommentar, 74. Ergänzungslieferung, Stand: Mai 2015.

Haack, Stefan, Widersprüchliche Regelungskonzeptionen im Bundesstaat, 2002.

Hahn, Dierk, Rechtsänderungen zur Sicherung des Mineralölsteueraufkommens, ZfZ 1980, S. 130–134.

Hahn, Hartmut, Zur Rückwirkung im Steuerrecht, Institut „Finanzen und Steuern", IFSt-Schrift Nr. 269, 1987.

Hailbronner, Kay, Ausländerrecht, Loseblatt-Kommentar, 90. Ergänzungslieferung, Stand: Juli 2015.

Haller, Heinz, Die Steuern – Grundlinien eines rationalen Systems öffentlicher Abgaben, 3. Aufl. 1981.

Hansmeyer, Karl-Heinrich, Steuern auf spezielle Güter, in: Neumark, Fritz/Andel, Norbert/Haller, Heinz (Hrsg.), Handbuch der Finanzwissenschaft, Band II, 3. Aufl. 1980, S. 709–742.

Hartmann, Rainer, Ein neuer Blick auf die neuer Steuergesetzgebungskompetenzen des Grundgesetzes – am Beispiel der aktuell diskutierten Kernbrennstoffsteuer, DStZ 2012, S. 205–212.

Hendler, Reinhard, Umweltabgaben und Steuerstaatsdoktrin, AöR 115 (1990), S. 577–609.

Herdegen, Matthias/Schön, Wolfgang, Ökologische Steuerreform, Verfassungsrecht und Verkehrsgewerbe, 2000.

Herzog, Roman, in: Maunz, Theodor/Dürig, Günter (Hrsg.), Grundgesetz, Loseblatt-Kommentar, Band I (Texte, Art. 1–5), 74. Ergänzungslieferung, Stand: Mai 2015.

Hesse, Konrad, Grundzüge des Verfassungsrechts der Bundesrepublik Deutschland, 20. Aufl. 1995.

Heun, Werner, in: Dreier, Horst (Hrsg.), Grundgesetz, Kommentar, Band III (Art. 83–146), 2. Aufl. 2008.

Heun, Werner, in: Dreier, Horst (Hrsg.), Grundgesetz, Kommentar, Band I (Präambel, Artikel 1–19), 3. Aufl. 2013.

Hey, Johanna, Abbau von Direktsubventionen und Steuervergünstigungen – verfassungsrechtliche terra incognita, StuW 1998, S. 298–316.

Hey, Johanna, Fortführung der ökologischen Steuerreform – Übergang zur Routine?, NJW 2000, S. 640–642.

Hey, Johanna, in: Tipke, Klaus/Lang, Joachim (Hrsg.), Steuerrecht, 22. Aufl. 2015.

Hey, Johanna, Rechtliche Zulässigkeit von Umweltabgaben unter dem Vorbehalt ihrer ökologischen und ökonomischen Wirksamkeit, StuW 1998, S. 32–54.

Hey, Johanna/Hoffsümmer, Philipp, Steuerentlastung bei Zahlungsausfall im Rahmen der Strom- und Erdgasbesteuerung, UVR 2007, S. 55–64.

Hidien, Jürgen, Neue Steuern braucht das Land?, BB 1999, S. 341–343.

Hilf, Meinhard, Umweltabgaben als Gegenstand von Gemeinschaftsrecht und -politik, NVwZ 1992, S. 105–111.

Hilpold, Peter, Die europäische Steuerpolitik – Babel nach Maß, EuR 2010, S. 695–711.

Hohmuth, Timo, Emissionshandel und deutsches Anlagenrecht: Zu den Wechselwirkungen im deutschen Emissionshandelsrecht, 2006.

Hölscher, Christoph, Das neue Biokraftstoffquotengesetz, DStZ 2007, S. 75–77.

Hölscher, Christoph, Das neue Energiesteuergesetz, DStZ 2006, S. 441–446.

Hopmann, Erich, Wirtschaftsordnung und Wettbewerb, 1988.

Huang, Mao-Zong, Steuerrecht, 1991.

Huckemann, Stefan, Auswirkungen der Biersteuerharmonisierung auf die Ertragsfähigkeit der Biersteuer im Europäischen Binnenmarkt, 1991.

Hundt-Eßwein, Hans Ulrich, in: Peter, Karl/Burhoff, Armin/Stöcker Ernst-Erhard (Hrsg.), Umsatzsteuergesetz, Loseblatt-Kommentar, 2006.

Huster, Stefan, Rechte und Ziele – Zur Dogmatik des allgemeinen Gleichheitssatzes, 1993.

Immenga, Ulrich/Mestmäcker, Ernst-Joachim (Hrsg.), Wettbewerbsrecht, Kommentar zum Deutschen Kartellrecht, Band II (GWB)/Teil 1 (§§ 1–96, 130–131), 5. Aufl. 2012.

Ipsen, Hans-Peter, Verwaltung durch Subventionen, VVDStRL 25 (1967), S. 257–307.

Ipsen, Jörn, Allgemeines Verwaltungsrecht, 9. Aufl. 2015.

Isensee, Josef, Vertrauensschutz für Steuervorteile. Ein Folgeproblem der Wirtschaftslenkung durch Steuer am Beispiel des § 3a EStG, in: Kirchhof, Paul/Offerhaus, Klaus/Schöberle, Horst (Hrsg.), Steuerrecht – Verfassungsrecht – Finanzpolitik, Festschrift für Franz Klein, 1994, S. 611–630.

Jachmann, Monika, in: Mangoldt, Hermann von/Klein, Friedrich/Starck, Christian (Hrsg.), Grundgesetz, Kommentar, 6. Aufl. 2010.

Jachmann, Monika, Nachhaltige Entwicklung und Steuern, 2003.

Jachmann, Monika, Ökologie versus Leistungsfähigkeit. Gilt es neue Wege in der Steuerrechtsfertigung zu gehen?, StuW 2000, S. 239–245.

Jarass, Hans Dieter, in: Jarass, Hans Dieter/Pieroth, Bodo, Grundgesetz für die Bundesrepublik Deutschland, Kommentar, 13. Aufl. 2014.

Jarsombeck, Jörn Arne, Die neuesten Änderungen des Branntweinmonopolgesetzes, DDZ 1981, S. F 79 ff.

Jatzke, Harald, Aktueller Stand und Perspektiven der Verbrauchsteuerharmonisierung, ZfZ 1995, S. 278–284.

Jatzke, Harald, Das neue Verbrauchsteuerrecht im EG-Binnenmarkt, BB 1993, S. 41–49.

Jatzke, Harald, Das neue Verbrauchsteuerrecht in der Bundesrepublik Deutschland. Unter besonderer Berücksichtigung der Verbrauchsteuerharmonisierung in der EG, Institut „Finanzen und Steuern“ e.V., Grüne Briefe Nr. 322, 1993.

Jatzke, Harald, Das System des deutschen Verbrauchsteuerrechts. Unter Berücksichtigung der Ergebnisse der Verbrauchsteuerharmonisierung in der Europäischen Union, 1997.

Jatzke, Harald, Die neue Verbrauchsteuer-Systemrichtlinie. Wesentliche Änderungen des Gemeinschaftsrechts und dadurch entstandener Umsetzungsbedarf, ZfZ 2009, S. 116–122.

Jatzke, Harald, Die Stromsteuer. Eine Anomalie im bundesgesetzlich geregelten Verbrauchsteuerrecht, DStZ 1999, S. 520–528.

Jatzke, Harald, Diskussionsbericht vom 7. Deutschen Zollrechtstag, ZfZ 1995, S. 288–290.

Jatzke, Harald, in: *Bongartz, Matthias/Jatzke, Harald/Schröer-Schallenberg, Sabine* (Hrsg.), Energiesteuer, Stromsteuer, Zolltarif, Loseblatt-Kommentar, Teil III, 11. Ergänzungslieferung, Stand: Mai 2015.

Jatzke, Harald, Neue gemeinschaftsrechtliche Rahmenbedingungen für die Energiebesteuerung, BB 2004, S. 21–26.

Jatzke, Harald, Neuer Richtlinienvorschlag zur Änderung der Verbrauchsteuer-Systemrichtlinie, in: Gellert, Lothar (Hrsg.), 40 Jahre Zollunion in Europa, Tagungsband des 20. Europäischen Zollrechtstags des EFA am 5./6. Juni 2008 in Luxemburg, 2008, S. 105–112.

Jatzke, Harald, Umweltbezogene Abgaben in der Europäischen Union und die Kommissionsvorschläge zur Besteuerung von Energieerzeugnissen, IStR 1999, S. 137–144.

Jesse, Sven, Instrumentenverbund als Rechtsproblem am Beispiel effizienter Energienutzung, 2013.

Jochum, Georg, Die Steuervergünstigung. Vergünstigungen und vergleichbare Subventionsleistungen im deutschen und europäischen Steuer-, Finanz- und Abgabenrecht, 2006.

Kaeser, Christian/Weinsheimer, Michael, Europarechtswidrige Benachteiligung ausländischer Stromanbieter durch das Stromsteuergesetz, DB 1999, S. 2383–2385.

Kämmerer, Jörn Axel, Subventionen, in: Isensee, Josef/Kirchhof, Paul (Hrsg.), Handbuch des Staatsrechts der Bundesrepublik Deutschland, Band V (Rechtsquellen, Organisation, Finanzen), 3. Aufl. 2007.

Kannengießer, Christoph, in: Schmidt-Bleibtreu, Bruno/Hofmann, Hans/Henneke, Hans-Günter (Hrsg.), Grundgesetz, Kommentar, 13. Aufl. 2014.

Kappes, R., Die Mineralölsteuer. Gesetz zur Änderung des Mineralölsteuergesetzes vom 19.1.1951, ZfZ 1951, S. 55–57.

Khazzoum, Bassam/Kulda, Carsten/Reuter, Ralf, Energie und Steuern – Energie- und Stromsteuerrecht in der Praxis, 2011.

Kimminich, Otto, Die Rückwirkung von Gesetzen, JZ 1962, S. 518–524.

Kirchhof, Ferdinand, Die steuerliche Doppelbelastung der Zigaretten. Ein Beitrag zur Kumulation und Kaskadenwirkung der Umsatz- und der Verbrauchsteuer, 1990.

Kirchhof, Ferdinand, Grundriß des Steuer- und Abgabenrechts, 2. Aufl. 2001.

Kirchhof, Ferdinand, Leistungsfähigkeit und Wirkungsweisen von Umweltabgaben an ausgewählten Beispielen, DÖV 1992, S. 233–241.

Kirchhof, Paul, Der verfassungsrechtliche Auftrag zur Besteuerung nach der finanziellen Leistungsfähigkeit, StuW 1985, S. 319–329.

Kirchhof, Paul, Die Steuern, in: Isensee, Josef/Kirchhof, Paul (Hrsg.), Handbuch des Staatsrechts der Bundesrepublik Deutschland, Band V (Rechtsquellen, Organisation, Finanzen), 3. Aufl. 2007.

Kirchhof, Paul, Die Steuerrechtsordnung als Wertordnung, StuW 1996, S. 3–11.

Kirchhof, Paul, Kontinuität und Vertrauensschutz bei Änderung der Rechtsprechung, DStR 1989, S. 263–270.

Kirchhof, Paul, Rückwirkung von Steuergesetzen, StuW 2000, S. 221–231.

Kirchhof, Paul, Staatliche Einnahmen, in: Isensee, Josef/Kirchhof, Paul (Hrsg.), Handbuch des Staatsrechts der Bundesrepublik Deutschland, Band IV (Finanzverfassung, Bundesstaatliche Ordnung), 2. Aufl. 1999.

Kirchhof, Paul, Steueranspruch und Informationseingriff, in: Lang, Joachim (Hrsg.), Die Steuerrechtsordnung in der Diskussion, Festschrift für Klaus Tipke zum 70. Geburtstag, 1995, S. 27–45.

Kirchhof, Paul, Steuergleichheit, StuW 1984, S. 297–314.

Kirchhof, Paul, Verfassungsrechtliche Grenzen von Umweltabgaben, in: Paul, Kirchhof (Hrsg.), Umweltschutz im Abgaben- und Steuerrecht, DStJG 15 (1993), S. 3–31.

Kirchhof, Paul, Verwalten durch „mittelbares" Einwirken, 1977.

Kirchhoff, Gerd, Subventionen als Instrument der Lenkung und Koordination, 1973.

Klein, Franz, Gleichheitssatz und Steuerrecht – Eine Studie über Gleichheit und Gerechtigkeit der Besteuerung im System des Grundgesetzes, 1966.

Kloepfer, Michael, Der Handel mit Emissionsrechten im System des Umweltrechts, in: Hendler, Reinhard/Marburger, Peter/Reinhardt, Michael/Schröder, Meinhard (Hrsg.), Emissionszertifikate und Umweltrecht, 19. Trierer Kolloquium zum Umwelt- und Technikrecht vom 28. bis 30. September 2003, Umwelt- und Technikrecht Band 74, 2004, S. 71–122.

Köck, Wolfgang, Umweltrechtsentwicklung und ökonomische Analyse, NuR 1992, S. 412–420.

Koenig, Ulrich, in: Koenig, Ulrich (Hrsg.), Abgabenordnung, Kommentar, 3. Aufl. 2014.

Koppe, Fritz/Lubcke, Hans, Biersteuergesetz und Nebengesetze, Kommentar zum Biersteuergesetz, 5. Aufl. 1940.

Krebs, Walter, Vorbehalt des Gesetzes und Grundrechte, 1975.

Kronisch, Joachim, Der Lenkungszweck der Spielautomatensteuer – Ein Spiel ohne Grenzen?, NVwZ 1990, S 322–326.

Kruse, Heinrich Wilhelm, Lehrbuch des Steuerrechts, Band I (Allgemeiner Teil), 1991.

Kruse, Heinrich Wilhelm, Über die Gleichmäßigkeit der Besteuerung, StuW 1990, S. 322–330.

Kulosa, Egmont, Verfassungsrechtliche Grenzen steuerlicher Lenkung am Beispiel der Wohnungsgenossenschaften, 2000.

Kunig, Philip, Das Rechtsstaatsprinzip. Überlegungen zu seiner Bedeutung für das Verfassungsrecht der Bundesrepublik Deutschland, 1986.

Lang, Joachim, Die Bemessungsgrundlage der Einkommensteuer, Rechtssystematische Grundlagen steuerlicher Leistungsfähigkeit im deutschen Einkommensteuerrecht, 1988.

Lang, Joachim, Familienbesteuerung. Zur Tendenzwende der Verfassungsrechtsprechung durch das Urt. des Bundesverfassungsgerichts vom 3.11.1982 und zur Reform der Familienbesteuerung, StuW 1983, S. 103–125.

Lang, Joachim, Systematisierung der Steuervergünstigungen, 1974.

Lang, Joachim, Verfassungsrechtliche Zulässigkeit rückwirkender Steuergesetze, WPg 1998, S. 163–174.

Lang, Joachim, Verwirklichung von Umweltschutzzwecken im Steuerrecht, in: Kirchhof, Paul (Hrsg.), Umweltschutz im Abgaben- und Steuerrecht, DStJG 15 (1993), S. 115–160.

Larenz, Karl/Canaris, Claus-Wilhelm, Methodenlehre der Rechtswissenschaft, 3. Aufl. 1995.

Larsen, Hans, The Energy Taxation Directive, in: Henke, Reginhard (Hrsg.), EU-Erweiterung in der Praxis – Internationales Risikomanagement, Tagungsband des 16. Europäischen Zollrechtstags des EFA am 17./18. Juni 2004 in Graz, 2004, S. 99–106.

Lechelt, Rainer, Örtliche Verbrauch- und Aufwandsteuern, NWB Fach 12, S. 249–266 (1998, S. 2705–2722).

Leisner, Walter Georg, Existenzsicherung im Öffentlichen Recht. Minimum – Grundlagen – Förderung, 2007.

Leisner, Walter, Von der Leistung zur Leistungsfähigkeit – die soziale Nivellierung, StuW 1983, S. 97–102.

Leistner, Matthias/Facius, Daniel, in: Loschelder, Michael/Erdmann, Willi (Hrsg.), Handbuch des Wettbewerbsrechts, 4. Aufl. 2010.

Letsch, Hans, Hauptprobleme der Verbrauchsbesteuerung, 1960.

Liao, Ching-Fu, The Study on Collecting Carbon Tax by local Self-Government. The Kaohsiung City Carbon Tax Law an Example, in: Science and Technology Law Journal, Nr. 3 (Juni 2010), S. 97–134.

Liebholz, Gerhard/Rinck, Hans-Justus (Hrsg.), Grundgesetz, Rechtsprechung des Bundesverfassungsgerichts, Loseblatt-Kommentar, 68. Ergänzungslieferung, Stand: Juli 2015.

Liesenfeld, Andrea, Die Besteuerung von Renten und Pensionen, DStR 2002, S. 1833–1837.

Lin, Tsai-Chen, Gegenstände der Energiesteuer, in: Modern Public Finance, Nr. 30 (Juni 2013), S. 53–60.

Loose, Matthias, in: Tipke, Klaus/Kruse, Heinrich Wilhelm (Hrsg.), Abgabenordnung, Finanzgerichtsordnung, Loseblatt-Kommentar, 141. Ergänzungslieferung, Stand: August 2015.

Mann, Fritz Karl, Die Staatswirtschaft unserer Zeit. Eine Einführung, 1936.

Maunz, Theodor/Zippelius, Reinhold, Deutsches Staatsrecht, 29. Aufl.

Mayer, Franz, in: Grabitz, Eberhard/Hilf, Meinhard/Nettesheim, Martin (Hrsg.), Das Recht der Europäischen Union, Loseblatt-Kommentar, 57. Ergänzungslieferung, Stand: August 2015.

Meier, Gert, Einheitliche Europäische Akte und freier EG-Warenverkehr, NJW 1987, S. 537–542.

Meißner, Cornelius, Die Änderungen des „Gesetzes zur Fortentwicklung der ökologischen Steuerreform" aus Sicht der Versorgungsunternehmen, StE 2002, S. 145–153.

Meißner, Cornelius, Die Änderungen des „Gesetzes zur Fortentwicklung der ökologischen Steuerreform" – Auswirkungen für Versorger und Verbraucher, BB 2003, S. 549–556.

Meißner, Cornelius, Umsetzung der Energiesteuer-Richtlinie – Energiesteuergesetz zur Ablösung des Mineralölsteuergesetzes und Änderungen des Stromsteuergesetzes, StE 2005, S. 133–140.

Möhlenkamp, Karen, in: Möhlenkamp, Karen/Milewski, Knut, Energiesteuergesetz, Stromsteuergesetz, Kommentar, 2012.

Muckel, Stefan, Die Rückwirkung von Gesetzen in der neueren Rechtsprechung des Bundesverfassungsgerichts, JA 1994, S. 13–16.

Muckel, Stefan, Kriterien des verfassungsrechtlichen Vertrauensschutzes bei Gesetzesänderungen, 1989.

Müller, Dirk, Struktur, Entwicklung und Begriff der Verbrauchsteuern, 1997.

Müller-Franken, Sebastian, Verfassungs- und europarechtliche Fragen der Einführung nationaler Öko-Steuern, JuS 1997, S 872–880.

Musgrave, Richard A./Musgrave, Peggy B./Kullmer, Lore, Die öffentlichen Finanzen in Theorie und Praxis, Band II, 1979.

Neumann, Manfred Johann Michael, Standortbestimmung aus ökonomischer Sicht, in: Kirchhof, Paul/Neumann, Manfrd Johann Michael (Hrsg.), Freiheit, Gleichheit, Effizienz – Ökonomische und verfassungsrechtliche Grundlagen der Steuergesetzgebung, 2001, S. 23–33.

Neumayer, Jochen/Pannen, Volker, Mineralölsteuervergütung bei Zahlungsausfall des Warenempfängers, ZfZ 1997, S. 218–222.

Nieder-Eichholz, Markus, Die Subventionsordnung. Ein Beitrag zur finanzwirtschaftlichen Ordnungspolitik, 1995.

Nimmergut, Ralf, in: Bongartz, Matthias/Jatzke, Harald/Schröer-Schallenberg, Sabine (Hrsg.), Energiesteuer, Stromsteuer, Zolltarif, Loseblatt-Kommentar, 11. Ergänzungslieferung, Stand: Mai 2015.

Oelschläger, Timm, Die Zweitwohnungsteuer: Ein Abgesang – Gleichzeitig ein Beitrag zum Begriff der Aufwandsteuer im Sinne des Art. 105 Abs. 2a GG, DStR 2008, S. 590–594.

Ossenbühl, Fritz/Di Fabio, Udo, Verfassungsrechtliche Grenzen einer Erhöhung der Tabaksteuer, StuW 1988, S. 349–361.

Osterloh, Lerke, „Öko-Steuern" und verfassungsrechtlicher Steuerbegriff. Alte Fragen zum staatlichen Steuererfindungsrecht – neu gestellt, NVwZ 1991, S. 823–829.

Osterloh, Lerke/Nußberger, Angelika, in: Sachs, Michael (Hrsg.), Grundgesetz, Kommentar, 7. Aufl. 2014.

Pauling, Reinhard, Neue Systemrichtlinie führt IT-Verfahren EMCS für Besteuerung, Lagerung und Transport verbrauchsteuerpflichtiger Waren ein, EWS 2009, S. 171–176.

Pauly, Walter, Gleichheit im Unrecht als Rechtsproblem, JZ 1997, S. 647–654.

Peters, Martin, Das Verbrauchsteuerrecht. Eine umfassende Darstellung, 1989.

Pieroth, Bodo, Die neuere Rechtsprechung des Bundesverfassungsgerichts zum Grundsatz des Vertrauensschutzes, JZ 1984, S. 971–978.

Pieroth, Bodo/Schlink, Bernhard/Kingreen, Thorsten/Poscher, Ralf, Grundrechte – Staatsrecht II, 30. Aufl. 2014.

Pietzcker, Jost, „Grundrechtsbetroffenheit" in der verwaltungsrechtlichen Dogmatik, in: Püttner, Günter (Hrsg.), Festschrift für Otto Bachof zum 70. Geburtstag am 6. März 1984, 1984, S. 131–149.

Pigou, Arthur Cecil, The Economic of Welfare, 1. Aufl. 1920; (unveränderter Nachdruck) 4. Aufl. 1932.

Popitz, Johannes, Allgemeine Verbrauchsteuer, in: Gerloff, Wilhelm/Meisel, Fritz (Hrsg.), Handbuch der Finanzwissenschaft, Band II, 1. Aufl. 1927, S. 180–197.

Popitz, Johannes, Einkommensteuer, in: Elster, Ludwig/Weber, Adolf/Wieser, Friedrich (Hrsg.), Handwörterbuch der Staatswissenschaften, Band III, De Bosch-Kemper – Finanzausgleich, 4. Aufl. 1926, S. 400–490.

Prugger, Karl, Die Heizölsteuer ist verlängert – Das Gesetz zur Änderung des Mineralölsteuergesetzes vom 28. April 1971, BB 1971, S. 625–628.

Rau, Günter, Gedanken zur Umsatzsteuer-Harmonisierung – Eine kritische Betrachtung zum Weißbuch der EG-Kommission, UR 1986, S. 78–83.

Rechtenwald, Horst Claus, Vorwort zu: Adam Smith, Der Wohlstand der Nationen, 1978, S. IX–LXXIX.

Rodi, Miachel, Die Subventionsrechtsordnung. Die Subvention als Instrument öffentlicher Zweckverwirklichung nach Völkerrecht, Europarecht und deutschem innerstaatlichem Recht, 2000.

Rodi, Michael, Die Rechtfertigung von Steuern als Verfassungsproblem. Dargestellt am Beispiel der Gewerbesteuer, 1994.

Roser, Thomas, Der staatliche Kredit. Ein Betrag zur Theorie und Praxis der Leistungsverwaltung, 1965.

Roth, Andreas, Verwaltungshandeln mit Drittbetroffenheit und Gesetzesvorbehalt, 1991.

Rüfner, Wolfgang, Formen öffentlicher Verwaltung im Bereich der Wirtschaft. Untersuchungen zum Problem der leistenden Verwaltung, 1967.

Rüfner, Wolfgang, in: Kahl, Wolfgang/Waldhoff, Christian/Walter, Christian (Hrsg.), Bonner Kommentar, Grundgesetz, Loseblatt-Kommentar, Stand: Juli 2015.

Rüsken, Reinhart, in: Klein, Franz (Hrsg.), Abgabenordnung, Kommentar, 12. Aufl. 2014.

Sachs, Michael, in: Sachs, Michael (Hrsg.), Grundgesetz, Kommentar, 7. Aufl. 2014.

Sachs, Michael, in: Stelkens, Paul/Bonk, Heinz Joachim/Sachs, Michael (Hrsg.), Verwaltungsverfahrensgesetz, Kommentar, 8. Aufl. 2014.

Sacksofsky, Ute, Verfolgung ökologischer und anderer öffentlicher Zwecke durch Instrumente des Abgabenrechts, NJW 2000, S. 2619–2626.

Salje, Peter, Erneuerbare-Energien-Gesetz 2014. Gesetz für den Ausbau erneuerbarer Energien, Kommentar, 7. Aufl. 2015.

Schachtschneider, Karl Albrecht, Steuern auf Steuern – Umsatzbesteuerung der Mineralölsteuer, in: Kirchhof, Paul/Nieskens, Hans (Hrsg.), Festschrift für Wolfram Reiß, 2008, S. 101–122.

Schaumburg, Heide, Rückwirkung und Planungssicherheit in Steuerrecht, DB 2000, S. 1884–1891.

Scheffler Wolfram, Verkehr- und Verbrauchsteuern im Überblick (II), Steuer und Studium 1992, S. 323–329.

Scherf, Wolfgang, Das Ehegattensplitting aus finanzwissenschaftlicher Sicht, StuW 2000, S. 269–278.

Schlaich, Klaus/Korioth, Stefan, Das Bundesverfassungsgericht. Stellung, Verfahren, Entscheidungen, 10. Aufl. 2015.

Schmerbach, Andre/Schröer-Schallenberg, Sabine, Die Biokraftstoffe – Ein systematischer Überblick über die steuerrechtliche Behandlung im Mineralölsteuergesetz, ZfZ 2003, S. 3–12.

Schmidt, Bernhard, Diskussionsbericht, in: Steuer-Kongress-Report 1973, Arbeitskreis III: Die Verbrauchsteuern aus nationaler Sicht und im Rahmen der Harmonisierung, 1973, S. 363–390.

Schmidt, Rolf, Abbau der einkommensteuerlichen Förderung von Handelsschiffen verfassungsgemäß. Zugleich Anmerkung zum Beschluß des BVerfG vom 3.12.1997 2 BvR 882/97, DB 1998, S. 1199–1203.

Schmidtke, Ilja/Jansen, Dirk, Änderungen im Energie- und Stromsteuerrecht zum Jahr 2011 – Überblick über die im parlamentarischen Verfahren befindlichen Gesetzentwürfe, ZfZ 2010, S. 286–293.

Schmölders, Günter, Zur Begriffsbestimmung der Verbrauchsteuern, 1955.

Schmölders, Günter/Hansmeyer, Karl-Heinrich, Allgemeine Steuerlehre, 5. Aufl. 1980.

Schneider, Dieter, Mängel in der ökonomischen Begründung einer Steuerfreiheit für Kapitaleinkünfte, StuW 2000, S. 421–430.

Scholze-Stubenrecht, Werner/Mang, Dieter (Red.), Duden. Das große Wörterbuch der deutschen Sprache, Band IX (Tach-Vida), 3. Aufl. 1999.

Schön, Wolfgang, Leitideen des Steuerrechts oder: Nichtwissen als staatswissenschaftliches Problem, StuW 2013, S. 289–297.

Schröer-Schallenberg, Sabine, Das Verbrauchsteuerrecht im Überblick – Eine systematische Darstellung nach der Harmonisierung, AW-Prax 1995, S. 221–230.

Schröer-Schallenberg, Sabine, Die Auswirkungen der Verbrauchsteuerharmonisierung. Ein systematischer Überblick, ZfZ 1993, S. 300–309.

Schrömbges, Ulrich, Auf dem Weg zur Beseitigung der Steuerschranken in der EG? – Eine Untersuchung zum „Binnenmarkt ‚92", Teil 2, ZfZ 1990, S. 130–140.

Schrömbges, Ulrich, Das Verbrauchsteueränderungsgesetz 1988, ZfZ 1989, S. 2–12.

Schrömbges, Ulrich, Steuerfolgen bei „Unterbrechung der Steueraufsicht"? – Ein Beitrag zur bedingten Steuer und zur besonderen Steueraufsicht, ZfZ 1986, S. 162–169, 226–235, 322–334.

Schröter, Walter, Das Tabaksteuergesetz und seine Durchführungsbestimmungen. Einschließlich der Verordnung über einmalige zusätzliche Steuererleichterungen vom 4. Juni 1956, 1956.

Schulte, Martin, Informales Verwaltungshandeln als Mittel staatlicher Umwelt- und Gesundheitspflege, DVBl. 1988, S. 512–520.

Schulze-Fielitz, Helmut, in: Dreier, Horst (Hrsg.), Grundgesetz-Kommentar, Band II, 3. Aufl. 2015.

Schuppert, Gunnar Folke, Verfassungsrechtliche Prüfungsmaßstäbe bei der verfassungsgerichtlichen Überprüfung von Steuergesetzen, in: Fürst, Walter/Herzog, Roman/Umbach, Dieter (Hrsg.), Festschrift für Wolfgang Zeidler, Band I, 1987, S. 691–715.

Seer, Roman, Die besonderen Verbrauchsteuern und die Umsatzsteuer – ein unabgestimmtes Konglomerat, ZfZ 2013, S. 146–155.

Seer, Roman, Die Besteuerung der Alterseinkünfte und das Gleichbehandlungsgebot (Art. 3 Abs. 1 GG), StuW 1996, S. 323–336.

Seer, Roman, in: Tipke, Klaus/Lang, Joachim (Hrsg.), Steuerrecht, 22. Aufl. 2015.

Seiler, Christian, in: Maunz, Theodor/Dürig, Günter (Hrsg.), Grundgesetz, Loseblatt-Kommentar, Band VI (Art. 86–106 b), 74. Ergänzungslieferung, Stand: Mai 2015.

Selmer, Peter, Finanzverfassungsrechtliche Streitfragen im Bereich der örtlichen Verbrauch- und Aufwandsteuern, DÖV 1974, S. 374–380.

Selmer, Peter/Brodersen, Carsten, Die Verfolgung ökonomischer, ökologischer und anderer öffentlicher Zwecke durch Instrumente des Abgabenrechts – Verfassungsrechtliche Grundfragen, DVBl. 2000, S. 1153–1166.

Siekmann, Helmut, in: Sachs, Michael (Hrsg.), Grundgesetz, 6. Aufl. 2011.

Söhn, Hartmut, in: Kirchhof, Paul/Söhn, Hartmut/Mellinghoff, Rudolf (Hrsg.), Einkommensteuergesetz, Loseblatt-Kommentar, 126. Ergänzungslieferung, 2002.

Sommermann, Karl-Peter, in: Mangoldt, Hermann von/Klein Friedrich/Starck, Christian (Hrsg.), Grundgesetz, Kommentar, Band II (Art. 20–82), 6. Aufl. 2010.

Soyk, Stefan, Die Biokraftstoffquote – Eine neue Abgabe und eine neue Aufgabe für die Zollverwaltung, BDZ-Magazin 2007, S. F 67–F 73.

Soyk, Stefan, Energie- und Stromsteuerrecht. Die besonderen Verbrauchsteuern auf die Energieverwendung, 3. Aufl. 2013.

Spindler, Wolfgang, Verfassungsrechtliche Grenzen einer Rückwirkung von Steuergesetzen, DStR 1998, S. 953–958.

Spindler, Wolfgang, Vertrauensschutz im Steuerrecht, DStR 2001, S. 725–730.

Stadie, Holger, in: Rau, Günter/Dürrwächter, Erich (Hrsg.), Umsatzsteuer, Loseblatt-Kommentar, 164. Ergänzungslieferung, Stand: Dezember 2015.

Starck, Christian, in: Mangoldt, Hermann von/Klein, Friedrich/Starck, Christian (Hrsg.), Grundgesetz, Kommentar, Band I (Präambel, Artikel 1 bis 19), 6. Aufl. 2010.

Stein, Roland M. /Thoms, Anahita/Führer, Henner, Energiesteuern in der Praxis. Energiesteuer – Stromsteuer – Biokraftstoffquote, 2010.

Stein, Roland M., Anmerkung zu BFH, Urteil vom 11.11.2008 – VII R 33/07, Zur steuerlichen Entlastungsfähigkeit von Energieerzeugnissen, die in KWK-Anlagen verwendet werden, CuR 2009, S. 29–33.

Stein, Roland M., Die Biokraftstoffquote, ZfZ 2008, S. 260–263.

Stein, Roland M./Thoms, Anahita, BB-Rechtsprechungsreport Energie- und Stromsteuerrecht 2013, BB 2014, S. 1815–1827.

Stein, Roland M./Thoms, Anahita, Energie- und Stromsteuerrecht: Gesetzliche Entwicklungen 2010, BB 2011, S. 471–477.

Stein, Roland M./Thoms, Anahita, Energiesteuern in der Praxis. Energiesteuer – Stromsteuer – Biokraftstoffquote – Energiesteuer-Compliance, 2. Aufl. 2013.

Stein, Roland M./Thoms, Anahita, Steuerliche Förderung von KWK-Anlagen, ZfZ 2009, S. 63–72.

Stern, Klaus, Das Staatsrecht der Bundesrepublik Deutschland, Band II (Staatsorgane, Staatsfunktionen, Finanz- und Haushaltsverfassung, Notstandsverfassung), 1980.

Stern, Klaus, Das Staatsrecht der Bundesrepublik Deutschland, Band III/2 (Allgemeine Lehren der Grundrechte), 1994.

Stern, Klaus, Rechtsfragen der öffentlichen Subventionierung Privater, JZ 1960, S. 518–525.

Stober, Rolf, Handbuch des Wirtschaftsverwaltungs- und Umweltrechts, 1989.

Stober, Rolf/Eisenmenger, Sven, Besonderes Wirtschaftsverwaltungsrecht. Gewerbe- und Regulierungsrecht, Produkt- und Subventionsrecht, 15. Aufl. 2011.

Surrey, Stanley S., Steueranreize als ein Instrument der staatlichen Politik. Ein Vergleich mit direkten Staatsausgaben, StuW 1981, S. 359–377.

Tamchina, Erhard, Gesetz zur Änderung des Mineralölsteuergesetzes 1964, BB 1969, S. 91–92.

Teichner, Kurt, Entwurf des Verbrauchsteueränderungsgesetzes 1988 – Besteuerung von Erdgas für Heizzwecke, ZfZ 1988, S. 236–237.

Teichner, Kurt, in: Teichner, Kurt/Alexander, Stephan/Reiche, Klaus, Mineralölsteuer – Mineralölzoll, Loseblatt-Kommentar, 16. Ergänzungslieferung, Stand: Mai 2004.

Tipke, Klaus, Besteuerungsmoral und Steuermoral. 422. Sitzung am 20. Oktober 1999 in Düsseldorf, 2000.

Tipke, Klaus, Die Steuerrechtsordnung, Band I (Wissenschaftsorganisatorische, systematische und grundrechtlich-rechtsstaatliche Grundlagen), 2. Aufl. 2000.

Tipke, Klaus, Die Steuerrechtsordnung, Band II, 2. Aufl. 1993.

Tipke, Klaus, Steuergerechtigkeit unter besonderer Berücksichtigung des Folgerichtigkeitsgebots, StuW 2007, S. 201–220.

Tipke, Klaus, Steuerrechtsordnung, Band II, 2. Aufl. 2003.

Tipke, Klaus, Über „richtiges Steuerrecht“, StuW 1988, S. 262–282.

Tipke, Klaus/Lang, Joachim, Steuerrecht, 22. Aufl. 2015.

Trzaskalik, Christoph, Der instrumentelle Einsatz von Abgaben – Bemerkungen zum Entwurf eines Abfallgesetzes, StuW 1992, S. 135–150.

Trzaskalik, Christoph, Die Steuererhebungspflichten Privater, in: Friauf, Karl Heinrich (Hrsg.), Steuerrecht und Verfassungsrecht, DStJG 12, 1989, S. 157–186.

Vogel, Klaus, Die Steuergewalt und ihre Grenzen, in: Badura, Peter/Dreier, Horst (Hrsg.), Festschrift 50 Jahre Bundesverfassungsgericht, Band II, 2001, S. 527–558.

Vogel, Klaus, Grundzüge des Finanzrechts des Grundgesetzes, in: Isensee, Josef/ Kirchhof, Paul (Hrsg.), Handbuch des Staatsrechts der Bundesrepublik Deutschland, Band IV, 2. Aufl. 1999, § 87.

Vogel, Klaus, Perfektionismus im Steuerrecht, StuW 1980, S. 206–212.

Vogel, Klaus, Rechtssicherheit und Rückwirkung zwischen Vernunftrecht und Verfassungsrecht, JZ 1988, S. 833–839.

Vogel, Klaus, Vorteil und Verantwortlichkeit. Der doppelgliedrige Gebührenbegriff des Grundgesetzes, in: Faller, Hans Joachim/Kirchhof, Paul/Träger, Ernst (Hrsg.), Verantwortlichkeit und Freiheit, die Verfassung als wertbestimmte Ordnung, Festschrift für Willi Geiger zum 80. Geburtstag, 1989, S. 518–536.

Vogel, Klaus/Waldhoff, Christian, in: Kahl, Wolfgang/Waldhoff, Christian/Walter, Christian (Hrsg.), Bonner Kommentar zum Grundgesetz, Loseblatt-Kommentar, 103. Ergänzungslieferung, 2002.

Voigt, Rüdiger, Umweltabgaben im Spannungsfeld zwischen Wirtschaftslenkung und Kostenzurechnung, DVBl. 1980, S. 985–988.

Voß, Reimer, Strukturelemente der Verbrauchsteuern, in: Kruse, Heinrich Wilhelm (Hrsg.), Zölle, Verbrauchsteuern, europäisches Marktordnungsrecht, DStJG 11 (1988), S. 261–282.

Wagner, Franz W., Neutralität und Gleichmäßigkeit als ökonomische und rechtliche Kriterien steuerlicher Normkritik, StuW 1992, S. 2–13.

Waldhoff, Christian, Verfassungsrechtlich relevante Vollzugsdefizite bei Steuerfällen mit Auslandsbezug am Beispiel von §§ 7 ff. AStG. Zugleich ein Beitrag zum räumlichen Anwendungsbereich des Leistungsfähigkeitsprinzips, StuW 2013, S. 121–142.

Wang, Fu-Ching, Erhebungsgerechtigkeit der CO_2-Sonderabgaben durch Kommunen, in: The Taiwan Law Review, Nr. 220 (September 2013), S. 22–47.

Weber-Fas, Rudolf, Grundzüge des allgemeinen Steuerrechts der Bundesrepublik Deutschland, 1979.

Weber-Grellet, Heinrich, Lenkungssteuern im Rechtssystem, NJW 2001, S. 3657–3664.

Weber-Grellet, Heinrich, Steuern im modernen Verfassungsstaat, 2001.

Weidemann, Clemens, Emissionserlaubnis zwischen Markt und Plan. Rechtsstaatsrelevante Probleme des Emissionshandels, DVBl. 2004, S. 727–736.

Weiser, Christoph, Stichwort „Flexibilität“ – Die grundlegenden Probleme bei der Harmonisierung der Verbrauchsteuersätze in der Europäischen Gemeinschaft, ZfZ 1989, S. 219–221.

Wendt, Rudolf, in: Sachs, Michael (Hrsg.), Grundgesetz, Kommentar, 7. Aufl. 2014.

Wermke, Matthias (Red.), Die Zeit. Das Lexikon in 20 Bänden. Deutsches Wörterbuch, Band XIX (Rast-Z), 2005.

Wernsmann, Rainer, Die verfassungsrechtliche Rechtfertigung der Abzugsfähigkeit von Vorsorgeaufwendungen – zugleich zum Unterschied zwischen existenznotwendigem und indisponiblem Einkommen, StuW 1998, S. 317–333.

Wernsmann, Rainer, Verhaltenslenkung in einem rationalen Steuersystem, 2005.

Wieland, Joachim, Eigentum, Erbrecht, Enteignung, in: Dreier, Horst (Hrsg.), Grundgesetz, Kommentar, Band I (Präambel, Artikel 1–19), 3. Aufl. 2013.

Wurms, Günther, Neuregelung des Mineralölsteuerrechts durch das Straßenbaufinanzierungsgesetz – Zugleich ein Beitrag zur Verbrauchsteuer-Systematik, BB 1960, S. 359–361.

Zacher, Hans F., Verwaltung durch Subventionen, VVDStRL 25 (1967), S. 308–400.

Zimmermann, Wilhelm, Die Tabaksteuer – Instrument der fiskalischen Einnahmeerzielung und der gesellschaftlichen Verbrauchslenkung, 1987.

Zippelius, Reinhold, Der Gleichheitssatz, VVDStRL 47 (1989), S. 7–36.

Schriften zum internationalen und zum öffentlichen Recht

Herausgegeben von Gilbert Gornig

Band 1 Michael Waldstein: Das Asylgrundrecht im europäischen Kontext. Wege einer europäischen Harmonisierung des Asyl- und Flüchtlingsrechts. 1993.

Band 2 Axel Linneweber: Einführung in das US-amerikanische Verwaltungsrecht. Kompetenzen, Funktionen und Strukturen der „Agencies" im US-amerikanischen Verwaltungsrecht. 1994.

Band 3 Tai-Nam Chi: Das Herrschaftssystem Nordkoreas unter besonderer Berücksichtigung der Wiedervereinigungsproblematik. 1994.

Band 4 Jörg Rösing: Beamtenstatut und Europäische Gemeinschaften. Eine Untersuchung zu den gemeinschaftsrechtlichen Anforderungen an die Freizügigkeit der Arbeitnehmer im Bereich des öffentlichen Dienstes. 1994.

Band 5 Wolfgang Wegel: Presse und Rundfunk im Datenschutzrecht. Zur Regelung des journalistischen Umgangs mit personenbezogenen Daten. 1994.

Band 6 Sven Brandt: Eigentumsschutz in europäischen Völkerrechtsvereinbarungen. EMRK, Europäisches Gemeinschaftsrecht, KSZE – unter Berücksichtigung der historischen Entwicklung. 1995.

Band 7 Alejandro Alvarez: Die verfassunggebende Gewalt des Volkes unter besonderer Berücksichtigung des deutschen und chilenischen Grundgesetzes. 1995.

Band 8 Martin Thies: Zur Situation der gemeindlichen Selbstverwaltung im europäischen Einigungsprozeß. Unter besonderer Berücksichtigung der Vorschriften des EG-Vertrages über staatliche Beihilfen und der EG-Umweltpolitik. 1995.

Band 9 Rolf-Oliver Schwemer: Die Bindung des Gemeinschaftsgesetzgebers an die Grundfreiheiten. 1995.

Band 10 Holger Kremser: „Soft Law" der UNESCO und Grundgesetz. Dargestellt am Beispiel der Mediendeklaration. 1996.

Band 11 Michael Silagi: Staatsuntergang und Staatennachfolge: mit besonderer Berücksichtigung des Endes der DDR. 1996.

Band 12 Reinhard Franke: Der gerichtliche Vergleich im Verwaltungsprozeß. Auch ein Beitrag zum verwaltungsrechtlichen Vertrag. 1996.

Band 13 Christoph Eichhorn: Altlasten im Konkurs. 1996.

Band 14 Dietrich Ostertun: Gewohnheitsrecht in der Europäischen Union. Eine Untersuchung der normativen Geltung und der Funktion von Gewohnheitsrecht im Recht der Europäischen Union. 1996.

Band 15 Ulrike Pieper: Neutralität von Staaten. 1997.

Band 16 Harald Endemann: Kollektive Zwangsmaßnahmen zur Durchsetzung humanitärer Normen. Ein Beitrag zum Recht der humanitären Intervention. 1997.

Band 17 Jochen Anweiler: Die Auslegungsmethoden des Gerichtshofs der Europäischen Gemeinschaften. 1997.

Band 18 Henrik Ahlers: Grenzbereich zwischen Gefahrenabwehr und Strafverfolgung. 1998.

Band 19 Heinrich Hahn: Der italienische Verwaltungsakt im Lichte des Verwaltungsverfahrensgesetzes vom 7. August 1990 (Nr. 241/90). Eine rechtsvergleichende Darstellung. 1998.

Band 20 Christoph Deutsch: Elektromagnetische Strahlung und Öffentliches Recht. 1998.

Band 21 Cordula Fitzpatrick: Künstliche Inseln und Anlagen auf See. Der völkerrechtliche Rahmen für die Errichtung und den Betrieb künstlicher Inseln und Anlagen. 1998.

Band 22 Hans-Tjabert Conring: Korporative Religionsfreiheit in Europa. Eine rechtsvergleichende Betrachtung. Zugleich ein Beitrag zu Art. 9 EMRK. 1998.

Band 23 Jörg Karenfort: Die Hilfsorganisation im bewaffneten Konflikt. Rolle und Status unparteiischer humanitärer Organisationen im humanitären Völkerrecht. 1999.

Band 24 Matthias Schote: Die Rundfunkkompetenz des Bundes als Beispiel bundesstaatlicher Kulturkompetenz in der Bundesrepublik Deutschland. Eine Untersuchung unter besonderer Berücksichtigung natürlicher Kompetenzen und der neueren Entwicklung im Recht der Europäischen Union. 1999.

Band 25 Hermann Rothfuchs: Die traditionellen Personenverkehrsfreiheiten des EG-Vertrages und das Aufenthaltsrecht der Unionsbürger. Eine Gegenüberstellung der vertraglichen Gewährleistungen. 1999.

Band 26 Frank Alpert: Zur Beteiligung am Verwaltungsverfahren nach dem Verwaltungsverfahrensgesetz des Bundes. Die Beteiligtenstellung des § 13 Abs. 1 VwVfG. 1999.

Band 27 Matthias Reichart: Umweltschutz durch völkerrechtliches Strafrecht. 1999.

Band 28 Nikolas von Wrangell: Globalisierungstendenzen im internationalen Luftverkehr. Entwicklung der Regulierung und Liberalisierung unter Berücksichtigung strategischer Allianzen und des Code-Sharing. 1999.

Band 29 Marietta Hovehne: Ein demokratisches Verfahren für die Wahlen zum Europäischen Parlament. Legitimation gemeinschaftlicher Entscheidungsstrukturen im europäischen Integrationsprozeß. 1999.

Band 30 Nina Kaden: Der amerikanische Clean Air Act und das deutsche Luftreinhalterecht. Eine rechtsvergleichende Untersuchung. 1999.

Band 31 Brigitte Daum: Grenzverletzungen und Völkerrecht. Eine Untersuchung der Rechtsfolgen von Grenzverletzungen in der Staatenpraxis und Folgerungen für das Projekt der International Law Commission zur Kodifizierung des Rechts der Staatenverantwortlichkeit. 1999.

Band 32 Andreas Fürst: Die bildungspolitischen Kompetenzen der Europäischen Gemeinschaft. Umfang und Entwicklungsmöglichkeiten. 1999.

Band 33 Gilles Despeux: Die Anwendung des völkerrechtlichen Minderheitenrechts in Frankreich. 1999.

Band 34 Michael Reckhard: Die rechtlichen Rahmenbedingungen der Sanktionierung von Beitragsverweigerung im System der Vereinten Nationen. 1999.

Band 35 Carsten Pagels: Schutz- und förderpflichtrechtliche Aspekte der Religionsfreiheit. Zugleich ein Beitrag zur Auslegung eines speziellen Freiheitsrechts. 1999.

Band 36 Bernhard Mehner: Die grenzüberschreitende Wirkung direktempfangbaren Satellitenfernsehens aus völkerrechtlicher Sicht. 2000.

Band 37 Karl-Josef Ulmen: Pharmakologische Manipulationen (Doping) im Leistungssport der DDR. Eine juristische Untersuchung. 2000.

Band 38 Jochen Starke: Die verfassungsgerichtliche Normenkontrolle durch den Conseil constitutionnel. Zum Kompetenztitel des Art. 61 der französischen Verfassung. 2000.

Band 39 Marco Herzog: Rechtliche Probleme einer Inhaltsbeschränkung im Internet. 2000.

Band 40 Gilles Despeux: Droit de la délimitation maritime. Commentaire de quelques décisions plutoniennes. 2000.

Band 41 Christina Hackel: Der Untergang des Landes Braunschweig und der Anspruch auf Restitution nach der Wiedervereinigung Deutschlands. 2000.

Band 42 Peter Aertker: Europäisches Zulassungsrecht für Industrieanlagen. Die Richtlinie über die integrierte Vermeidung und Verminderung der Umweltverschmutzung und ihre Auswirkungen auf das Anlagenzulassungsrecht der Bundesrepublik Deutschland. 2000.

Band 43 Karsten Bertram: Die Gesetzgebung zur Neuregelung des Grundeigentums in der ersten Phase der Französischen Revolution (bis 1793) und deren Bedeutung für die deutsche Eigentumsdogmatik der Gegenwart. 2000.

Band 44 Ulrike Hartmann: Die Entwicklung im internationalen Umwelthaftungsrecht unter besonderer Berücksichtigung von *erga omnes*-Normen. 2000.

Band 45 Thomas Jesch: Die Wirtschaftsverfassung der Sonderverwaltungsregion Hongkong. Eine Darstellung vor dem Hintergrund der Wiedereingliederung in die Souveränität der Volksrepublik China. 2001.

Band 46 Sven Gottschalkson: Der Ausschluß des Zivilrechtsweges bei Eigentumsverlusten an Immobilien in der ehemaligen DDR. 2002.

Band 47 Gilbert Hanno Gornig / Gilles Despeux: Seeabgrenzungsrecht in der Ostsee. Eine Darstellung des völkerrechtlichen Seeabgrenzungsrechts unter besonderer Berücksichtigung der Praxis der Ostseestaaten. 2002.

Band 48 Andreas Zühlsdorff: Rechtsverordnungsersetzende Verträge unter besonderer Berücksichtigung des Umweltrechts. 2003.

Band 49 Katja Schmitz: Durchgriffswirkung von Maßnahmen der UN und ihrer Sonderorganisationen unter besonderer Berücksichtigung von Resolutionen des UN-Sicherheitsrates – Die Entwicklung supranationaler Strukturen. 2003.

Band 50 Stefanie Rothenberger: Die angemessene Nutzung gemeinschaftlicher Ressourcen am Beispiel von Flüssen und speziellen Ökosystemen. Eine vergleichende Betrachtung zum modernen Verständnis eines klassischen völkerrechtlichen Nutzungsprinzips. 2003.

Band 51 Christoph von Burgsdorff: Die Umsetzung der EG-Datenschutzrichtlinie im nicht-öffentlichen Bereich. Möglichkeit einer zukunftsorientierten Konzeption des Datenschutzes in der Privatwirtschaft unter besonderer Berücksichtigung des BDSG. 2003.

Band 52 Frank Reinhardt: Powerline. Verfassungs-, verwaltungs- und telekommunikationsrechtliche Probleme. 2003.

Band 53 Chie Sato: Immunität Internationaler Organisationen. 2004.

Band 54 Johannes Thoma: EU-Recht und Schranken hoheitlicher Staatstätigkeit. 2004.

Band 55 Wolf Peterhoff: Rechtsansprüche enteigneter Volksgruppen und ihre Durchsetzbarkeit. 2004.

Band 56 Do-Hyub Kim: Das deutsche parlamentarische Regierungssystem als mögliches Modell für Korea. 2004.

Band 57 Alexander Koberg: Die Exilregierung im Völkerrecht. Eine Untersuchung ihrer rechtlichen Klassifikation. 2005.

Band 58 Nils Christian Carstensen: Das Verhältnis des Seerechtsübereinkommens der Vereinten Nationen von 1982 zu fischereirechtlichen Übereinkommen und deren Streitbeilegungsvorschriften. 2005.

Band 59 Oliver Franz: Osttimor und das Recht auf Selbstbestimmung. Eine Untersuchung zur Anwendung des Selbstbestimmungsrechts der Völker am Beispiel Osttimors. 2005.

Band 60 Michael Kadgien: Das Habsburgergesetz. 2005.

Band 61 Felix Wolf: Terrorversicherungen und europäisches Wettbewerbsrecht. Verschiedene Modelle staatlicher Beteiligung an einer Terrorversicherung für Wirtschaftsbetriebe und ihre Vereinbarkeit mit dem europäischen Wettbewerbsrecht. 2005.

Band 62 Heiko Bertelmann: Die Europäisierung des Staatshaftungsrechts. Eine Untersuchung zum Einfluss des Europäischen Gemeinschaftsrechts auf das deutsche Staatshaftungsrecht unter besonderer Berücksichtigung der Haftung für judikatives Unrecht. 2005.

Band 63 Cedric Christian Meyer: Konkretisierung unbestimmter Rechtsbegriffe im deutschen und französischen Anlagenzulassungsrecht. 2005.

Band 64 Philippe Gréciano: Die Gerichtsbarkeit der Europäischen Gemeinschaften. Rechtsprechung und Rechtssprache Europas aus französischer Perspektive. Mit einem Vorwort von Theodor Öhlinger. 2007.

Band 65 Anne-Louise Schümer: Die Stellung des Ministerpräsidenten in den Bundesländern im Vergleich. 2006.

Band 66 Helen Ghebrewebet: Identifying Units of Statehood and Determining International Boundaries. A Revised Look at the Doctrine of *Uti Possidetis* and the Principle of Self-Determination. 2006.

Band 67 Arne Hertel: Beihilfen an kleine und mittlere Unternehmen. 2006.

Band 68 Markus Günther: Europol. Rechtsschutzmöglichkeiten und deren Vereinbarkeit mit nationalen und internationalen Anforderungen. 2006.

Band 69 Christian Wicker: The Concepts of Proportionality and State Crimes in International Law. An Analysis of the Scope of Proportionality in the Right of Self-Defence and in the Regime of International Countermeasures and an Evaluation of the Concept of State Crimes. 2006.

Band 70 Hauke Stöwsand: Zyperns Beitritt zur Europäischen Union. Vom Antrag auf Mitgliedschaft bis zum Protokoll der Beitrittsakte. 2007.

Band 71 Natalie Rowohl: Weltbank und Internationaler Währungsfonds: Ihre Mandate und deren Abgrenzung. Stand und Reformvorschläge. 2007.

Band 72 Ru-Huei Liu: Europäisierung des deutschen Umweltrechts. 2008.

Band 73 Katja Lange: Der Status der Aufständischen im modernen humanitären Völkerrecht. 2007.

Band 74 Tarik El-Shabassy: Die Durchsetzung finanzieller Sanktionen der Europäischen Gemeinschaften gegen ihre Mitgliedstaaten. 2008.

Band 75 Karsten Seifert: Das interamerikanische System zum Schutz der Menschenrechte und seine Reformierung. 2008.

Band 76 Nora Graaff: Staatenverantwortlichkeit. Vom „völkerrechtlichen Verbrechen" zur „schwerwiegenden Verletzung einer zwingenden Völkerrechtsnorm" anhand der ILC-Kodifikationsarbeit. 2008.

Band 77 Aldona Szczeponek: Die Umsetzung des Völkerrechts und des europäischen Gemeinschaftsrechts in Polen. Unter Berücksichtigung verfassungsrechtlicher Lösungen anderer europäischer Staaten. 2008.

Band 78 Christian Friedrich Fonk: Europäische Luftqualitätsziele und nationale Erfüllungsverantwortung. 2009.

Band 79 Christina Prinzhorn: Der Grundsatz des öffentlichen Zugangs zu amtlichen Dokumenten aus der Perspektive des internationalen Rechts. Materiell-rechtliche Vorgaben durch das internationale Recht für Informationszugangsrechte in den nationalen Rechtsordnungen Europas. 2009.

Band 80 Steffen Eicker: Der Deutsch-Herero-Krieg und das Völkerrecht. Die völkerrechtliche Haftung der Bundesrepublik Deutschland für das Vorgehen des Deutschen Reiches gegen die Herero in Deutsch-Südwestafrika im Jahre 1904 und ihre Durchsetzung vor einem nationalen Gericht. 2009.